LA SABIDURÍA DEL ALMA

LA
SABIDURÍA
DEL ALMA

Tesoros prácticos para el alma
que transformarán su vida

Dr. Zhi Gang Sha

ATRIA ESPAÑOL

Nueva York   Londres   Toronto   Sídney
Heaven's Library
Toronto

ATRIA
ESPAÑOL

Una división de Simon & Schuster, Inc.   Toronto, ON
1230 Avenue of the Americas
New York, NY 10020

La información contenida en este libro tiene un propósito educativo y no es para
ser usada en diagnosis, prescripción o tratamiento de ningún tipo de·trastornos
de la salud. Esta información no debe sustituir la consulta con un competente
profesional de la medicina. El contenido de este libro está concebido para que
se use como una contribución adicional a un programa terapéutico racional y
responsable prescrito por un médico en ejercicio. El autor y la casa editorial
no son en modo alguno responsables del uso indebido de este material.

Primera edición en rústica de Atria Books, junio 2009

ATRIA BOOKS es un sello editorial registrado de Simon & Schuster, Inc.

Para obtener información respecto a descuentos especiales en ventas al por mayor,
diríjase a Simon & Schuster Special Sales al 1-866-506-1949
o a la siguiente dirección electrónica: business@simonandschuster.com

La Oficina de Oradores (Speakers Bureau) de Simon & Schuster puede presentar
autores en cualquiera de sus eventos en vivo. Para más información o para hacer una
reservación para un evento, llame al Speakers Bureau de Simon & Schuster,
1-866-248-3049 o visite nuestra página web en www.simonspeakers.com.

Diseñado por Jaime Putorti

Impreso en los Estados Unidos de América

1   3   5   7   9   10   8   6   4   2

ISBN 978-1-4391-3864-9
ISBN 978-1-4391-6574-4 (ebook)

Índice

PRIMERA PARTE
EL LENGUAJE DEL ALMA
Comunicación universal

SEGUNDA PARTE
EL CANTO DEL ALMA
El canto del corazón y el alma

La serie del poder del alma /
Soul Power Series

El propósito de la vida es servir. He dedicado mi vida a este fin. El servicio es la misión de mi vida.

La misión completa de mi vida es transformar la conciencia de la humanidad y las almas del universo, a fin de juntar a todas las almas como si fuesen una para crear amor, paz y armonía para la humanidad, para la madre Tierra y para el universo. Esta misión incluye el otorgamiento de tres facultades.

La primera consiste en enseñar el servicio universal, facultar a las personas a ser incondicionales servidores universales. El mensaje del servicio universal es:

Sirvo a la humanidad y al universo incondicionalmente.
Sirves a la humanidad y al universo incondicionalmente.
Juntos, servimos a la humanidad y al universo incondicional-
mente.

La segunda facultad que otorgo es la de enseñar a curar, a capacitar a las personas para curarse a sí mismas y a otras. Este mensaje de curación es:

Tengo el poder de curarme.
Tienes el poder de curarte.
Juntos, tenemos el poder de curar al mundo.

La tercera facultad que otorgo es la enseñar secretos y sabiduría del alma y transmitir El poder del alma divina, a fin de facultar a las personas a usar el poder del alma para transformar todos los aspectos de sus vidas e iluminar sus almas, corazones, mentes y cuerpos.

El mensaje del poder del alma es:

Tengo el poder del alma para transformar todos los aspectos de mi
vida e iluminar mi alma, mi corazón, mi mente y mi cuerpo.
Tienes el poder del alma para transformar todos los aspectos de tu
vida e iluminar tu alma, tu corazón, tu mente y tu cuerpo.
Juntos, tenemos el poder del alma para transformar todos los
aspectos del mundo e iluminar a la humanidad y a todas las
almas.

El poder del alma es la facultad más importante. Es la clave de la totalidad de la misión de mi vida. Es la clave para transformar mi vida física y mi vida espiritual. El poder del alma es la clave para transformar tu vida física y tu vida espiritual. Es la clave para transformar a todas las almas en el universo.

El comienzo del siglo XXI es el período de transición de la humanidad, de la madre Tierra y del universo hacia una nueva era, que se llama La era de la luz del alma. La era de la luz del alma comenzó el 8 de agosto de 2003 y durará quince mil años. Los desastres naturales —tsunamis, huracanes, terremotos, inundaciones, incendios, sequías, temperaturas extremas, hambrunas enfermedades—, el terrorismo y las guerras políticas, religiosas y étnicas, así como otros trastornos, son parte de esta transición. Millones de personas sufren también de depresión, ansiedad, miedo, ira y aprensiones. Padecen de dolores, de trastornos crónicos y de enfermedades mortales. La humanidad necesita ayuda. La conciencia de la humanidad debe transformarse. El sufrimiento de la humanidad debe eliminarse.

Los libros de La serie del poder del alma, los producen Heaven's Library y Atria Books. Revelan los secretos del alma y nos enseñan la sabiduría del alma, el conocimiento del alma y las prácticas del alma para nuestra vida diaria. El poder del alma puede curar y prevenir enfermedades, rejuvenecer, prolongar la vida y transformar todos nuestros aspectos, incluidas las relaciones y la economía. El poder del alma es vital para ayudar a la humanidad y a la madre Tierra a través de este período de transición. El poder del alma despertará y transformará la conciencia de la humanidad y de todas las almas.

En el siglo XX, y durante muchos siglos antes, se enfatizaba el predominio de la mente sobre la materia. En La era de la luz del alma, el alma que se encuentra por encima de la materia —el poder del alma— transformará toda la vida.

Hay incontables almas en la madre Tierra: almas de seres humanos, almas de animales, almas de otras cosas vivientes y almas de cosas inanimadas. Todo el mundo y todas las cosas tienen un alma.

Todas las almas tienen su propia frecuencia y poder. Jesús tuvo un milagroso poder sanador. Hemos oído muchos relatos conmovedores de vidas salvadas por la compasión de la Guan Yin[1]. El amor de la madre María ha creado muchas historias conmovedoras. A todas estas grandes almas les fue dado El poder del alma divina para servir a la humanidad. En todas las grandes religiones y tradiciones espirituales del mundo, incluido el budismo, el taoísmo, el cristianismo, el judaísmo, el hinduismo, y otras, hay relatos semejantes de grandes curaciones espirituales y del poder de la bendición.

Yo honro a todas las religiones y a todas las tradiciones espirituales. Sin embargo, no enseño religión. Enseño El poder del alma, que incluye los secretos del alma, la sabiduría del alma, el conocimiento del alma y las prácticas del alma. Su alma tiene poder espiritual para curar, rejuvenecer y transformar la vida. El alma de un animal tiene

---

1. A la Guan Yin se la conoce como el bodisatva de la compasión y, en Occidente, como la Diosa de la Misericordia.

el poder para curar y rejuvenecer. Las almas del sol, la luna, un océano, un árbol y una montaña tienen el poder de curar y rejuvenecer. Las almas de los ángeles sanadores, de los maestros ascendidos, de los benditos santos, de los santos taoístas, de los budas y de otros seres de elevado nivel espiritual tienen grandes poderes espirituales para curar, rejuvenecer y transformar la vida.

Todas las almas tienen su propia posición. Esta posición espiritual, o posición del alma, tiene incontables capas. El poder del alma también tiene capas. No todas las almas pueden realizar milagros como Jesús, Guan Yin y la madre María. El poder del alma depende de la jerarquía espiritual del alma en el cielo.

Cuanto más elevada sea la posición de un alma en el cielo, tanto más poder espiritual le ha sido dado a esa alma. Jesús, Guan Yin y la madre María, todos ellos tienen una elevadísima posición espiritual.

¿Quién determina la posición espiritual de un alma? ¿Quién le da el adecuado poder espiritual a un alma? ¿Quién decide la dirección de la humanidad, la madre Tierra y el universo? El máximo líder del mundo espiritual es el que toma las decisiones. Este máximo líder es Dios. Dios es el creador y el manifestador de todos los universos.

En La era de la luz del alma, todas las almas se unirán como si fuesen una y pondrán su conciencia en comunión con la conciencia divina. En este tiempo histórico, Dios ha decidido transmitir los tesoros de su alma a la humanidad y todas las almas ayudan a la humanidad y todas las almas pasan por la transición de la madre Tierra.

Permítame compartir con usted dos relatos personales para explicar cómo llegué a este entendimiento sobre la verdad.

Primero, en abril de 2003, enseñaba un taller del alma a unas cien personas en la Tierra del Buda de la Medicina en Soquel, California. Durante mis lecciones, Dios se apareció. Yo les dije a los estudiantes «Dios está aquí. ¿Pueden darme un momento?» Me hinqué de rodillas en el piso para honrar a Dios (A la edad de seis años, me enseñaron a inclinarme ante mis maestros de tai chi. A los diez, me inclinaba ante mis maestros de qi gong. A los doce, me inclinaba ante mis maestros de kung fu. Siendo chino, aprendí estas muestras de cortesía a lo largo de toda mi niñez.) Le dije a los estudiantes, «Por favor, entiendan que ésta es la manera en que honro a Dios, a mis padres espirituales y a mis maestros espirituales. Ahora tendré una conversación con Dios». Comencé diciendo en silencio: «Amado Dios, me siento muy honrado de que esté aquí».

Dios, que estaba frente a mí y por encima de mi cabeza replicó: «Shi Gang, he venido hoy a transmitirte una ley espiritual».

Respondí: «Me siento muy honrado de recibir esta ley espiritual».

Dios prosiguió: «Esta ley espiritual se llama La ley universal del servicio universal. Es una de las leyes espirituales más importantes del universo. Se aplica al mundo espiritual y al mundo físico». Dios luego dijo señalándose a sí mismo: «Yo soy un siervo universal». Luego Dios apuntó hacia mí: «Tú eres un siervo universal». Dios barrió con un gesto de su mano todo lo que estaba frente a él: «Todo el mundo y todas las cosas son siervos universales. Un siervo universal ofrece un servicio universal incondicionalmente. El servicio universal incluye amor, perdón, paz, curación, bendición, armonía e iluminación universales. Si uno ofrece un servicio pequeño, uno recibe una bendición pequeña del universo y de mí. A mayor servicio, mayor bendición. Si uno ofrece servicio incondicional, recibe bendición ilimitada».

Dios hizo una pausa por un momento antes de proseguir: «Hay otro clase de servicio, que es un servicio desagradable. El servicio desagradable incluye matar, lesionar, aprovecharse de otros, estafar, robar, denunciar y otras cosas semejantes. Si uno ofrece un pequeño servicio desagradable, aprende pocas lecciones del universo y de mí. Si uno ofrece un servicio desagradable mayor, aprende más lecciones. Si uno ofrece un enorme servicio desagradable, aprende lecciones gigantescas».

Yo le pregunté: «¿Qué clase de lecciones podría uno aprender?»

Dios respondió: «Las lecciones incluyen enfermedades, accidentes, lesiones físicas, problemas económicos, ruptura de relaciones, desequilibrios emocionales, confusiones mentales y trastornos». Dios enfatizó: «Ésta es la manera en que funciona el universo. Ésta es una de mis más importantes leyes espirituales que deben cumplir todas las almas del universo».

Luego que Dios emitió esta ley universal, yo, de inmediato, le hice un voto silencioso a su Divinidad: «Amado Dios, me honra en extremo recibir su Ley de servicio universal. Le prometo, a usted, a toda la humanidad y a todas las almas del universo, que seré un servidor universal incondicional. Le daré mi gratitud, obediencia, lealtad y devoción totales y las pondré a su servicio. Me siento muy honrado de ser su servidor y servidor de toda la humanidad y de todas las almas». Oyendo esto, Dios se sonrió y se fue.

Mi segunda historia tuvo lugar tres meses después, en julio de 2003, mientras estaba dirigiendo un retiro espiritual cerca de Toronto. Dios se apareció de nuevo. Nuevamente expliqué a mis estudiantes que Dios se había aparecido y les pedí que aguardaran un momento mientras me inclinaba 108 veces y escuchaba. En esta ocasión, Dios me dijo: «Zhi Gang, he venido hoy a elegirte como mi servidor, vehículo y canal directo».

Me sentí profundamente conmovido y le dije a Dios: «Me siento muy honrado. ¿Qué significa ser su siervo, su vehículo y su canal directo?».

Dios me contesto: «Cuando ofrezcas curación y bendición a otros, llámame y vendré instantáneamente a ofrecerles mi curación y mi bendición».

Me sentí profundamente emocionado y repliqué: «Muchas gracias por haberme escogido como su servidor directo».

Dios prosiguió: «Con mucha frecuencia, ofrezco mi curación y mi bendición al transmitir mis tesoros permanentes de curación y bendición».

Yo le pregunté: «¿Cómo hace usted esto?».

Dios respondió: «Elige a una persona y te haré una demostración».

Pedí a un voluntario con graves problemas de salud. Un hombre llamado Walter levantó la mano. Se puso de pie y explicó que él tenía un cáncer de hígado, con un tumor maligno de dos o tres centímetros que acababan de diagnosticárselo a partir de una biopsia.

Entonces le pedí a Dios: «Por favor, bendiga a Walter. Sírvase mostrarme cómo transmite sus tesoros permanentes». Vi entonces que Dios enviaba un rayo de luz desde su corazón hasta el hígado de Walter. El rayo penetró en su hígado, donde se convirtió en una esfera de luz dorada que al instante empezó a girar. Todo el hígado de Walter brillaba con esa hermosa luz dorada.

Dios me preguntó: «¿Entiendes lo que es el programa?»

Me quedé sorprendido por esta pregunta, pero contesté: «No sé mucho de computadoras. Sólo que el programa es un programa de computadora. He oído hablar de programas de contabilidad, programas de texto y programas de diseño gráfico».

«Sí», dijo Dios. «El programa es un programa. Como me lo pediste, acabo de transferirle a Walter mi programa del alma para el hígado. Es uno de mis tesoros de curación y bendición permanentes. Me lo pediste y te complací. Esto es lo que significa que te haya escogido para ser mi servidor y canal directo.

Me quedé sorprendido. Entusiasmado, inspirado y anonadado, le dije a Dios: «Me siento tan honrado de ser su servidor directo. ¡Qué bendecido soy por haber sido escogido!». Casi sin palabras, le pregunté a Dios: «¿Por qué me escogió a mí?».

«Te escogí», dijo Dios, «porque has servido a la humanidad por más de un millar de vidas. Te has dedicado mucho a cumplir mi misión a través de todas tus vidas. Te escojo en esta vida para que seas mi servidor directo. Transmitirás incontables curaciones permanentes y tesoros de bendición de mi parte a la humanidad y a todas las almas. Éste es el honor con que ahora te distingo».

Me sentí conmovido hasta las lágrimas. Inmediatamente me incliné de nuevo 108 veces e hice una promesa en silencio: «Amado Dios, no me puedo inclinar lo suficiente por el honor que me hace. No hay palabras que puedan expresar mi inmensa gratitud. ¡Cuán bendito soy de ser su servidor directo para descargar sus tesoros permanentes de curación y bendición a la humanidad y a todas las almas!

La humanidad y todas las almas recibirán enormes bendiciones a través de mi servicio como su servidor directo. Le entrego mi vida entera a usted y a la humanidad. Cumpliré sus tareas. Seré un servidor puro de la humanidad y de todas las almas». Me volví a inclinar.

Luego le pregunté a Dios: «¿Cómo debe Walter usar su programa del alma?»

«Walter debe dedicar tiempo a practicar con mi programa del alma», respondió Dios. «Dile que simplemente recibir mi programa del alma no significa que él se recuperará. Él debe practicar cada día para que se restaure su salud, paso a paso».

Le pregunté: «¿Cómo debe practicar?»

Dios me dio esta orientación: «Dile a Walter que cante repetidamente: *Divino programa del alma para el hígado, cúrame. Divino programa del alma para el hígado, cúrame. Divino programa del alma para el hígado, cúrame.* Él también puede cantar repetidamente su lenguaje del alma».

«¿Por cuánto tiempo debe cantar Walter?», pregunté.

Dios respondió: «Por lo menos dos horas al día. Cuanto más practique, mejor. Si hace esto, podría recuperarse en un plazo de tres a seis meses».

Compartí esta información con Walter, quien se mostró entusiasmado y profundamente conmovido. Walter dijo: «Practicaré dos horas o más cada día».

Finalmente, le pregunté a Dios. «¿Cómo funciona el programa del alma?».

Dios respondió: «Mi programa del alma es una esfera de curación dorada que rota y despeja bloqueos espirituales y de energía en el hígado de Walter».

De nuevo me incliné 108 veces ante Dios. Luego, me levanté y le ofrecí tres programas del alma a cada participante del taller como obsequios divinos. Al ver esto, Dios se sonrío y se fue.

Walter comenzó a practicar de inmediato tal como le recomendaron, al menos durante dos horas diarias. Dos meses y medio más tarde una tomografía computarizada (CT scan, por sus siglas en inglés) y una prueba de resonancia magnética (MRI, por sus siglas en inglés) denotaron que el cáncer que tenía en el hígado había desparecido completamente. A fines de 2006, me encontré con Walter de nuevo en una presentación en Toronto de mi libro *Soul Mind Body Medicine*. Walter me dijo que seguía sin tener ningún signo de cáncer en el hígado después de tres años. La transferencia divina y su lenguaje del alma le curaron el cáncer del hígado. Él se sentía muy agradecido a Dios y su lenguaje del alma.

Este importante acontecimiento ocurrió en julio de 2003. Como he mencionado, una nueva era para la madre Tierra y el universo, La era de la luz del alma, comenzó el 8 de agosto de 2003. El tiempo podría parecer como una coincidencia, pero creo que podría subrayarse una razón espiritual. Desde julio de 2003, he ofrecido transmisiones divinas a la humanidad casi a diario. He ofrecido varias transmisiones divinas a todas las almas del universo.

Comparto esta historia con usted para presentarle el poder de las transmisiones divinas o transferencias divinas. Ahora, permítame compartir un compromiso:

De ahora en adelante, ofreceré transferencias divinas en todos los libros que escriba.

Las transferencias divinas son tesoros permanentes de curación y bendición divinas para la transformación de su vida. Hay un antiguo refrán que dice: *Si quieres saber si una pera es dulce, pruébala*. Si quieres conocer el poder de las transferencias divinas, experiméntalo.

Las transferencias divinas son portadoras de frecuencia divina con amor, perdón, compasión y luz divina. La frecuencia divina puede transformar la frecuencia de toda la vida. El amor divino deshace todos los bloqueos, incluidos los bloqueos espirituales y de energía, y transforma todas las vidas. El perdón divino trae paz interna y gozo íntimo. La compasión divina acrecienta la energía, la resistencia, la vitalidad y la capacidad inmunológica. La luz divina cura, previene enfermedades, rejuvenece y prolonga la vida.

Una transferencia divina resulta en un alma nueva creada por el corazón de Dios. La transferencia divina que Walter recibió fue un programa del alma. Desde entonces, yo he transmitido varios otros tipos de transferencias divinas, entre ellos los transplantes de alma divinos.

Un transplante de alma es la nueva alma divina de un órgano, una parte del cuerpo, todo un sistema corporal, células, ADN o ARN. Cuando se transmite, reemplaza el alma original de ese órgano, parte del cuerpo, sistema, células, ADN o ARN en la persona receptora. Una nueva alma divina también puede reemplazar el alma de una casa o de una empresa. Una nueva alma divina puede transmitírsele a una mascota, a una montaña, a una ciudad o a un país para reemplazar a sus almas originales. Una nueva alma divina puede incluso reemplazar el alma de la madre Tierra.

Todo el mundo y todas las cosas tienen un alma. Dios puede transferir cualquier alma que usted pueda concebir. Estas transferencias divinas de almas son tesoros de curación, bendición y transformación divinas permanentes. Pueden transformar las vidas de cualquier persona y de cualquier cosa. Debido a que Dios creó estos tesoros de almas, ellas son portadoras del poder del alma divino, que es el poder más elevado entre todas las almas. Todas las almas en las esferas más altas del cielo apoyarán y ayudarán a las transferencias divinas. Las transferencias divinas son la joya de la corona del poder del alma.

Las transferencias divinas son presencia de Dios. Cuantas más transferencias usted reciba, con tanta más celeridad su alma, corazón, mente y cuerpo serán transformados. Cuanto más transferencias reciba su hogar o su empresa, cuanto más transferencias reciba una ciudad o un país, tanto más rápido sus almas, corazones, mentes y cuerpos serán transformados.

En La era de la luz del alma, la evolución de la humanidad será generada por El poder del alma. El poder del alma transformará a la humanidad. El poder del alma transformará a los animales. El poder del alma transformará la naturaleza y el medio ambiente. El poder del alma asumirá el papel protagónico en todos los terrenos del quehacer humano. La humanidad llegará a entender profundamente que el alma es quien manda.

El poder del alma, incluidos los secretos del alma, la curación del alma, la sabiduría del alma, el conocimiento del alma y las prácticas del alma, transformarán todos los aspectos de la vida humana. El poder del alma transformará todos los aspectos de organizaciones y sociedades. El poder del alma transformará ciudades, países, a la madre Tierra, a todos los planetas, las galaxias y a todos los universos. El poder del alma divina, en la forma de las transmisiones de programas divinos, llevará a cabo esta transformación.

Me honra el haber sido escogido como un servidor divino para ofrecer transferencias divinas a la humanidad, a las relaciones, a los hogares, a las empresas, a las mascotas, a las ciudades, a los países y más. A lo largo de los últimos años, he transmitido incontables almas divinas a la humanidad y a todos los universos. Y ahora se lo repito: **Ofreceré transferencias divinas en todos y cada uno de los libros de La serie del poder del alma.** Se ofrecerán instrucciones claras en la próxima sección titulada «Cómo recibir las transferencias divinas que se ofrecen en este libro», así como en las páginas idóneas de cada libro.

Soy un servidor de la humanidad. Soy un servidor del universo. Soy un servidor de Dios. Me siento extremadamente honrado de ser un servidor de todas las almas. Comprometo enteramente mi vida y mi ser como un servidor universal incondicional.

Seguiré brindando transferencias divinas a lo largo de toda mi vida. Ofreceré cada vez más transferencias divinas a todas las almas. Ofreceré transferencias divinas a todos los aspectos de la vida para todas las almas.

Me siento honrado de ser un servidor de las transferencias divinas.

Seres humanos, organizaciones, ciudades y países recibirán cada vez más transferencias divinas para aplicar El poder del alma divina para transformarse e iluminarse. La era de la luz divina hará resplandecer El poder del alma. Los libros de La serie del poder del alma propagarán las transferencias divinas, junto con El poder del alma: los secretos del alma, la sabiduría del alma, el conocimiento del alma y las prácticas del alma para servir a la humanidad, a la madre Tierra y al universo. La serie del poder del alma es servidor puro de la humanidad y de todas sus almas. La serie del poder del alma se honra en ser un completo servidor de ORO[2] para Dios, la humanidad y todas las almas.

La meta final de La era de la luz del alma es que todas las almas unidas lleguen a ser una sola. Esto significa que la conciencia de cada alma estará perfectamente alineada con la conciencia divina. Habrá dificultades y obstáculos en el camino. Juntos los venceremos. Llamamos a todas las almas de la humanidad y a todas las almas de los universos a ofrecer servicio universal, incluido amor, perdón, paz, curación, bendición, armonía e iluminación universales.

Dios nos da su corazón. Dios nos da su amor. Dios nos da sus transferencias divinas. Nuestro corazón se funde con el suyo. Nuestra alma se funde con la suya. Nuestra conciencia se alinea con su conciencia. Uniremos nuestros corazones y almas para crear amor, paz y armonía para la humanidad, la madre tierra y todos los universos.

> *Amo a mi corazón y a mi alma.*
> *Amo a toda la humanidad.*
> *Junto los corazones y las almas.*
> *Amor, paz y armonía.*
> *Amor, paz y armonía.*

Ama a toda la humanidad. Ama a todas las almas. Gracias a toda la humanidad. Gracias a todas las almas.

Gracias. Gracias. Gracias

Zhi Gang Sha

---

2. El autor hace un acróstico con la palabra GOLD en inglés, siendo, cada una de sus letras la inicial de una cualidad que ejemplariza el servicio divino: Gratitud, Obediencia, Lealtad y Devoción a Dios. Este juego de palabras no tiene traducción.

Cómo recibir las transferencias divinas que se ofrecen en *La serie del poder del alma /* Soul Power Series

Los libros de La serie del poder del alma son únicos. Por primera vez en la historia, Dios transferirá los tesoros de su alma a los que lean estos libros. Cada libro de La serie del poder del alma incluirá transferencias divinas que han sido previamente programadas. Cuando usted lea los párrafos adecuados y se detenga por un minuto, los dones divinos le serán transmitidos a su alma.

Permítame explicarme, Dios ha colocado una bendición permanente dentro de ciertos párrafos de estos libros. Estas bendiciones le permitirán recibir las transferencias divinas como dones permanentes para su alma. Debido a que estos tesoros divinos residen con su alma, usted puede tener acceso a ellos las veinticuatro horas del día, tantas veces como quiera, dondequiera que se encuentre.

Es muy fácil recibir las transferencias divinas de estos libros. Mientras lee algunos de los párrafos especiales previamente programados, cierre sus ojos y reciba la transferencia especial. Resulta fácil también aplicar estos tesoros divinos a la curación y la transformación de la vida. Después de que reciba la transferencia divina le mostraré inmediatamente cómo aplicarla a la curación, bendición y transformación de la vida.

Usted tiene libre albedrío. Si no está preparado para recibir una transferencia divina, diga simplemente, *no estoy en condiciones de recibir este don*. Usted puede entonces seguir leyendo los párrafos concernientes a la transferencia especial, pero no recibirá los dones que contiene. Dios no le ofrece transferencias divinas a los que no están preparados o dispuestos a recibir sus tesoros. Sin embargo, en el momento en que usted se sienta dispuesto, puede simplemente volver al párrafo pertinente y decirle a Dios, *estoy listo*. Entonces recibirá la transferencia especial que quedó en reserva cuando usted leyó el párrafo.

Dios ha convenido en ofrecer transferencias divinas específicas en estos libros a todos los lectores que estén dispuestos a recibirlas. Dios tiene tesoros ilimitados. Sin embargo, usted sólo puede recibir los que aparecen consignados en estas páginas. Por favor, no pida otros dones diferentes o adicionales, porque no funcionará.

Luego de recibir y practicar con las transferencias divinas en estos libros, usted podría experimentar notables resultados curativos en sus cuerpos físico, emocional, mental y espiritual. Podrían recibir increíbles bendiciones en sus relaciones amorosas y en sus relaciones con otros. Podría recibir bendiciones económicas y toda suerte de bendiciones.

Las transferencias divinas son ilimitadas. Puede haber transferencias divinas para todo lo que existe en el mundo físico. La razón de esto es muy sencilla. Todo tiene un alma. Si usted lleva un anillo, ese anillo tiene un alma. Si Dios le proporciona una nueva alma divina a su anillo, usted puede pedirle a esa alma que brinda curación y bendición divinas. Una casa tiene un alma. Dios puede concederle un alma a su casa que puede transformar la energía de la misma. Dios puede proporcionarle un alma a su empresa que puede transformarla.

Dios ha programado previamente las transferencias divinas para estos libros. Cuando los lea, puede recibir esas almas divinas, que pueden luego bendecir y transformar su vida.

Me honro de haber sido escogido como un servidor de la huma-

nidad y de Dios para ofrecer transferencias divinas. Por el resto de
mi vida, seguiré ofreciendo transferencias divinas. Cada vez ofreceré
más de ellas. Ofreceré transferencias divinas para todos los aspectos
de la vida cotidiana.

Me siento honrado de ser un servidor de las transferencias
divinas.

Lo que ha de esperarse después de recibir las transferencias divinas

La transferencia divina permanente es una nueva alma creada a partir del corazón de Dios. Esta alma es transmitida a su propia alma. Su alma se funde con esta nueva alma divina. Cuando esto sucede, algunas personas sentirán una poderosa vibración. Por ejemplo, podrían sentirse acalorados o excitados. Sus cuerpos podrían sufrir una pequeña sacudida. Algunas personas no sentirán nada porque no son sensibles. Los seres espirituales adelantados y en posesión de un tercer ojo verán un gigantesco arco dorado o un alma de luz morada que entra y se une con ellos.

El alma divina es su compañero *yin* de por vida. Se quedará con su alma para siempre. Aunque su vida física termine, el tesoro divino seguirá acompañando su alma en la próxima vida y en todas sus vidas futuras. En estos libros, le enseñaré a invocar a esta alma divina en cualquier momento y en cualquier lugar para que le proporcione curaciones o bendiciones en su vida. Usted también puede pedir que esta alma salga de su cuerpo para ofrecerle curación o bendición divina a otros. Esta alma divina tiene capacidades extraordinarias para curar, bendecir y transformar. En su próxima vida, si adquiere capacidades espirituales avanzadas, descubrirá que posee esta alma divina. Luego podrá invocar a esta alma divina de la misma manera en su próxima vida o en sus muchas vidas futuras.

Es un gran honor el haber realizado la transferencia de un alma divina en su alma. El alma divina es un alma pura sin mal karma. El alma divina es portadora de capacidades de curación y bendiciones. La transferencia no tiene efectos secundarios. Usted recibe más amor y luz. Lo han dotado de mayores facultades de servirse y servir a otros. Por tanto la humanidad se siente extremadamente honrada de que Dios brinde este servicio. Yo me siento extremadamente honrado de ser un servidor de Dios, de usted, de toda la humanidad y de todas las almas para servirle de este modo especial. No puedo agradecerle lo suficiente a Dios. No puede agradecerle lo suficiente a la humanidad por la oportunidad de servirlo a usted. No puedo agradecerle lo suficiente a todas las almas por la oportunidad de servirles.

Gracias. Gracias. Gracias.

Prefacio

La sabiduría del alma: Tesoros prácticos del alma para transformar su vida es un libro singular. En él le enseñaré el lenguaje del alma, el canto del alma, el movimiento del alma, las palmaditas del alma y la danza del alma. Empiezo por enseñarle lo que es el lenguaje del alma, por qué es importante y cómo traducirlo. Le ofreceré técnicas prácticas para que aprenda y hable su lenguaje del alma tan rápidamente como sea posible. Luego le mostraré cómo aplicar el lenguaje del alma para curar y prevenir enfermedades; rejuvenecer su alma, mente y cuerpo; y bendecir sus relaciones y sus finanzas.

Este libro es singular también porque es el primero que ofrece transferencias divinas. Hay bendiciones divinas guardadas en estas páginas que acelerarán su capacidad de aprender y aplicar su lenguaje del alma. Después de recibir estas bendiciones divinas permanentes, usted puede tener acceso a ellas en cualquier momento y lugar, tantas veces como desee. Pueden elevar instantáneamente su poder del alma para la curación, rejuvenecimiento y transformación de la vida.

Mientras lee este libro, mi alma siempre estará con usted. En efecto, puede llamarme en cualquier momento y lugar, y mi alma estará con usted para ser su servidora. Incluso después que mi vida física termine, mi alma seguirá siendo su servidora. Será su servidora para siempre. Ése es mi compromiso con la humanidad. Ése es mi compromiso con todas las almas, a fin de cumplir mi misión. Mi misión total es transformar la conciencia de la humanidad y de todas las almas del universo para crear amor, paz y armonía para la humanidad, la madre Tierra y todas las almas.

El lenguaje del alma es el lenguaje de su alma. Es portador del poder del alma. Puede sacar a relucir el potencial del alma que usted ha acumulado a lo largo de cientos de vidas. El lenguaje del alma almacena una sabiduría de la que aún no se ha dado cuenta. Es un tesoro de comunicación. Puede usar el lenguaje del alma para comunicarse directamente con Dios, con las almas de gran jerarquía espiritual y con todo el universo. Puede usar el lenguaje del alma para curar y prevenir enfermedades, y para rejuvenecer y transformar toda la vida, incluidas sus relaciones y su economía.

Mientras hable su propio lenguaje del alma, yo le haré llegar lenguaje divino del alma. El lenguaje divino del alma es portador de sabiduría divina, de poder divino, de conocimiento divino y de secretos divinos. Usted puede usar el lenguaje divino del alma para transformar e iluminar su vida. Se convertirá en un servidor divino al utilizar el lenguaje divino del alma para servir a otros.

La segunda parte de este libro es acerca del canto del alma. El canto del alma es el canto del lenguaje del alma y lleva consigo una carga increíble de amor y luz. He entonado cantos del alma desde 2005, y ha alcanzado a millares y millares de personas. A la gente le gusta mi canción del alma porque expresa mi amor, cuidado y compasión. Con ella, ofrezco mi servicio a la humanidad y a todas las almas. Lo invito a visitar mi página web: www.drsha.com donde encontrará mi canto del alma para la cura y rejuvenecimiento del cerebro y la médula espinal. Le diré cómo sacarle los máximos beneficios en la sección «Un regalo especial» al final de este libro.

Permítame revelarle un secreto del alma. Como servidor universal, convoco a una conferencia de almas todos los días para ofrecer servicio de almas. Llamo a todas las almas de todos los seres humanos y a todas las almas de todos los universos a que se unan. Les ofrezco mi amor, luz, compasión y bondad.

Cuando usted lea este libro, y cuando escuche mi canto del alma, puede pensar «esto me suena familiar», porque su alma ha oído mi canto del alma antes. Se lo he cantado a usted ya muchas veces. La belleza del canto del alma le traerá gozo. Se sentirá relajado y cómodo cuando lo oiga. El canto del alma es una nueva forma de canto en la madre Tierra. Su luz resplandecerá cada vez más. Constituirá un gran servicio. Miles de millones de personas en el futuro cantarán un canto del alma.

La tercera parte de este libro es acerca del movimiento del alma. El movimiento del alma se basa en prácticas antiguas tales como el tai chi y el qi gong, pero, como en todo lo que yo enseño, agrega el poder del alma.

El movimiento del alma es un movimiento orientado por el alma. Es muy sencillo y práctico. Aprenderá cómo unos cuantos minutos de prácticas, unas pocas veces al día, puede aportarle increíbles beneficios para acrecentar la energía, la curación el rejuvenecimiento e incluso la iluminación.

La cuarta parte de este libro es acerca de las palmaditas del alma. Las palmaditas del alma son la técnica más avanzada de curación del alma que se encuentra al alcance de todos. Sin embargo, avanzada no significa difícil o complicada. En mi libro *Medicina para el alma, la mente y el cuerpo* presento técnicas de curación de un minuto. ¡Las palmaditas del alma son aún más sencillas! Este tesoro práctico del alma puede usarse para curar o prevenir enfermedades, rejuvenecer, prolongar la vida y transformar todos sus aspectos. Es un gran honor para mí revelar éste y todos los secretos del poder del alma contenidos en este libro.

La quinta y última parte de este libro es acerca de la danza del alma. La danza del alma es una danza guiada por el alma. ¿Qué partes de su cuerpo necesitan estirarse? Su alma lo sabe. ¿Dónde se encuentra el principal bloqueo de energía en su cuerpo? Para eliminar el bloqueo, su alma lo orientará a la mejor manera de estirar su cuerpo, cómo mover los brazos y cómo girar el cuello.

Cuando empiece a hacer una danza del alma o a cantar un canto del alma, no querrá parar. Aportan gozo y felicidad interiores. Aportan belleza interna y externa. Eliminan los bloqueos espirituales y de energía. Transforman e iluminan toda la vida. Me siento honrado de revelar estos secretos a la humanidad.

La sabiduría del alma es el primer libro de La serie del poder del alma. Aparecerán otros libros, uno tras otro. Cada uno lleva, implícito, bendiciones permanentes. Cada uno será un tesoro de practicas divinas que usted puede usar para transformar e iluminar su vida.

Deje que este libro sea su puro servidor. Deje que todos los libros de La serie del poder del alma sean sus servidores puros. Permítame ser su servidor puro. Unamos nuestros corazones y almas para crear amor, paz y armonía para la humanidad, la madre Tierra y el universo.

Gracias. Gracias. Gracias.

PRIMERA PARTE

El lenguaje del alma

Comunicación universal

Introducción

Acabamos de entrar en un período conocido como «La era de la luz del alma». Durante esta era, cuyo amanecer coincide con el cambio de milenio, el alma tendrá una importancia primordial. La transición principal a esta era aconteció el 8 de agosto de 2003, cuando hubo grandes cambios de quienes estaban a la cabeza del Mundo del Alma.

Algunos de ustedes asentirán diciendo: «ya sabía que esa fecha era importante». Quizá recuerde usted varios eventos sucedidos en o alrededor de esa fecha, los cuales le indican que ese día en particular tiene una importancia significativa. Desde diversos puntos de vista, sería exacto decir que el 8 de agosto de 2003 es, en realidad, el día de Año Nuevo de este año, este siglo y esta era.

Aún se producen cambios entre los que sirven en el Mundo del Alma. Estos cambios seguirán ocurriendo por varios años más. Comparto con usted esta información básica para darle una idea de lo que ha venido sucediendo en la que llamo La era de la luz del alma. Como vivimos en la primera parte de esta era, la llamaré El siglo de la luz del alma. He recibido esta información y enseñanzas de mi venerabilísimo maestro, el Dr. y Maestro Zhi Chen Guo, así como directamente del Mundo del Alma y de la Deidad.

Muchos ya han advertido que varios aspectos de esta nueva era son muy distintos a los de la era anterior. Muchos de ustedes tienen conocimiento de ello porque ya han emprendido su propio camino espiritual, o por medio de sus maestros u otras fuentes de enseñanza, pues los tiempos en que vivimos actualmente son, en verdad, muy diferentes a los que hemos dejado atrás hace pocos años. Algunos pensarán que esto es obvio.

No me refiero al entorno físico en el que vivimos, aunque éste también haya cambiado. Eso también es obvio. Mi enfoque primordial es presentar y desarrollar enseñanzas sobre el Mundo del Alma. Específicamente, ¿de qué manera interactuamos con el Mundo del Alma, y cómo explicamos y entendemos el gran cambio acontecido? ¿Cuál es el significado de ese cambio? Estamos dejando atrás una era, un siglo dominado por la mente, por lo racional, por lo tangible. En realidad, ya la hemos dejado atrás.

Algunas personas sienten una gran confusión, se encuentran afligidas. Otras tienen grandes conflictos porque han hecho una extraordinaria inversión en el viejo enfoque racional, a veces en el campo financiero, a veces en el profesional, a veces en lo que respecta a actitudes, creencias y conducta. Esta inversión podría haber tomado asimismo otras formas. La inversión tuvo lugar en la primacía de la mente y en aquello susceptible de tocarse, en lo que llamamos «tangible».

Esto no significa que debamos ignorar la mente, así como su gran poder y beneficios. En este siglo la mente sigue siendo importante; debemos respetarla. No obstante, es *el alma* la que tiene prioridad. Progresivamente entendemos y cobramos más conciencia de que el alma es la entidad más significativa para determinar la dirección de nuestras vidas y las decisiones que tomamos en ella. Quienes reconozcan esta realidad son capaces de vivir de manera apacible y tranquila, aún en presencia de grandes obstáculos en sus vidas.

¿Qué es el alma? El alma es espíritu o mensaje. El alma es la esencia de la vida. Todo el mundo y todas las cosas tienen un alma. Su alma es una entidad independiente que reside en su cuerpo. El alma de alguna cosa es también una entidad independiente que reside en esa cosa. Puede ser vista por aquellos con la capacidad espiritual desarrollada de un tercer ojo abierto. Su alma se parece a usted, pero tiene su propia conciencia, ideas, gustos, rechazos y voluntad. Tiene emociones, sentimientos y creatividad. Su alma es portadora de una gran sabiduría adquirida a partir de sus centenares de vidas. Su alma puede comunicarse con usted y con cualquier alma del universo. Su alma tiene un gran poder para curar, bendecir y transformar su vida.

El vivir la realidad de La era de la luz del alma significa sencillamente que todas las decisiones, actividades e instrucciones —todo aquello importante en su vida— se realiza en armonía con las directrices de su alma. Su alma lo ama. Su alma cuida muchísimo de usted. Su alma siempre tiene presente su propio beneficio. Vivir en armonía con su alma es vivir el verdadero propósito de su vida. La trayectoria de su alma es su verdadera trayectoria. El destino de su alma es su verdadero destino.

Reconocer la primacía del alma es una afirmación muy simple. Para algunos de ustedes, su importancia podría parecer obvia. Sin embargo, aunque parece muy sencillo, no resulta fácil vivir conforme a esa regla.

Venimos de una era dominada por la mente. La mente no cede su posición dominante con facilidad. Ha desarrollado una gran variedad de estrategias y tácticas para mantener su posición de poder, y no sólo de poder, sino también de admiración y prestigio. La mente ha logrado cosas maravillosas, ha prestado un gran servicio y ha ayudado a la humanidad de innumerables maneras. Podemos señalar innumerables cambios ocurridos que identificamos como «progreso». Casi todos estos cambios fueron el resultado del uso de la capacidad creativa de la mente.

Aunque todo esto sea verdad, y hasta cierto punto lo siga siendo, en esta era en particular la mente debe aceptar la realidad de que, en definitiva, es el alma quien determina la dirección, es el alma la que toma las verdaderas decisiones, y la mente la que debe estar dispuesta a acatarlas. Este es un gran cambio al nivel de la conciencia. El espíritu estará a la cabeza en esta era, en este siglo. Será una época en la cual se reconozca y se aprecie lo espiritual y donde se le permita ser el aspecto, el enfoque, lo decisivo para determinar cualquier decisión importante a tomar.

Aquí podría ayudarnos esta comparación. Pondere la importancia que tiene el director de una orquesta. En este siglo, en esta era, el alma es similar al director. Cuando un individuo presta atención a las instrucciones dadas por el alma, todo resulta armonioso y bonito. Cuando el individuo se resiste a seguir al alma, esto es semejante a una orquesta sin director.

Sería como si cada miembro de la orquesta estuviera tocando su propia melodía, con su propio ritmo y tempo y haciendo caso omiso no sólo del director, sino también de los otros miembros de la orquesta. Puede imaginarse usted el resultado. Muy pocas personas lo describirían como armonioso y tranquilo.

En La era de la luz del alma, siempre y cuando sigamos las directrices del alma, nuestras vidas individuales transcurrirán de manera armoniosa y tranquila. Las vidas de aquellas personas con quienes entremos en contacto serán también armoniosas. Cuando un gran número de personas cobre conciencia de que el seguir las directrices de nuestras almas es una prioridad, entonces cambiará todo el panorama social. Esta era es un regalo muy particular. Nos percataremos todos de que hemos recibido un gran honor, de que somos muy privilegiados y de que es una gran bendición vivir en estos tiempos.

Cada uno de nosotros tiene un papel singular que desempeñar, una responsabilidad muy singular que cumplir. Constituye un gran honor y es una bendición el hacerlo. En este siglo, en esta era, el lenguaje del alma, el canto del alma, el movimiento del alma y la danza del alma serán muy significativos. El lenguaje, canto, movimiento y danza del alma no son algo nuevo de esta era. Han existido de una manera u otra durante siglos. Han sido usados por ciertos grupos durante siglos. Pero en este siglo y en esta era, el lenguaje, el canto, el movimiento y la danza del alma se popularizarán. La habilidad para traducirlos e interpretarlos se volverá también muy común. Estos serán tiempos en los que nos será posible comunicarnos con los demás de un alma a otra, siendo capaces de traducir esos mensajes.

Este libro le proporcionará más detalles, una explicación más amplia y más enseñanzas sobre el lenguaje, canto, movimiento y danza del alma, incluyendo el modo de usarlos y desarrollarlos. Al leer estas páginas, usted recibirá bendiciones para poder llevar a cabo lo que lee. El grado de éxito logrado variará de persona a persona, pero hay una gran posibilidad de que, al cabo de este libro, usted ya pueda utilizar su propio lenguaje, canto, movimiento y danza del alma. Muchos de ustedes podrán hacerlo mucho antes.

Usted aprenderá que una importante aplicación del lenguaje, canto, movimiento y danza del alma es la curación, tanto de sí mismo como de otros. El lenguaje, canto, movimiento y danza del alma son todos aquellos aspectos de la restauración del alma, la cual, como ya he explicado en libros anteriores tales como *Medicina para el alma, la mente y el cuerpo*, es la forma de curación más potente y esencial. Además, la cuarta parte de este libro presenta lo que llamo «palmaditas del alma», una simple pero potente y avanzada forma de curación espiritual.

Para quienes ya hablen su lenguaje del alma y lo utilicen, probablemente podrán también traducirlo al tiempo de terminar de leer este libro. Eso les permitirá usar este lenguaje de una manera mucho más poderosa y obtener muchos mayores beneficios de él. El habla es sólo un aspecto del lenguaje del alma. Su traducción es el otro aspecto. Algo parecido al yin y yang. Ninguno está completo sin el otro.

Ahora bien, habiéndoles presentado ya estos conceptos introductorios, estamos listos para comenzar con el primer capítulo. Usted tiene suficiente información básica de lo significativos que son estos tiempos en los que vivimos y del hecho de que el libro que está leyendo no es un simple libro. Usted obtendrá muchísimo más que pura información. De hecho, este libro es, en sí mismo, un instrumento de curación y bendición, por lo que la información que ha de recibir irá acompañada de innumerables bendiciones. Me honro de servirle de esta manera. ¡Ojalá los tesoros prácticos en este libro transformen su vida!

Gracias. Gracias. Gracias.

Maestro Zhi Gang Sha

¿Qué es el lenguaje del alma?

Hay casi siete mil idiomas conocidos que se utilizan actualmente en la madre Tierra. Muchos miles más se han perdido para la historia. El lenguaje es el instrumento de comunicación para la vida. Si usted mira una película, pero no entiende el idioma que hablan los actores, puede sentirse muy perdido. Si visita un país donde no hablas la lengua, las actividades más simples pueden resultarle muy arduas.

El lenguaje expresa sus ideas y sentimientos. El lenguaje puede hacerle sentir feliz o miserable. El lenguaje lo capacita para adquirir sabiduría y conocimiento. El lenguaje se escribe en correos electrónicos, libros, revistas, periódicos y anuncios. Se habla por teléfono, en la televisión, el cine, los teatros y en Internet. El lenguaje es el instrumento de comunicación diaria entre miembros de la familia, colegas del trabajo y países. Es muy difícil imaginar la vida sin lenguaje.

Tengo algo muy importante que compartir con usted: hay tan sólo un lenguaje del alma. Todas las almas pueden hablarlo. Todas las almas pueden entenderlo. Todas las almas pueden comunicarse a través de él.

El lenguaje del alma es un instrumento de comunicación en todos los universos. Muchas personas creen que existe sólo un universo. Creo que hay incontables universos. Cada universo está dividido en dos partes: un mundo Yang y un mundo Yin. El mundo Yang es el mundo físico, tal como el que conocemos, que incluye la madre Tierra, nuestro sistema solar e incontables estrellas y galaxias. El mundo Yin es el mundo espiritual, el Mundo del Alma. Todas las almas forman el Mundo del Alma, que incluye ángeles sanadores, maestros ascendidos, budas y santos, así como demonios, monstruos y espíritus. Todas las almas en el Mundo del Alma, que es decir todas las almas de todos los universos, pueden entender el lenguaje del alma.

La filosofía, la teoría y la práctica del Yin/Yang constituyen una importante ley universal. El Yin y el Yang son opuestos, tal como la noche y el día. Pero están interrelacionados. No podemos explicar la noche sin explicar el día, y viceversa. El Yin y el Yang también pueden transformarse el uno en el otro. Piense en la noche que se transforma en día y viceversa.

Existe un importante concepto del Yin y el Yang del cual la gente puede no estar consciente. Éste es que el Yin está siempre dentro del Yang y el Yang está siempre dentro del Yin. Piense en el símbolo del Yin/Yang ☯ , que consiste en un pez blanco y un pez negro. El pez negro tiene un ojo blanco, en tanto el pez blanco tiene un ojo negro. El pez blanco representa el mundo físico. El pez negro representa el mundo espiritual. El ojo negro del pez blanco representa el Yin dentro del Yang. El mundo físico se conecta con el mundo espiritual a través de este ojo negro. El ojo blanco del pez negro representa el Yang dentro del Yin. El mundo espiritual se conecta con el mundo físico a través de este ojo blanco.

Como ser humano, usted tiene un cuerpo físico, que pertenece al Yang. También tiene un alma, que pertenece al Yin. Su alma reside dentro de su cuerpo. Esto es el Yin dentro del Yang.

En el mundo espiritual hay incontables ángeles. Un ángel es un alma. Un alma pertenece al Yin. Usted puede no darse cuenta de que un alma consiste de materia «mínima» o sutil. La materia pertenece al Yang. Esto es el Yang dentro del Yin.

Esta sabiduría acerca del Yang dentro del Yin y del Yin dentro del Yang explica que el Yin/Yang es un solo cuerpo. Las almas están en el mundo espiritual. Están también en el mundo físico. Hay incontables almas en el universo. Un ser humano tiene un alma. Un animal tiene un alma. Todos los seres vivos tienen alma. Todas las cosas inanimadas —por ejemplo, las montañas— también tienen almas. Cuando usted habla el lenguaje del alma, todas las almas lo entienden. El mundo del Yin entero se comunica a través del lenguaje del alma.

¿Se ha dado cuenta de que un órgano tiene un alma? Hace cinco mil años, *El clásico de la medicina interna del Emperador Amarillo*, el texto autorizado de la medicina tradicional china, revelaba este saber. Nombraba las almas de cinco órganos importantes: hígado *hun*, el alma del hígado; corazón *shen*, el alma del corazón; bazo *yi*, el alma del bazo; pulmones *po*, el alma de los pulmones; y riñones *zhi*, el alma de los riñones. Cuando uno habla el lenguaje del alma, las almas de estos órganos lo entienden y le responden.

En mi libro *Medicina para el alma, la mente y el cuerpo*, abundo en la explicación de este saber. Todos los órganos tienen un alma. Todas las células tienen un alma. Los núcleos de todas las células tienen un alma. Todas las unidades celulares tienen un alma. Todas las moléculas de ADN y ARN tienen un alma. Cuando usted habla el lenguaje del alma, todas estas almas lo entienden y responden a él.

En el mundo físico, experimentamos todos los días que el lenguaje puede hacernos feliz, apaciguarnos o excitarnos. El lenguaje puede inspirarnos y motivarnos. El lenguaje puede propiciarnos un gozo íntimo. Ha habido muchas investigaciones que explican estos fenómenos. Nadie duda de que el lenguaje ejerce un gran poder e influencia en nuestras vidas.

El lenguaje del alma puede influir en nuestras vidas aun más que el lenguaje físico. Puede haber cerca de siete mil idiomas que se hablan en la madre Tierra en este momento, pero sólo existe un lenguaje del alma en todos los universos. Cada lenguaje físico es poderoso. Imagine el poder de siete mil idiomas sirviendo a cada ser humano en la madre Tierra, cerca de siete mil millones de almas en total. Sin embargo, el lenguaje del alma sirve a todas las almas del universo, y hay incontable número de almas —muchas más que siete mil millones. Debido a que el alcance de este servicio es tan vasto, el poder del lenguaje del alma trasciende el de cualquier lenguaje físico. Trasciende cualquier comprensión.

La ley de servicio universal, que compartí en mi introducción a este libro, establece que *cuanto más uno sirva, tantas más bendiciones uno recibe*. El lenguaje del alma sirve al mayor número posible de almas en el universo. En consecuencia, es portador de un poder ilimitado e incomprensible.

Usted profundizará en este libro la experiencia del lenguaje del alma. Prepárese en los niveles de alma, mente y cuerpo para el entusiasmo y el júbilo que experimentará cuando hable el lenguaje del alma, y aun mucho más entusiasmo y júbilo cuando aplique el lenguaje del alma en la recuperación y transformación de su vida.

El lenguaje del alma de todo el mundo suena diferente. Sin embargo, el lenguaje del alma es el idioma universal. El inglés es el idioma más importante del mundo actual, pero su alcance es aún limitado. El lenguaje del alma es el idioma de todas las almas de la humanidad. El lenguaje del alma es el idioma de todas las almas en todos los universos. Cuando usted habla el idioma del alma, todas las almas del universo lo entienden y le responden.

Comencé a enseñar el lenguaje del alma en 1996. A principio de 2008, el número de personas que hablaba el lenguaje del alma y lo aplicaba en curaciones, rejuvenecimiento y bendiciones ya se contaba por los millares. Éste es aún un número muy limitado.

En esta época de transición para la madre Tierra, la gente anda en busca de sabiduría y orientación. Necesitan herramientas prácticas que les ayuden a enfrentarse a los obstáculos que le presenta la vida. El lenguaje del alma es un increíble tesoro espiritual para restaurar y transformar su vida. Cada vez más, las personas están dispuestas a aprender y a beneficiarse del lenguaje del alma. Usted está leyendo este libro porque es una de esas personas.

En el futuro, el lenguaje del alma se convertirá en un verdadero idioma universal. Gente de todas las naciones hablará el lenguaje del alma. Se entenderán entre sí. Se comunicarán unos con otros a través del lenguaje del alma. ¡Imagine la transformación que esto producirá!

Sueño con tener un taller sobre el lenguaje del alma en un futuro no tan distante en el cual hablaré solamente el lenguaje del alma de principio a fin. Los participantes deben entender conscientemente el lenguaje del alma, lo cual significa que deben ser capaces de traducirlo. La gente que no entienda el lenguaje del alma también podría asistir a la conferencia, pero se necesitarían traductores del idioma del alma a los idiomas del mundo físico. Aunque puede tomar años propagar la enseñanza del idioma del alma al mundo entero, y aun tomarle más años a la humanidad entender y apreciar verdaderamente el poder y la capacidad del lenguaje del alma, sé que mi sueño se convertirá en realidad.

El lenguaje del alma se conecta directamente con Dios y sus elevados maestros espirituales en el mundo espiritual. En tanto su trayectoria espiritual progresa, su lenguaje del alma le aporta una sabiduría y un conocimiento más profundos del mundo espiritual y de Dios.

La iluminación del alma es el objetivo de todas las almas. La iluminación del alma es el objetivo de todos los seres espirituales. Tener un alma iluminada es alinearse con la conciencia divina y tener un gran compromiso de servir a la humanidad y a todas las almas. Hay niveles de iluminación del alma. Cuanto más elevado es el nivel de iluminación que usted alcanza, más capacidades divinas le otorgará Dios.

Más iluminación significa más jerarquía espiritual en el cielo. Cuanto más alta sea su jerarquía espiritual tanto más poder del alma le será dado y tanto más profunda será la sabiduría que recibe de Dios y del cielo. Sus habilidades en el dominio del lenguaje del alma serán totalmente distintas. El lenguaje del alma es un increíble tesoro de restauración del alma. Es también un poderoso instrumento transformador de la vida. El poder del lenguaje del alma es inmensurable e ilimitado.

Usted ha aprendido que el lenguaje del alma es una forma única de comunicarse que se usará universalmente durante El siglo de la luz del alma y La era de la luz del alma. Los reinos de mayor jerarquía del Mundo del Alma se comunican entre sí mediante el lenguaje del alma. A través de este lenguaje, los humanos pueden comunicarse con los santos de mayor jerarquía y recibir información de parte de ellos. Algunos de los mantras de mayor poder curativo y bendición de la historia son dados en lenguaje del alma. El lenguaje del alma es, en sí mismo, un poderoso mantra. Es una forma muy pura de comunicación que proviene directamente del Centro Mensajero (también conocido como «chakra del corazón») y que se localiza en el centro de su pecho. El lenguaje del alma es muy puro porque su origen y su forma de expresión provienen de una parte muy pura y clara de su ser y esencia misma.

El lenguaje del alma da expresión específicamente a aquello que es puro y claro en el Centro Mensajero, un centro energético y espiritual sumamente importante; llamado así en mis enseñanzas y en las de mi más venerado maestro espiritual el Dr. Zhi Chen Guo. Los mensajes guardados en el Centro Mensajero son, por lo general, muy profundos y han sido parte de la senda del alma de uno por tanto tiempo que resulta difícil articularlos en lenguajes o idiomas convencionales.

El lenguaje del alma le permite conectar con las enseñanzas y sabiduría más profundas, antiguas y recónditas de su alma. También hace posible conectarse con las enseñanzas y sabiduría más recónditas, profundas y antiguas del universo, de la madre Tierra y de los seres que lo rodean, y de hecho, de todo ser en el Mundo del Alma. El lenguaje del alma es el vehículo mediante el cual es posible comunicarse con cualquier alma de una manera que no es «filtrada», de una manera auténtica y fiel al mensaje de cada alma.

Hay importantes diferencias entre el lenguaje convencional y el lenguaje del alma. Una de las más importantes diferencias es que el hemisferio cerebral izquierdo debe procesar y ayudar al lenguaje convencional. El procesamiento y la expresión del lenguaje del alma se llevan a cabo en el hemisferio cerebral derecho. Esta es una significativa diferencia. Aquellos de ustedes con conocimientos de anatomía y fisiología estarán conscientes de la gran diferencia en el modo de procesar de los dos hemisferios cerebrales. El lenguaje convencional requiere un cierto grado de uso de la lógica, por lo que deben intervenir ciertas funciones y capacidades del cerebro conectadas con el raciocinio.

En el caso del lenguaje del alma, existe una red de conexiones muy diferente. Las conexiones no están «abarrotadas» de todo aquello que hemos aprendido: formas de pensar, actitudes y creencias adquiridas durante el transcurso de nuestras vidas. Todo esto es sumamente importante para comprender y apreciar la respuesta a la pregunta: «¿Qué es el lenguaje del alma?» Así como ésta es una pregunta que se formula sencillamente, la respuesta también puede formularse de la misma manera. Sin embargo, aunque esto sea cierto también para muchos otros aspectos de la senda del alma, el que pueda formularse de una manera sencilla no significa necesariamente que sean obvios.

Para contestar la pregunta «¿Qué es el lenguaje del alma?» podríamos responder simplemente que el lenguaje del alma es el lenguaje del Mundo del Alma. Esto incluye todos los aspectos de ese mundo, tales como Dios, los santos y los budas —todos aquéllos que viven en la luz en los niveles de mayor jerarquía del Mundo del Alma. Esto también incluye las innumerables almas en el lado opuesto del espectro del Mundo del Alma. Incluye todos los seres de la madre Tierra. Preste gran atención a esta última declaración, pues abarca muchísimo más que las almas de todos los seres humanos. Incluye todas las almas de todos los universos. Todo lo existente está incluido porque todo tiene un alma. Las almas de todos aquellos que antecedieron al tiempo, que pertenecen a tiempos futuros y a más allá del tiempo, así como los que se encuentran en lo que llamamos el presente, están incluidas.

Por lo tanto, el lenguaje del alma abarca un ilimitado número de posibilidades —innumerables almas pueden comunicarse usando este método en particular. Es sumamente extraordinario y emocionante pensar en sus infinitas posibilidades. No tiene sentido mencionar números ni usar palabras o conceptos cuantitativos para expresar todas las posibilidades de comunicación con todos aquéllos con quienes usted puede comunicarse mediante el lenguaje del alma. Y más emocionante aún es percatarse de que estas almas desean verdaderamente comunicarse de este modo; que el lenguaje del alma es, de hecho, el método preferido de comunicación.

Quizá un ejemplo le ayude a entender lo que esto implica. Los que nacieron y se educaron en Estados Unidos hablan su idioma oficial, el inglés. El inglés es la lengua de los que viven en Estados Unidos, lo cual significa que ésta es la forma preferida de comunicación para cada aspecto de su vida diaria. El inglés es, asimismo, el idioma de comunicación que aceptan en su funcionamiento todas las instituciones de Estados Unidos. El idioma oficial del gobierno de Estados Unidos es el inglés. No es difícil entender la razón por la cual tener un idioma en común es importante y beneficioso. Podemos decir que la lengua oficial preferida en Estados Unidos es el inglés. De la misma manera podemos decir que el idioma oficial preferido por el Mundo del Alma es el lenguaje del alma. Esta pequeña comparación le ayudará a comprender y apreciar más profundamente mi breve explicación de la pregunta: «¿qué es el lenguaje del alma?»

El lenguaje del alma es también un mantra. Un mantra es un sonido singular. Es un mensaje especial. El decir que es un mensaje especial significa que es mucho más que simple información. La palabra mensaje puede intercambiarse por espíritu y por alma. Por lo tanto, el lenguaje del alma es un alma especial. En otras palabras, este medio de comunicación es, en sí mismo, un alma. Esta alma especial se vincula con todas las almas que se valen del lenguaje del alma. Debemos tener presente este importantísimo aspecto del lenguaje del alma.

Esta función que desempeña el lenguaje del alma, su habilidad y capacidad de conectarse a todas las almas de aquellos que se están comunicando entre sí mediante su uso, es una condición singular: una característica y cualidad únicas de este lenguaje. El saber esto le ayudará a apreciar aun más el extraordinario poder y capacidad de este medio de comunicación. No es sólo el hecho de que los sonidos del lenguaje del alma están conectados entre sí, sino que se conectan porque son una expresión del alma. Esta alma, espíritu o mensaje produce una unidad y armonía entre las almas que usan esta forma de comunicación; unidad y armonía realmente puras y verdaderas.

En parte, el lenguaje del alma promueve esta unidad y armonía debido a que en su expresión no están presentes los impedimentos ordinarios del lenguaje convencional. Se presenta con una libertad sin ataduras a formas de pensar, actitudes y creencias asociadas con ciertas palabras, ciertas expresiones y ciertas formas de habla del lenguaje convencional. Cuando se usa el lenguaje del alma, se evita el apelar a todas esas formas de pensar, actitudes y creencias limitadas. Esta es otra importante característica singular de este lenguaje que debe tenerse presente. Usted encontrará ese concepto en varias partes de este libro, relacionado con otros aspectos del lenguaje del alma. A medida que lo haga, aumentará su comprensión de la importancia que tiene. Lo elevará a otro nivel, a otra frecuencia, a otra vibración. Éste es un importante beneficio que se deriva de leer este libro. Hablaré en más detalle sobre éste y otros beneficios más adelante en este mismo capítulo.

Podría ser muy útil para usted releer esta sección del libro sobre el hecho de que el lenguaje del alma es un mantra y que este mantra es algo mucho más que un sonido singular. También es un mensaje especial. De hecho, usted se beneficiaría de regresar a esta sección y releerla varias veces, al tiempo que continúa leyendo las demás páginas de este libro. Será un nuevo concepto para muchos de ustedes, un nuevo entendimiento de que un mantra es también, en sí mismo, un sonido muy singular. Este mantra tiene una capacidad muy particular vinculada al hecho de que es un alma singular. Esta capacidad va más allá de la habilidad de las vibraciones de los sonidos mismos. El hecho de saber que el lenguaje del alma es también un mantra singular le ayudará a cobrar un mayor aprecio por la importancia y el poder de este don, y a percatarse de que es una manifestación sumamente apropiada y significativa de La era de la luz del alma. A medida que continúe leyendo, usted comenzará a experimentar lo que acabo de explicarle.

Usos del lenguaje del alma

El lenguaje del alma es un lenguaje verdaderamente universal. Trasciende fronteras nacionales y otras barreras. Haga una pausa para considerar las numerosas implicaciones de esta sencilla declaración. Mediante el lenguaje del alma, gente que vive en diferentes países podría conversar una con otra, intercambiar ideas y compartir saberes y enseñanzas de una manera nunca antes posible. La gama completa y la profunda riqueza de la información, sabiduría y enseñanzas existente estaría a la disposición de cualquiera. Este es un magnífico obsequio que abre la puerta a numerosas oportunidades. El lenguaje del alma puede eliminar cualquier barrera existente que, en la actualidad, impida el acceso a enseñanzas e información exclusivas.

Explicaré con más detalle estos y otros ejemplos para el uso del lenguaje del alma con quienes no están físicamente presentes con usted. Por ejemplo, ¿cómo podría comunicarse con quienes viven en otras partes del mundo? Usted podría valerse del lenguaje del alma para comunicarse con ellos acordando simplemente una hora para que esta comunicación se lleve a cabo. Esto podría realizarse con aquellas personas a quienes usted quisiera responder directamente a su lenguaje del alma o para quienes usted quisiera traducirlo, y viceversa. Podría asimismo comunicarse con acontecimientos y situaciones en otras partes del mundo. Me adentraré en este concepto más adelante en este libro, pero considero importante mencionarlo ahora al menos.

El lenguaje del alma también podría usarse para facilitar la comunicación entre personas que hablan diferentes idiomas. Imagínese un numeroso grupo de personas reunidas donde se hablan veinte idiomas nativos diferentes. Todas ellas podrían comunicarse a nivel de alma de manera consciente mediante el lenguaje del alma y su traducción. La traducción podría efectuarse en el idioma del orador o en los idiomas de los oyentes, tal y como se realiza en las Naciones Unidas. Sin embargo, la posibilidad más apasionante sería la traducción al idioma común de todas estas personas, es decir, al lenguaje del alma. Imagínese, esto eliminaría una de las barreras más grandes que separan a la gente del grupo.

El lenguaje normal es una barrera común en la sociedad contemporánea, especialmente en los grandes centros urbanos de nuestras sociedades «más avanzadas». Muchas personas que viven en la misma zona geográfica, en la misma ciudad o en el mismo barrio, no pueden comunicarse entre sí porque sus lenguas nativas son diferentes. Por el contrario, cada país tiene su propio idioma y la mayoría de la gente educada en él está limitada al conocimiento de su propia lengua nativa. Con el uso del lenguaje del alma estas limitaciones y barreras ya no serán significativas. El lenguaje del alma es la forma en que cualquier alma puede comunicarse con cualquier otra alma. No existe un lenguaje del alma único o específico de alguna región o país en particular.

Cuando usted aprende el lenguaje del alma y su traducción, la situación económica deja de constituir un factor. Los factores más importantes son su jerarquía del alma y su virtud. Teniendo un alto rango del alma y una gran cantidad de virtud (usualmente van de la mano), usted puede llegar a los niveles de más alta jerarquía del Mundo del Alma. También puede comunicarse con otros en niveles similares al suyo. Aquellos con fondos económicos limitados o muy escasos gozarían del mismo acceso que aquellos con medios económicos holgados. Esto traería consigo muchísimos cambios y grandes transiciones a nuestras sociedades de hoy día. Sería posible concertar una auténtica unidad en la sociedad. La información de cada persona y otras contribuciones a la sociedad serían valoradas según su jerarquía del alma y su virtud, en lugar de basarse en su situación económica personal o en el poder externo que ejerza. Todo aspecto de la vida actual cambiaría drásticamente al sobrepasar nosotros todas estas barreras.

Consideremos otras implicaciones de estos cambios. Con el uso del lenguaje del alma y su traducción, la riqueza de información, secretos y tesoros de las enseñanzas antiguas —maravillosos descubrimientos que muy pocos conocen— se harían fácilmente accesibles. Todas estas enseñanzas y toda esta sabiduría podrían comunicarse mediante el lenguaje del alma. Quienes lo hayan experimentado se habrán dado cuenta de que este lenguaje se habla de forma muy breve, a veces ni siquiera llega a un minuto, pero puede ser traducido en muchos, muchos párrafos o incluso varias páginas. Esta «tecnología de compresión» del lenguaje ha existido al través de los siglos.

Quienes ya hablan el lenguaje del alma o pueden traducir el de otros apreciarán enteramente lo que quiero decir al afirmar que esta tecnología ha existido durante mucho tiempo. El lenguaje del alma es una enseñanza, una sabiduría y un mensaje muy condensado. Todo su contenido puede incluirse en unas cuantas frases, oraciones o tal vez un minuto de habla. Es un enorme obsequio y bendición el poder expresar de manera tan breve lo que normalmente requeriría largo tiempo para ser expresado. Es más, cuando algo se expresa en el lenguaje del alma, no hay necesidad de editar. Esto es extraordinario. El lenguaje del alma hace posible la comunicación casi instantánea de la esencia de cualquier enseñanza y de cualquier sabiduría. La habilidad para hacer esto haciendo caso omiso de la distancia geográfica hace del lenguaje del alma un instrumento muy importante y significativo para toda la humanidad en estos tiempos.

Otra gran ventaja del lenguaje del alma para aquellos cuyas lenguas nativas los separa es que la gente de varios países, aun cuando no sea amistosa o cuando sea incluso hostil con sus vecinos, podría comunicarse libre y abiertamente —de corazón a corazón, de alma a alma— una con otra.

Quienes se den cuenta de que todos estamos en la misma senda del alma y verdaderamente compartan el compromiso de ofrecer amor, perdón, paz, curación, armonía, bendición e iluminación in-condicionales —y se comuniquen esto unos a otros— obtendrán re-sultados verdaderamente asombrosos. Hay mucha gente que vive en áreas muy conflictivas del mundo y desea de todo corazón hacer lo posible para resolver estas diferencias y conflictos. Estas personas pueden ahora ofrecer, a través del lenguaje del alma, amor y perdón incondicionales al conflicto, a quienes lo perpetúan, a quienes ayu-dan a la continuación del mismo e incluso a quienes se benefician de él. La única manera de lograr una paz perdurable es ofreciendo amor y perdón incondicionales. El lenguaje del alma es un medio para lo-grar esto.

Cuando estos individuos se comuniquen entre sí mediante este lenguaje, será posible lograr una sorprendente transformación. Se formarán puentes de luz en, alrededor de, y a través de cualquier barrera. La energía del amor y la energía del perdón podrán verdade-ramente comenzar a disolver estas barreras. Estas energías pueden «derretir» paredes aparentemente imposibles de derribar, y mucho menos de derretir. El amor universal incondicional puede cambiar y transformar cualquier cosa. *El amor derrite todo obstáculo. El amor trans-forma todo aspecto de la vida.* De hecho, sólo el amor puede eliminar barreras y derretir obstáculos. Quienes cobren conciencia de esto, aun cuando se encuentren en lados opuestos de las barreras y en medio de un conflicto, podrán ofrecer amor y perdón a la situación mediante el uso del lenguaje del alma.

Esta capacidad del lenguaje del alma es un don extraordinario y magnífico que puede ser usado con frecuencia, a cualquier hora del día o noche y en cualquier parte. Puede usarse individualmente o junto con otros. A través de este precioso obsequio, el lenguaje del alma y su traducción, pueden manifestarse maravillosas cosas.

Ponderemos un momento y reflexionemos en detalle las numero-sas implicaciones de lo que es posible lograr cuando personas con diferentes actitudes e ideas pueden comunicarse entre sí usando el lenguaje del alma. Por ejemplo, personas con muy diferentes pers-pectivas podrían congregarse y usar este lenguaje para recibir consejos orientadores para poder resolver los conflictos o diferencias creados por suposiciones, preguntas y creencias que las separan.

En estos tiempos en particular, dada la naturaleza e historia de las sociedades en la madre Tierra, quizá no suceda esto a un nivel oficial. Sin embargo, definitivamente puede suceder a nivel de la «gente común», que es la que realiza las labores que mantienen en movimiento a la sociedad. La «gente común» tiene muchas y diferentes perspectivas sobre cualquier simple pregunta. Desafortunadamente, las conversaciones entre la gente que tiene diferentes perspectivas de cualquier cosa por lo general no llega a conclusiones útiles. Casi siempre pasa lo contrario. Quienes poseen diferentes perspectivas pueden volverse aún más determinados a mantener el mismo enfoque en particular o la misma perspectiva del asunto. El resultado es que con frecuencia tales discusiones no producen apertura, flexibilidad, avenencia o resolución. En lugar de esto, muchos de los participantes se vuelven más rígidos y cerrados. Eso es muy triste, pero es exactamente lo que por lo general sucede.

Cuando se busca y se recibe orientación y respuestas a través del lenguaje del alma, la única posibilidad resultante verdadera es que uno se torna cada vez más abierto. Los participantes que acepten seguir esta opción ya tienen cierto grado de apertura y la buena voluntad de contactar una parte del Mundo del Alma no disponible a diario para la mayoría de la gente. Gente con ideas y enfoques diferentes a preguntas en particular puede congregarse para solicitar consejo y ser guiada mediante el uso del lenguaje del alma. Las respuestas y soluciones que reciban las conducirán realmente al camino del perdón ofrecido por cada quien —tanto el perdón solicitado, como el perdón brindado. Cuando suceda esto, entonces podrá existir, expandirse y florecer la paz, aun cuando no suceda a un nivel «oficial» inmediatamente.

El mismo hecho de que gente común pueda empezar a reunirse con otra gente y tener conversaciones de esta manera, creará una diferente clase de energía alrededor de la situación en cuestión. En lugar de bloquear o encerrar energía de algún modo en particular, empezará un flujo de flexibilidad. Este nuevo flujo de energía puede romper viejos patrones, ayudando a establecer una nueva forma de enfocar la situación. Pudiera parecerle algo de poca consecuencia que varios individuos se reúnan con este fin; sin embargo, las ondas de este pequeño comienzo repercuten extendiéndose más allá de los participantes mismos. La luz liberada por este proceso afecta no sólo todo aspecto de esta situación, sino también todos los aspectos a través de la madre Tierra y aun más allá.

Es muy difícil —quizá imposible— obtener una comprensión y valoración, válidas y realmente exactas, de la gran importancia y trascendencia que tiene el iniciar este proceso aunque sea sólo con un pequeño número de personas, pero ello puede significar una diferencia notable. Piense en términos de su cuerpo físico, que usted tan bien conoce. Cuando tiene un dolor de cabeza, éste afecta a todo su cuerpo. Lo afecta completamente, y cuanto más intenso sea el dolor, tanto más lo afecta. No obstante, ¡es muy probable que recuerde cuán distinto se siente todo su cuerpo y su forma de enfocar la vida cuando el dolor de cabeza desaparece!

Esto es análogo a tener sólo un pequeño grupo de personas que se valen del lenguaje del alma para resolver un asunto en particular. Cuando se va el dolor de cabeza, todo su cuerpo advierte un gran cambio. De la misma manera, cuando un pequeño grupo de personas con ideas y actitudes muy diferentes se hace menos cerrado, se vuelve más flexible y permite que haya un flujo de luz y energía entre ellos, esto puede aportar un gran cambio al problema o situación en cuestión, incluso a uno que haya durado mucho.

Es de vital importancia no subestimar la significación de ser el portador de la luz y la transformación a cualquier situación. Es importante también que todos los resultados que se nombren resulten bendecidos y multiplicados numerosas veces por el Mundo del Alma. Este es otro ejemplo de lo que puede suceder mediante el uso del lenguaje del alma. Su uso es tan significativo como beneficioso porque, de hecho, la importancia que tiene el hacerlo da lugar a muchos otros beneficios que se mencionarán más adelante en este capítulo.

Hay otras posibilidades vinculadas con la idea de que personas de diferentes partes del mundo puedan reunirse y comunicarse unas con otras de una forma universalmente accesible. Quizá la imagen con la cual esté más familiarizado es la de individuos de diferentes países y continentes reuniéndose para participar en los Juegos Olímpicos. Otra imagen que mucha gente reconocerá es aquélla de los eventos que siguieron al fallecimiento del papa Juan Pablo II, cuando se eligió a su sucesor. Hubo una respuesta internacional; gente de todo el mundo asistió y participó en estas ceremonias. Sin embargo, no hubieran podido entenderse entre sí sin los servicios de un traductor. Si los participantes hubieran podido comunicarse en el lenguaje del alma, los servicios de traducción no hubieran sido necesarios. Simplemente hubieran traducido el lenguaje del alma del otro sin necesitar los servicios de una tercera persona. Los que se comunican entre sí podrían traducirse mutuamente. Este sería otro increíble servicio en innumerables situaciones diversas. Imagínese si los Juegos Olímpicos y otros grandes eventos fueran dirigidos e instruidos por alguien que hablase el lenguaje del alma —sería algo verdaderamente revolucionario.

Quizá esté familiarizado con las escrituras cristianas y la historia de Pentecostés. Un gentío llegó el domingo de Pentecostés de la era cristiana a la santa ciudad de Jerusalén a celebrar una festividad sacra de los judíos. Estos peregrinos provenían de diferentes áreas y países y hablaban en diferentes lenguas y dialectos. Parte del significado del domingo de Pentecostés para los cristianos es la transformación de los discípulos de Jesús y de todos aquellos que se habían reunido a esperar y orar por la venida del Espíritu Santo. Los discípulos y otros seguidores habían seguido las instrucciones que Jesús les había dado antes de su ascensión al cielo de regresar a Jerusalén a esperar y orar hasta que él les mandara el Espíritu Santo. Los discípulos y otras personas estaban esperando y orando en una habitación del piso superior de una casa cerrada bajo llave y con las ventanas cerradas. Cuando Jesús les mandó su espíritu, fue obvio porque una luz apareció sobre la cabeza de cada uno de ellos y se oyó el estruendo de un viento fuerte. Este estruendo fue tan poderoso que se pudo escuchar en toda la ciudad y los peregrinos se reunieron en ese sitio para averiguar qué había pasado.

Pedro les dirigió la palabra, y cada persona en esa muchedumbre reunida fue capaz de entenderlo como si le hubiera hablado en su propia lengua. Los peregrinos se maravillaron de esto y comentaban que aunque fueran de diferentes países, todos habían podido entender lo que este hombre de Galilea les había dicho. Pedro les estaba hablando en el lenguaje del alma. Los peregrinos fueron capaces de traducirlo espontáneamente.

El evento de Pentecostés del lenguaje del alma y su traducción fue experimentado por cerca de tres mil personas. Les conmovió de tal manera lo que habían escuchado que se convirtieron en seguidores de El Camino, un término que identificaba a los que aceptaban el mensaje y las enseñanzas de Jesús y los ponían en práctica en sus vidas diarias. A medida que más gente aprenda el lenguaje del alma y su traducción, sucederán eventos similares al de Pentecostés numerosas veces y en numerosos lugares en la madre Tierra.

Aun cuando esta historia de Pentecostés fue muy dramática y significativa, el número de lenguas de los grupos representados en él se considera pequeño en comparación con eventos tales como los Juegos Olímpicos, en los cuales no habría necesidad de hacer traducciones simultáneas por terceros y donde cada quien recibiría las mismas enseñanzas al mismo tiempo si se usara el lenguaje del alma. Sólo diferiría en que cada persona recibiría conforme a su nivel jerárquico en el Mundo del Alma y a su virtud. Sería una extraordinaria experiencia que la gente se reuniera y aprendiera de esta manera. Una conferencia de este calibre no necesitaría durar una semana ni varios días, ni siquiera horas, porque se puede comunicar una gran cantidad de información en un breve período de tiempo mediante el uso del lenguaje del alma.

El lenguaje del alma condensa el mensaje en unas cuantas breves oraciones que pueden contener numerosísimos párrafos de enseñanzas. A diferencia del enfoque de la enseñanza tradicional, esta sola característica haría del lenguaje del alma un extraordinario medio de enseñanza. Lo que normalmente podría tomar varios días o tal vez semanas en una conferencia normal, ¡ahora podría condensarse en un sólo día o en unas cuantas horas! Y toda discusión e intercambio que tuvieran lugar después podrían efectuarse en un período de tiempo mucho menor si se usara el lenguaje del alma. Es más, en esta clase de congregación internacional, hoy en día se considera muy importante evitar tener discusiones «normales» en el mismo idioma nativo. Precisamente ése es el punto, que personas con diferentes lenguas nativas puedan intercambiar ideas unas con otras y así, de esta manera, crear una mayor armonía y paz en nuestro planeta.

Una mayor reflexión de estas ideas nos podría conducir a una infinita red de posibilidades. Como se mencionó antes, quienes se comunican entre sí usando el lenguaje del alma no tienen que estar físicamente en el mismo lugar. Por lo tanto, ¡podría organizarse una conferencia internacional donde los participantes podrían permanecer en sus propios hogares! Esto sería también una idea muy revolucionaria. No habría necesidad de depender de la tecnología u otros medios convencionales de asistencia. Aunque siguiera en pie la necesidad de coordinarse y organizarse, la conferencia entera se llevaría a cabo de una manera totalmente nueva, una nueva forma nunca antes existente o accesible para la humanidad.

Probablemente esté pensando en las diversas maneras en las que dicha conferencia podría efectuarse, aun actualmente. El celebrar conferencias donde se use el lenguaje del alma y su traducción sería algo verdaderamente transformador. Todos los problemas actuales donde personas de diferentes áreas, con diferentes ideas, actitudes, conceptos políticos y todo aquello que la gente identifica como «diferencias» podrían evitarse del todo. A través del lenguaje del alma y su traducción podríamos liberar antiguas fuentes de sabiduría y ganar acceso a una profunda forma de curación de antiguas heridas. En nuestros tiempos actuales tenemos un acceso directo a esta clase de sabiduría y curación vía el lenguaje del alma y su traducción. Su uso sería un gran servicio y un gran tesoro.

Dondequiera que dos o más personas se congreguen, podría revelarse esta sabiduría y forma de curación. Personas diferentes, provenientes de distintos lugares, e incluso hostiles entre sí, podrían experimentar una profunda restauración y aprender magníficas enseñanzas de profunda sabiduría. El uso del lenguaje del alma y su traducción acrecentaría en gran medida estas experiencias curativas y la sabiduría adquirida. El que personas consideradas «diferentes» se congreguen y utilicen el lenguaje del alma para revelar la perspectiva del Mundo del Alma acerca de su situación, y aprendan lo que es realmente la verdad de las cosas, será algo sin duda sorprendente. No basta decir que será un acontecimiento revolucionario y que tendrá un gran efecto curativo; esto es sólo un indicio de lo que puede acontecer. No hay suficientes palabras para expresar adecuadamente las posibilidades que ofrece este tipo de reunión de almas. Esta clase de reuniones trae consigo literalmente tantas posibilidades como personas hay en la Tierra.

En esta época en particular, la única manera de realizar este tipo de comunicación es mediante el uso del lenguaje del alma. Debido a que los participantes mismos traducirían uno al otro, la autenticidad y la verdad del mensaje serían reveladas, apreciadas y comprendidas por todos los presentes. Situaciones como ésta demostrarían nuevamente la forma de armonizar lo significativo con lo beneficioso del lenguaje del alma, además de otros beneficios que mencionaré más adelante en este capítulo.

Es fácil identificar a los diversos grupos por sus actitudes, creencias y formas de pensar diferentes unos de otros. Basta con observar diversas partes del mundo donde la gente lucha entre sí. A fin de lograr una comprensión mutua de la verdad de la situación, el uso del lenguaje del alma sería un regalo maravilloso y sorprendente, no sólo para aquellos involucrados en el conflicto, sino para todos en la madre Tierra. Como dije antes, cuando hay un conflicto entre dos grupos, éste nunca se limita al área del conflicto, sino que también afecta a toda la comunidad mundial, de la misma manera que un dolor de cabeza afecta a todo el cuerpo.

Estos son algunos de los aspectos más significativos respecto al uso del lenguaje del alma. Hay muchas otras razones importantes respecto al uso del lenguaje del alma y su traducción, pero lo expresado hasta aquí debería bastar para empezar a darle una idea de cuán poderosa y maravillosa herramienta es este tesoro de bendiciones que es el lenguaje del alma; cuán perfectamente se adecua a esta era en la que vivimos; y por qué es importante que haya cada vez más personas que puedan hablar y traducir el lenguaje del alma. Este lenguaje es un verdadero tesoro, un precioso don para la humanidad en estos tiempos de la historia de la madre Tierra.

La importancia del lenguaje del alma

Hemos mencionado ya una de las razones más importantes por las que el lenguaje del alma resulta tan significativo: es la más pura de las voces. Esta importancia se magnifica en estos tiempos de transición de la era anterior a la presente. Hay tantas cosas que se están transformando que resulta muy confuso para muchos. «¿Cuál es la verdad de lo que sucede? ¿Cuál es la verdad de la información que nos ofrecen? ¿Cuál es la verdad de las diferentes enseñanzas que nos presentan? ¿Cuál es la verdad de las diferentes instituciones que han declarado por tanto tiempo ser los guardianes y custodios de nuestro sendero?» Es difícil obtener una idea clara de todo esto. No es fácil distinguir la verdad en todas estas situaciones y experiencias, y preguntas tales como «¿Cuál es la verdad?» podrían llenar páginas. Los ejemplos que he presentado son más que suficientes para darle una idea del tipo de confusión que mucha gente experimenta actualmente.

Por otra parte, hay muchas personas capaces de distinguir con claridad y de entender profundamente lo que es verdad; gente que puede ver más allá de la confusión, y aunque no pueda expresar claramente de qué está consciente, tiene el profundo entendimiento, la convicción, de que mucho de lo que nos están presentando es, de hecho, auténtico; pero con frecuencia las voces que escuchamos no son las más puras. No digo esto como crítica o queja de esas voces, pues las críticas o quejas sólo añaden confusión e incertidumbre al período en que vivimos. En lugar de seguir usando esta negativa forma de enfoque, es mucho mejor brindar amor y gratitud, reconocimiento por todo lo que ocurre, aun por la confusión y el conflicto que forman parte de la presente situación, o que son parte de su propio camino espiritual.

En medio de toda esta confusión y conflicto, existe la posibilidad de que usted pueda recibir respuestas provenientes de la más pura voz en la más pura forma. La forma de recibir estas respuestas es a través del lenguaje del alma. Cuando usted hace preguntas, recibe respuestas siempre en la voz más pura. Es muy importante mencionar ahora que si un grupo de tres o cinco personas, o mayor, tal vez de cientos de personas, hace una pregunta y cada persona habla y traduce el lenguaje del alma como una manera de obtener una respuesta a esa pregunta, lo que cada persona reciba variará un poco. La razón de esto es la diferencia de nivel de frecuencia, vibración y jerarquía espiritual de cada persona. Por esta razón, cada persona expresa el lenguaje del alma también de manera diferente. Hablaré más sobre esto en el capítulo 2, cuando explique a profundidad cómo desarrollarlo.

Por ahora diré simplemente que el lenguaje del alma de cada persona variará de una a otra. Esto no significa que uno esté correcto y el otro equivocado; significa simplemente que la frecuencia, vibración y jerarquía de cada persona son únicos, y por lo tanto, el lenguaje del alma será único en cada persona. La información recibida también será única para cada persona. Reitero de nuevo que más adelante en este libro me adentraré en ello, cuando explique la forma de traducir el lenguaje del alma.

Cuando usamos el lenguaje del alma, Dios está presente. Esto es también definitivamente cierto en otras situaciones; sin embargo, es particularmente cierto para el lenguaje del alma. Su pureza y el hecho de que es el modo de comunicación en todo el Mundo del Alma le ayudará a comprender por qué este lenguaje es una forma de comu-

nicación que trae la presencia de Dios de una manera realmente
única. De cierta forma, se podría decir que es el modo de comunicación preferido por Dios en esta era. Es una manera en la que Dios
está presente entre nosotros en cualquier momento y en cualquier
lugar. Este es un don muy singular que ayudará a conformar esta
parte inicial de La era de la luz del alma.

Hay numerosas situaciones donde la presencia de Dios debe ser
enérgica y dramática. Las formas convencionales de traer la presencia de Dios no son siempre aceptadas en estas situaciones. Utilizar el
lenguaje del alma y transformar todo lo que usted es y todo lo que
hace gracias a la presencia de Dios es una bendición sumamente singular. Es un enorme tesoro, el más extraordinario don de Dios. Es
increíblemente asombroso y nos deja pasmados darnos cuenta de que
Dios desea tanto estar con nosotros y ayudarnos que nos ha dado un
medio para que esto suceda en cualquier lugar y a cualquier hora.

Quiero mencionar ahora un aspecto en particular, y es que el lenguaje del alma puede comunicarse en silencio. Es importante saber
esto, pues seguramente estará pensando que hay situaciones o experiencias donde el uso del lenguaje del alma en voz alta sería muy difícil, y de hecho, intensificaría también la dificultad de la situación.
Algunos de ustedes habrán pensado al leer los últimos párrafos:
«Bueno, si tratara de usar el lenguaje del alma en ésta o aquella situación en particular, no funcionaría». Quiero dejar en claro que el lenguaje del alma puede ser silencioso. Sabiendo esto, no existe ningún
lugar o momento en absoluto donde no pueda usarse este lenguaje
para inducir la presencia de Dios, aun en sitios aparentemente inhos-
pitables.

Tal vez un ejemplo le sirva de ayuda. ¿Recuerda haber acudido a
una reunión en la que se haya acelerado la intensidad y el choque de
ideas? Estas situaciones ocurren en la vida de casi todos, si no en el
contexto de una reunión, tal vez en un contexto familiar. Probablemente se puede aseverar que quien esté leyendo este libro se ha encontrado en algún tipo de situación donde la conversación se aceleró
con tal intensidad que se tornó en un verdadero conflicto de ideas.

En dichas situaciones, el cantar silenciosamente el lenguaje del alma es un absoluto tesoro, una extraordinaria bendición y don. Traerá consigo significativos beneficios y bendiciones para cada persona involucrada en dichas conversaciones. Los beneficios para quien use el lenguaje del alma serán especialmente asombrosos. Usar este don maravilloso en una situación donde el conflicto esté cobrando intensidad podrá ayudar verdaderamente a transformar una situación que tenga la posibilidad de ser restauradora y de hacer que la armonía y la bendición se hagan presentes. También podrá recordarle a quien está usando el lenguaje del alma la importancia de ofrecer siempre amor y perdón incondicionales. Sólo ofreciendo amor y perdón incondicionales se podrá contemplar la posibilidad de una auténtica paz.

Este gran potencial para lograr una transformación total está vinculado a la certeza de que el lenguaje del alma es una forma única de manifestar la presencia divina, por lo que trae consigo todas estas bendiciones. Sólo este poderoso aspecto del lenguaje del alma le permite apreciar su extraordinaria importancia.

Otro aspecto significativo del lenguaje del alma es que constituye un medio de unión que ninguna barrera puede obstruir. Es una forma de estar juntos con otros sin importar tiempo ni lugar. Uno debe apreciar verdaderamente esta maravillosa cualidad y característica del lenguaje del alma. No es necesario estar físicamente presente en el mismo lugar donde se usa este lenguaje. La gente puede comunicarse entre sí cantándolo en silencio. Esto puede realizarse estando unos a gran distancia de los otros. También puede realizarse con aquéllos que han dejado este mundo y han hecho la transición al Mundo del Alma.

Beneficios del lenguaje del alma

El lenguaje del alma trae consigo numerosos beneficios, muchos de los cuales ya he descrito. Uno de los beneficios principales es el tener acceso directo a Dios y a los dominios celestiales de mayor jerarquía.

El comunicarse en esta purísima forma con Dios y con el Mundo del Alma le permite acceder a una sabiduría que no se alcanza de ninguna otra manera, sabiduría que puede aplicarse a cualquier aspecto de su vida.

Puede usar esta sabiduría para tener una mayor claridad del papel que ha de desempeñar en su vida. El ver con claridad lo que Dios y el Mundo del Alma le han encomendado en esta vida es un verdadero tesoro. Tener esto en claro elimina gran parte de la confusión e incertidumbre en su vida. Esta claridad también le proporciona un sentimiento de gran tranquilidad y paz. Le rendirá enormes beneficios a nivel emocional y mental.

Transforme su alma primero; la transformación de su mente y cuerpo vendrá después.

Todo lo que suceda a nivel de su alma también lo beneficiará a cualquier otro nivel. Esto es especialmente cierto cuando tiene en claro el papel que se le ha encomendado. Puede evitar así la continua incertidumbre que la gente experimenta dudando siempre entre «¿debo hacer esto?» o «¿debo hacer aquello?» Ciertas personas experimentan una mayor vaguedad. Intuyen que se les ha encomendado algo, pero no les es claro qué. Buscan averiguar en sí mismos qué se les ha encomendado. Es casi como caminar a través de una densa niebla. Con el uso del lenguaje del alma se puede despejar esa niebla. Es un enorme tesoro.

La analogía de «despejar la niebla» es muy buena puesto que cuando la niebla se despeja, es posible ver claramente y proceder adelante con toda energía. No sólo puede usted contemplar su propio sendero, sino que también puede ver todo aquello que rodea su sendero y la forma en que éste interactúa y es influenciado por otros eventos, situaciones y personas. También puede apreciar la forma en que su sendero proporcionará un gran servicio a todo y a todos a su alrededor. Tenga en mente esta analogía de «despejar la niebla» al proceder con la lectura de este libro, pues le ayudará a apreciar no sólo su contenido, sino también los eventos que suceden en su vida.

Otro beneficio del lenguaje del alma es que lo pone en comunicación directa con la conciencia divina. Este es un don extraordinario. Lo he mencionado anteriormente, pero me gustaría adentrarme en esta enseñanza aún más. El decir que usted está en contacto y comunicación directa con la conciencia divina significa que usted tiene acceso a todo lo que es parte de la conciencia divina, aunque sea de acuerdo al nivel que usted tenga. Las posibilidades son infinitas, extraordinarias. Es sumamente difícil comprender, o incluso creer, que esto está a nuestra disposición a través de este maravilloso medio de comunicación que es el lenguaje del alma. Es imposible describir todos los aspectos de la conciencia divina en este libro, pero deténgase por un momento y reflexione sobre lo que significa verdaderamente esta frase. Es un tesoro inapreciable.

La conciencia divina significa que usted tiene la posibilidad de entrar y comunicarse con ese aspecto de Dios que le permite tener una conciencia divina de todo. Simplemente este aspecto de entrar a la conciencia divina traerá consigo muchos cambios en su vida. Teniendo conciencia de las cosas desde la perspectiva de Dios cambiará la forma en que contempla todo en su vida. Cambiará sus respuestas a todo en la vida. Muchas de las cosas que han sido hasta ahora un problema para usted, dejarán de serlo. Al vincularse con la conciencia divina se dará cuenta de que aquello que a nivel humano es considerado problemático, generalmente no lo es para Dios. Los obstáculos y bloqueos que le habían parecido a veces insuperables adquirirán cada vez menores proporciones. Aquellas situaciones en su vida que le habían ocasionado hasta ahora ansiedad, ira, pena, temor, etc., serán vistas de otra manera, y en lugar de permitir que lo drenen y creen bloqueos de energía, empezará a recibirlas como bendiciones y dones en su vida.

La conciencia divina contempla a la humanidad y toda la creación, todo evento y situación de manera muy diferente a nuestra forma de enfocar a partir de la perspectiva del raciocinio lógico, incluso cuando partimos de nuestra propia tradición espiritual específica. La mayor diferencia radica en que cuando conectamos con la conciencia divina, no hay límites. Todo tiene posibilidades ilimitadas. Conectando con la conciencia divina a través del lenguaje del alma abre una serie de posibilidades frente a nosotros que no tendríamos a nuestra disposición de ninguna otra manera. Este es un beneficio verdaderamente extraordinario del lenguaje del alma.

Leyendo estos conceptos y enseñanzas estoy seguro que despiertan en su ser un cierto grado de esperanza y entusiasmo. Saber que usted tiene un medio inmediatamente disponible que le trae un potencial infinito a su vida, es un concepto verdaderamente excitante. Este es otro ejemplo de la extraordinaria generosidad de Dios y del Mundo del Alma entero. De la misma manera en que usted conecta con la conciencia divina, conectará también con sus guías espirituales, santos especiales, ángeles, etc. —con quien lo haya estado guiando desde el Mundo del Alma en su camino espiritual hasta ahora. Haciendo esto le ayudará a contemplar más en claro su camino espiritual, eliminando numerosos obstáculos. Las cosas se simplificarán para usted, aunque más simples no significa que resulten más fáciles. Otros de los beneficios de utilizar el lenguaje del alma es que la simplicidad interviene en su vida cada vez en mayor grado. Esta simplicidad está estrechamente relacionada con la claridad que he descrito.

Estos beneficios afectarán no sólo su vida, sino también las vidas de todos aquellos con quienes entre en contacto. Puede imaginarse fácilmente lo maravilloso que sería para usted tener claridad en su vida. También puede imaginarse el placer que sería para sus seres queridos el vivir con alguien que posea esta clase de claridad en su vida. Los beneficios se extenderán aun más allá del círculo de sus conocidos, beneficiando a todos en la madre Tierra y el más allá. ¡Qué maravilloso acontecimiento en su sendero espiritual es darse cuenta y poder apreciar que dicha bendición en su vida es también una forma de servir! Este es tal vez un nuevo concepto para usted, percatarse de que estos dones que han venido a su vida pueden ser usados para servir a otros. Es otro de los beneficios de usar el lenguaje del alma.

Todo lo que se ha descrito lo beneficiará directamente. Cuando usted resulta beneficiado y asciende a otro nivel en su camino del alma, cuando el nivel de jerarquía de su alma asciende, entonces todo lo que haga girará en torno a ese nivel. Todo lo que haga se convertirá en un servicio de una más alta calidad. Las bendiciones que usted ofrezca, su canto, sus relaciones con otros, todo asciende a un nuevo nivel. Este es otro ejemplo de la generosidad divina. Nos hace ver claramente que todos los seres —todos— trabajamos juntos. Esto nos permite comprender más profundamente el significado del servicio universal.

Hasta ahora he mencionado varios de los beneficios y bendiciones del lenguaje del alma que pasarán a ser parte de su vida diaria. Mientras más lo use, más profundamente experimentará sus bendiciones y beneficios.

Otro de los beneficios del uso del lenguaje del alma es la ayuda para poder comprender desde la perspectiva del alma. Este beneficio es otro tesoro extraordinario. Mucha gente suele apelar a su raciocinio lógico, y ésta es ciertamente una buena manera de enfocar ciertas situaciones. Sin embargo, en la era en que vivimos —La era de la luz del alma— el raciocinio lógico no le podrá dar una adecuada respuesta. Muchos se han dado cuenta ya de esto en sus vidas. Usan su raciocinio lógico y terminan andando en círculos; sienten como si les dieran vueltas a las ideas en la cabeza y acaban sintiéndose más y más ansiosos por la situación o interrogante que desean resolver.

Ya no es necesario usar este tipo de enfoque. El lenguaje del alma le permitirá conectarse directamente con su alma para recibir información directamente de ella y del alma de la situación, evento o interrogante que desea resolver. Esto le permitirá llevar una vida mucho más tranquila. Simplemente este beneficio constituirá un tesoro para muchas personas. El ponderar y repensar continuo sobre algo que le inquieta es una experiencia muy común —y el estrés y ansiedad resultantes también son muy comunes.

El uso del lenguaje del alma es una maravillosa y eficiente forma de resolver las preguntas. Hace posible lograr soluciones en minutos. En el mundo «instantáneo» de hoy en día, esto le parecerá atractivo a muchos. Ya no será necesario sentarse a ponderar y reflexionar sobre preguntas o situaciones día tras día. Todo lo que necesita hacer es hablar y traducir el lenguaje del alma y las soluciones vendrán inmediatamente. ¡Qué magnífico y precioso regalo! ¡Qué generoso don de Dios! El obtener las soluciones directamente del Mundo del Alma le permitirá dar término a su ciclo de pensamiento circular. Esto también trae consigo todas las continuas bendiciones y beneficios ofrecidos por el Mundo del Alma.

Así que usted obtendrá no sólo la solución a sus inquietudes, sino que recibirá también muchas otras bendiciones del Mundo del Alma. Se percatará de algunas de ellas enseguida; de otras se dará cuenta más gradualmente. En verdad no es importante el momento en que se dé cuenta de estas bendiciones; las recibirá y serán parte de su camino del alma. Cuando sea necesario estar consciente de estas bendiciones, se volverá consciente de ellas. De hecho, podría usar el lenguaje del alma para preguntar cuándo es el momento apropiado para hacerse consciente de las numerosas bendiciones que acompañan cada solución y cada respuesta que reciba.

Si usa el lenguaje del alma del modo que he descrito, sería posible decir que usted es un mensajero divino. ¿Qué sucede cuando se vincula con Dios y con el Mundo del Alma mediante el lenguaje del alma? Usted recibe sus mensajes y, en algunas situaciones, transmite directamente estos mensajes a otros. Esto claramente lo convierte en un mensajero divino. El ser un mensajero divino es un gran honor y privilegio.

En otras situaciones, se convertirá en un mensajero divino debido a que las enseñanzas, sabiduría y orientación que reciba pasarán a ser parte de su ser. Pasarán a ser parte de su camino del alma. También pasarán a ser parte de su mente consciente. Aplicará en su vida esta información, orientación y sabiduría recibidas. Al hacer esto, se convierte en la presencia misma de esa orientación, sabiduría y enseñanzas. Se convierte en su mensajero. Se convierte en un mensajero divino. Se convierte en un mensajero divino en todos los aspectos de su vida diaria. Todo se ve influido y alcanzado por ello. En ocasiones, estará muy consciente de lo que ocurre; en otras notará que, en conversaciones con otros, proferirá palabras que lo llevarán a pensar «¿Quién está hablando aquí?» En esos momentos usted se dará cuenta de que está expresando lo recibido a través del lenguaje del alma, de que lo expresado por su boca proviene de Dios, proviene del Mundo del Alma. Esta experiencia lo ayudará a apreciar lo que significa ser un mensajero divino.

Mientras más frecuentemente use el lenguaje del alma, más mensajes, enseñanzas, orientación y sabiduría recibirá. Esto le permitirá convertirse en un mensajero divino de una frecuencia, vibración y calidad cada vez más alta. También le permitirá compartir mensajes más profundos con aquellos que lo rodean.

Esta explicación lo ayudará a captar mejor lo dicho anteriormente acerca de ofrecer un servicio mediante el uso del lenguaje del alma. Este es un ejemplo más o menos obvio de ofrecer un servicio; hay numerosos otros ejemplos. Esta posibilidad en particular es un tesoro muy especial porque cuando uno está consciente de que la fuente de lo que está compartiendo es definitivamente el Mundo del Alma, su aprecio por este magnífico medio aumentará. Su conexión a un nivel consciente ascenderá a un nivel más alto. Es muy importante tener conciencia de esto a un nivel consciente, pues así podrá no sólo observar en sus conversaciones que la información, sabiduría y enseñanzas provienen de otra fuente, sino que también apreciará esto en sus respuestas diarias. Todas éstas son bendiciones recibidas del Mundo del Alma y de Dios.

El lenguaje del alma es también un tesoro para la meditación. Puede solicitar lo que quiera de su lenguaje del alma. A lo mejor desea abrir su Centro Mensajero, fortalecer su Dan Tian inferior para obtener su máximo poder o asumir el estado de amor universal incondicional. Quizá desee asumir el estado de estar en la nada. Sea lo que fuere, usted puede pedirlo y empezar a usar enseguida el lenguaje del alma. Al usar este lenguaje, usted se vinculará con su petición a nivel de alma, a nivel de Dios y a nivel de todo el Mundo del Alma. A medida que continúa cantando en el lenguaje del alma, su solicitud se tornará parte de su meditación.

Cuando usted utiliza el lenguaje del alma, es como si abriera el grifo del agua. No tenga expectativas. Si las tiene, es como si cerrara el grifo del agua. Esta comparación aclara perfectamente la razón por la cual no hay cabida alguna a expectativas en su meditación —ni en ninguna otra cosa por cierto. El uso del lenguaje del alma para meditar le proporciona la posibilidad de vincularse con su petición en el nivel del alma de esa petición. Esta es una extraordinaria e ilimitada posibilidad. Ábrase a recibir lo que le ofrecen, y recíbalo con total gratitud. Sea lo que fuere lo sucedido durante su meditación, será exactamente lo que el Mundo del Alma desea otorgarle en ese momento.

Continúe usando el lenguaje del alma y concentre su atención en su petición. Al usar el lenguaje del alma, quizá cobre conciencia de algún cambio en su nivel de conciencia. A lo mejor se vuelve consciente de los mensajes vinculados con su petición. Cuando esto ocurra, puede dejar de usar su lenguaje del alma y conectarse con la conciencia y los mensajes, ya que ellos constituyen dones para usted en ese momento.

Hay una enorme diferencia entre recibir mensajes como consecuencia del uso del lenguaje del alma y las distracciones que mucha gente experimenta durante el tiempo en que se encuentra meditando. La diferencia es muy clara. Las distracciones caen en la categoría del raciocinio lógico. Distraerse es como si su mente volara como una mosca. Cuando esto sucede, usted no experimenta lo que es recibir mensajes del Mundo del Alma y de Dios. Los mensajes divinos del Mundo del Alma van acompañados de una paz profunda y transformadora.

Si experimenta distracciones, trátelas como si fueran dones y maestros. No se moleste ni enfade. No trate de que desaparezcan. Responda a ellas con gratitud y continúe usando su lenguaje del alma. Cuando haga esto con suficiente frecuencia durante su meditación, comenzará a experimentar un cambio en la calidad de su meditación. Empezará a asumir el estado de lo que ha pedido.

Una vez más, es sumamente importante evitar tener expectativas. Las expectativas detendrán el proceso más rápidamente que cualquier otra cosa. Partiendo del ejemplo de cerrar el grifo de agua, está claro qué sucede cuando se tienen expectativas. Una forma de evitarlas es el usar este precioso medio, el lenguaje del alma. Usted puede incluso responder a sus expectativas de la misma manera que responde a sus distracciones: muéstreles su agradecimiento. Recíbalas como si fueran un don y un maestro porque eso es lo que verdaderamente son, maestros. Tienen una gran sabiduría que compartir con usted. Cuando ésta sea su respuesta, sus expectativas y distracciones verdaderamente se transformarán, convirtiéndose en guías y asistentes de su proceso de meditación. Usando el lenguaje del alma para adquirir sabiduría sobre sus expectativas y distracciones es una maravillosa forma de acelerar el proceso para transformarlas. Se convierten así en sus guías y asistentes.

He identificado varios de los beneficios obtenidos al usar el lenguaje del alma. Hay más. No obstante, los que he mencionado y explicado son aquéllos que sentarán una pauta mayor en su camino del alma. Son beneficios claramente notables y fáciles de entender y apreciar. En cuanto empiece a experimentar los beneficios que he descrito, comenzará a percatarse de otros beneficios en su propio camino del alma. Estos son preciosos e inapreciables regalos de Dios, y lo maravilloso de ellos es que mientras más se usen, más se incrementan. Este es otro ejemplo de la generosidad divina. Use el lenguaje del alma con frecuencia y experimentará la realidad de estos beneficios en su vida.

Gratitud

Probablemente habrá notado las numerosas veces que he mencionado la palabra gratitud en estas páginas. No puede hacerse suficiente hincapié en la importancia que tiene la gratitud. Cuando enfoca su vida desde el punto de vista de la gratitud, ve todo de manera diferente. Sus experiencias comienzan a sentirse de una manera diferente. De hecho, su vida entera reflejará una profunda experiencia transformadora.

Esto es algo similar a un caleidoscopio. Piense en todos esos pedacitos de vidrios de colores que hay dentro del caleidoscopio. Si pone todos esos pedazos sobre la mesa frente a usted, no hay más que una colección de bonitos fragmentos de vidrios de colores. Son simplemente pedacitos de vidrios de colores separados unos de otros.

Cuando mete esos mismos pedacitos en un caleidoscopio, se convierten en una maravillosa y siempre variable configuración. Pasan a ser entonces una fuente de disfrute y placer. De la misma manera, cuando observa todas sus experiencias a través del lente de la gratitud, en lugar de ver eventos fragmentados y diferentes, los contempla como preciosas configuraciones que son una gran fuente de deleite y placer. Esta es una comparación que vale la pena tener presente: la gratitud puede funcionar en su vida como un caleidoscopio.

Cuando responde con gratitud a los acontecimientos de su vida, observará eventos aparentemente negativos de una forma totalmente distinta. Empezará a percibirlos como dones y símbolos de sabiduría muy peculiares. Esto es más cierto cuando los eventos son especialmente difíciles o dolorosos. Es parte del proceso de su camino del alma. Cuando se ha enfrentado a algo particularmente difícil en su vida, esto le revela un aspecto de usted que exige transformarse en luz. Ese aspecto puede haber sido parte de la vida presente de muchos de ustedes durante muchísimos años, o puede haber sido parte de su camino del alma y las memorias de su alma durante muchas de sus vidas.

Cuando este sea el caso, la transformación con frecuencia resultará difícil. Exigirá de su parte un esfuerzo constante y muy consciente. Cuando tenga conciencia de esos eventos o situaciones y los contemple desde la perspectiva de la gratitud, se percatará de una manera muy profunda de que ha recibido un gran don, un maestro muy singular en su vida dotándolo de sabiduría. ¿Cuál otra respuesta podría darse a este fabuloso don y a la presencia de un maestro de sabiduría tan profunda? Cuando comience a ver estos «problemáticos» eventos de esta manera, la única respuesta apropiada es la de mostrar gratitud. Permítame darle un ejemplo de todo esto para aclarar mejor lo que quiero decir.

Cuando pone resistencia a alguna enseñanza o tiene una reacción muy negativa a cierto individuo, esto significa que esta situación es un don y un maestro para usted. Cuando recibe estos eventos con gratitud, cobra conciencia del patrón subyacente en su vida que ha tenido durante muchos años. Con frecuencia identificamos a esos patrones como virtudes. Por ejemplo, muchas personas tienen en alta estima la virtud de la honestidad. Estas personas por lo general son individuos que quieren ser identificados por esta virtud en particular. Vinculan su personalidad con esa virtud. Quiero ahora dejar en claro que la honestidad es, de hecho, extremadamente importante. De ninguna manera estoy insinuando que trate la honestidad a la ligera. Es una importante cualidad que debe ser parte de la vida de cada uno de forma muy concreta y práctica.

A lo que me refiero es al tipo de respuesta a una «honestidad» que intrínsecamente tiene lo que llamo una «carga emocional» —la clase de honestidad que enfada o perturba a la gente. Cuando usted provoca esta clase de respuesta en los demás, ha dejado el camino de la virtud para tratar de ligar esa importante cualidad con su personalidad. Esta es la señal más clara de que usted está lidiando ahora con algo que, en realidad, es un problema del ego. No está vinculado realmente con la virtud de la honestidad. La honestidad ha sido su forma de proteger un aspecto de su personalidad que necesita verdaderamente una curación. Si se percata de esto, su camino del alma —su senda curativa— será mucho más simple. Ya he dicho que el hecho de que sea simple no significa necesariamente que será más fácil. El cobrar conciencia del hecho de que ha usado esta cualidad como forma de protección y de defensa de su ego es un precioso don. Es ciertamente un maravilloso y sabio maestro.

Cuando se dé cuenta de la situación, el próximo paso consiste en liberar al ego de esa atadura. Esto puede lograrse cantando el lenguaje del alma. Puede lograrse mostrando gratitud por el don recibido. Ambos enfoques son profundamente efectivos. También puede lograrse asumiendo el estado de gratitud divina, y estando en este estado, mostrar gratitud por el nivel de conciencia que ha alcanzado. Esta es una práctica muy poderosa.

Hagamos esta práctica juntos ahora:

> *Queridos alma, mente y cuerpo de mi mente, los amo.*
> *Queridos alma, mente y cuerpo de mi ego, los amo.*
> *Queridos alma, mente y cuerpo de mi lenguaje del alma, los amo.*
> *Me doy cuenta de que mi ego ha creado algunos bloqueos en mi trayectoria.*
> *Me siento muy agradecido por entender esto.*
> *Le pido a mi ego que libere sus ataduras: de estar a la defensiva, de ser protector, de salirse con la suya, de siempre tener la razón.*
> *Le pido al lenguaje de mi alma que bendiga y ayude a mi ego y a mi mente a liberarse de esas ataduras.*
> *Estoy muy agradecido.*
> *Gracias.*

Ahora, relájese por completo. Si usted ha abierto y «extraído» su lenguaje del alma, cante su lenguaje del alma durante unos minutos. Si no puede hablar el lenguaje del alma, lo ayudaré a extraer su lenguaje del alma en el próximo capítulo. Por ahora, entone 3396815 repetidas veces en chino, *San San Jiu Liu Ba Yao Wu,* que se pronuncia *«san san you liu ba yao wu».* Les explicaré el significado de esta secuencia numérica —que es un mantra especial y un código secreto— en el próximo capítulo.

Entre en el estado de gratitud, de total gratitud, de gratitud *divina* por la comprensión y el discernimiento que ha recibido, por su compromiso a liberar los bloqueos de su ego y su mente, y por las bendiciones de su lenguaje del alma y del 3396815.

Luego de unos pocos minutos, concluya la práctica diciendo:

> *¡Hao! ¡Hao! ¡Hao!*
> *Gracias. Gracias. Gracias.*

Hao, que se pronuncia «*jao*», significa «bueno, perfecto, sano, fuerte». Todos los deseos positivos se incluyen en esa sola palabra. Cerramos la práctica con la expresión de nuestra gratitud.

Esta simple práctica será de gran ayuda para transformar lo que ha sido una atadura de su ego en la presencia de una luz más profunda en su vida. Éste es un ejemplo de la manera en que la gratitud puede tocar aquellas zonas de su vida que requieren curación.

Cuando se percate de que una cualidad en particular se ha convertido en realidad en un mecanismo de protección o defensa, ofrézcale una bendición curativa a esa zona de su vida. Usted podría asumir el estado de «amor universal incondicional» o de «perdón universal incondicional» y ofrecerlos a lo que mantiene atado a su ego. Con frecuencia aquellas cosas que forman parte de ciertos patrones en su vida y que están vinculadas con su ego son una manifestación de las cosas que requieren de su amor y perdón. Muy posiblemente, cuando le brinde amor y perdón a su ego o personalidad, se volverá consciente de individuos o eventos en su vida que provocan en usted gran dolor y pena. Si les ofrece amor universal incondicional o perdón universal incondicional, recibirá una curación tan profunda que lo sorprenderá.

Probablemente experimentará una profunda liberación y se sentirá conmovido hasta las lágrimas. Esas lágrimas pueden ser de tal cualidad como para literalmente limpiar la herida que ha formado parte de su vida durante tanto tiempo. Permítase una verdadera liberación de esos sufrimientos, permita que esas lágrimas curen realmente lo que necesita curación. Son dones valiosísimos. Son maestros que nos colman de sabiduría y que no estarían a nuestra disposición de ningún otro modo. El tener estos dones, estos maestros dotándonos de sabiduría en nuestras vidas, es verdaderamente una razón por la cual mostrar una profunda y sincera gratitud.

Este ejemplo le ayudará a apreciar lo que dije anteriormente: cuando algunas cosas aparentemente negativas, difíciles o dolorosas de sobrellevar aparecen en su vida, en realidad constituyen dones. Representan su «disposición» para recibir a los maestros de sabiduría y ser restaurado. Si recibiera directamente una curación o al maestro de sabiduría antes de estar listo, resultaría frecuentemente muy abrumador para usted. Gracias a la bondad y tierna misericordia de Dios hacia nosotros, los recibimos únicamente tras una preparación y la necesaria disposición para ello.

Lo que he mencionado es igualmente cierto para aquellas cosas que nos resistimos a cambiar. La resistencia al cambio está frecuentemente relacionada con una forma de pensar, una actitud o una creencia que pudiera provenir de las memorias del alma. Es difícil curar memorias del alma directamente, pero puede hacerse. Le recuerdo nuevamente que la resistencia al cambio significa que usted está listo. Es su introducción a una forma de pensar, actitud o creencia que necesita ser curada y liberada.

Pueden surgir en su vida en una variedad de maneras, pero frecuentemente asumen el disfraz de la «eficiencia». Si usted es un profesional, podría presentarse como uno de los sellos distintivos de su profesión, el que ha tratado de perfeccionar a través de los años. Tal vez se manifieste bajo lo que se denomina «conocimientos generales de la profesión». Pudieran aparecer como una declaración que empieza así: «Está claro que las mejores prácticas son…» La conclusión de esta declaración cambiará de acuerdo con su propio patrón de vida. Cuando comience a notar que hace comentarios como éste regularmente, ése es su indicador que le señala el cambio de su disposición y que está preparado para que le presenten a un exquisito y maestro de sabiduría, y le introduzcan a una profunda experiencia curativa.

Otro comentario común que señala este cambio de disposición se enuncia así: «La gente necesita hablar de estas cosas...» Lo que lo hace engañoso es que hay algo de verdad en estos comentarios. Sin embargo, cuando hay una carga emocional vinculada con su comentario, ésa es la señal que le indica que ha dejado el terreno de la verdad para adentrarse en el de una forma de pensar, actitud o creencia en necesidad de curación. Cuando usted muestra un cierto grado de rigidez respecto a lo que dice, es otra buena señal que le indica que está dispuesto al cambio y listo para recibir esta preciosa y exquisita curación, así como profundas y sabias enseñanzas.

Lo que he dicho anteriormente acerca de la forma de curar las heridas en su vida también podría aplicarse aquí. Pueden usarse los mismos enfoques para recibir los valiosos tesoros que constituyen ese don y esas enseñanzas. El maravilloso resultado será la curación de las heridas en la memoria de su alma. Cuando suceda esto, no sólo su camino del alma se ha de transformar hacia una luz más brillante y hacia una vibración y frecuencia más altas, sino que también todos los que forman parte de esa memoria de su alma recibirán más luz en sus sendas del alma. Sus sendas del alma se verán transformadas, literalmente. Este es un grandioso servicio a un alto nivel que afectará profundamente la jerarquía de su alma y la de muchas otras almas.

Espero que ahora le resulte fácil entender y apreciar por qué es tan importante mostrar gratitud en su vida. Me gustaría que observara la gratitud simplemente desde la perspectiva de su propia historia personal durante esta vida y durante su camino del alma a través de muchas vidas. Cuando aprecie la gratitud como una manifestación esencial de Dios, su grado de aprecio aumentará aún más. Por «manifestación esencial» quiero decir que la gratitud es la esencia misma, el centro mismo del corazón, alma y mente de Dios. Es uno de los más puros aspectos de la luz divina. El vincularse a ella es profundamente transformador. Mientras más frecuentemente se conecte con la gratitud, y mientras más se convierta usted en esta divina presencia, mayor capacidad tendrá para manifestar estos centrales y esenciales aspectos de Dios. Esto constituye un privilegio y un honor increíbles.

Cobrando conciencia de este papel adicional que desempeña la gratitud en su vida, generará una gratitud aún mayor. Expresar gratitud es algo parecido a una bola de nieve que rueda montaña abajo. Una vez que comienza a rodar, empezará a crecer en tamaño y velocidad. Este es un maravilloso don de Dios. Tan pronto como usted se vincule con esta cualidad de su vida, tan pronto sea capaz de mostrar gratitud como su primera respuesta, significa que ha empezado a rodar la bola de nieve cuesta abajo. Cada bola de nieve tropieza con baches en el camino. Tras haber leído estas páginas sobre la importancia que tiene la gratitud, espero —y es mi bendición para usted— que responda a estos baches con gratitud, una gratitud sincera y de corazón, una gratitud que provenga de lo más profundo de su alma, mente y cuerpo. Cuando suceda esto, vivirá y expresará gratitud como una forma natural de ser y como parte natural del ritmo de su vida.

Para asumir el estado de gratitud que he descrito, la clave más importante es el relajarse. Cuando advierte que le está haciendo resistencia a algo, cuando hay un grado de rigidez en sus respuestas a eventos o personas, cuando algo es doloroso o humillante para usted, es sumamente importante que se relaje teniendo conciencia de esto. Con frecuencia, cuando uno cobra conciencia de alguna de estas situaciones, la respuesta inmediata es tensarse, estresarse, agitarse, enfadarse o atemorizarse. Podría tener otras respuestas también, pero éstas son las reacciones más comunes.

Tan pronto se dé cuenta de una de estas reacciones, dígase a sí mismo: «lo que debo hacer ahora es relajarme». Por supuesto, con toda probabilidad no funcionará recitar: «Me voy a relajar, me voy a relajar…» Lo que puede hacer además de esto es hablar con el alma de la relajación y pedirle su bendición. Puede usar el lenguaje del alma para averiguar cómo relajarse. Puede asumir el estado de relajación divina. Cualquiera fuese el método usado, tan pronto se dé cuenta de su respuesta, use la conciencia de ésta como recordatorio de que lo que necesita hacer en esos momentos es relajarse. La relajación es la llave para abrir la puerta de la gratitud, y la gratitud es la llave para abrir la puerta de la transformación.

Estas son simples cualidades a incorporar en su vida, pero son cualidades que provocarán cambios a todo nivel de su ser. A medida que practica el mostrar gratitud, se dará cuenta de que está mostrando una mayor suavidad, una mayor flexibilidad y más humor y alegría en su vida. Todos éstos son dones maravillosos que tendrán un impacto enorme en mejorar la calidad de su vida diaria. También mejoraran notablemente la calidad, frecuencia y vibración de su camino del alma y la jerarquía de su alma. Los cambios en su vida diaria y en su camino del alma están conectados y se influyen entre sí. Al cambiar uno, se facilita el cambio para el otro. Se percatará también de esto en su vida diaria. El cobrar conciencia de esto le ayudará a poner en práctica la gratitud que he descrito en estas páginas.

Ahora permítame explicar qué es lo que bloquea la gratitud: ¡el lamentarse! Las quejas pueden presentarse de formas fácilmente identificables. Las quejas pueden presentarse también de manera sutil en su vida. Para aquéllos dedicados con seriedad a su camino del alma y que son realmente sinceros en sus esfuerzos para transformarse a todo nivel, las quejas son una de las primeras cosas a eliminar de su vida. Es fácil identificar aquellas zonas donde las quejas son obvias. Es más difícil identificar las formas más sutiles de lamentarse, aunque he identificado ya algunas de ellas en la sección anterior.

Cuando usted dice cosas tales como: «Todos sabemos que…» o «La gente necesita hablar de…» o afirmaciones semejantes, lo que está haciendo, en realidad, independientemente de la oración que siga, es quejándose. Estas son formas socialmente aceptables de quejarse y de criticar porque enmascaran su queja. Podemos formular la declaración: «Todos sabemos que…» de manera que sea una obvia queja. Simplemente voltee la oración y diga: «Lo que está sucediendo aquí está mal, y cualquiera con una pizca de inteligencia puede reconocerlo». Cuando cambia la declaración de esta manera, se vuelve muy fácil identificarla como queja o crítica. Evite hacer esta clase de enunciados.

Esto puede ser un enorme reto para algunos. Uno de los «mantras» que usted posiblemente ha desarrollado en su vida es éste: «La honestidad tiene un valor central para mí. Mi integridad personal es lo más importante en mi vida». Si éstos fueran sus «mantras», le resultará muy difícil liberarse de estas formas de queja. Cuando la honestidad y la integridad no son respetadas en la vida pública, la gente se muestra escandalizada. Es algo que no resulta aceptable en la sociedad actual. Y por eso puede ser difícil dejar de quejarse de esta manera. Estos mensajes culturales a su alrededor ejercen un gran peso en muchas personas y se vuelven con facilidad parte del patrón de sus vidas. No obstante, sugiero la necesidad de que observemos con atención lo que en verdad ocurre y reflexionemos sobre lo que ya he mencionado —que el uso de esta clase de oraciones es, en realidad, una forma sutil de queja.

Otra forma sutil de queja es la comparación de unos con otros. Muchos hacen esto frecuentemente durante el día. La mayoría de los adultos no admitiría decir que hacen esto porque han aprendido las formas sociales de conducta que nos enseñan que ésta no es una forma apropiada de responder a los logros de otros. Pero independientemente de si la comparación se verbaliza o no, cuando usted se compara con otros, está, en realidad, expresando una queja o una crítica.

Si invertimos el enunciado, podremos notar esto. Algunos de mis estudiantes dicen: «La habilidad de mi tercer ojo no es tan buena como la de Joyce» o «La habilidad de mi tercer ojo ni siquiera se aproxima a la de Artemas». Cuando usted hace una comparación como ésta y siente descontento y a veces tristeza, está recibiendo señales alarmantes de que ha entrado a una forma muy sutil de queja o de crítica.

Permítame invertir esos enunciados. La afirmación que se oculta detrás podría ser entonces como ésta: «Querido Dios, le ha dado a Joyce un tercer ojo extraordinario, pero a mí me ha dado uno que no es tan bueno; no estoy contento con el mío». Rehacer el enunciado de esta manera podría considerarse escandaloso. No creo en realidad que ninguna persona que esté leyendo este libro le diría a Dios tal cosa. (Si dijera algo semejante a Dios, dígale en seguida: «lo siento muchísimo, por favor perdóneme»). Hay que comprender por qué estas comparaciones son, en realidad, quejas y críticas. Son una forma indirecta para decirle a Dios que no ha hecho un buen trabajo al otorgarle esta habilidad o don. Le está diciendo al Mundo del Alma, a sus guías y protectores especiales, que no han hecho un buen trabajo.

Hay ciertas cosas que usted verdaderamente no puede hacer. Si no ha estudiado francés y no es su idioma nativo, usted no puede hablar francés. Esta es una afirmación cierta. Si no ha estudiado un nivel más alto de matemáticas y no posee una capacidad intuitiva para ellas, no puede hacer cálculo o trigonometría. Esta es una afirmación cierta. Algunos enunciados son correctos; otros caen en la categoría de quejas o críticas sutiles.

Permítame ponerle otro ejemplo. Digamos que le han dado un trabajo fuera de su área de competencia. Tal vez tiene la tendencia a decir algo así: «No puedo hacer eso. No tengo la habilidad o los dones para hacer eso». En cuanto hace esta declaración, usted le está ofreciendo estas limitaciones a Dios. Dios las recibirá y se las regresará. Vale la pena revisar este concepto porque es muy común. Considérelo como otro don que recibe al mostrarse dispuesto a recibir una maravillosa experiencia curativa y la introducción a maestros de profunda sabiduría. Todo lo que he descrito es parte de la vida. Es parte de nuestro sendero humano. Es muy importante evitar sentirse triste, culpable o frustrado. Substituya esas emociones por gratitud.

Ahora debe estar claro que el hacer esta clase de declaraciones a Dios y al Mundo del Alma no es la mejor manera de progresar en su camino del alma, ni de avanzar o curarse al nivel físico, mental o emocional de su ser. Espero que volviendo a formular problemáticas declaraciones le ayude a evitar este tipo de queja y crítica, y le ayude a darse cuenta de las numerosas veces al día en que posiblemente hace este o algún otro tipo de comparación.

A estas alturas ya le he dado algunas lecciones sobre la gratitud. En cada ocasión usted recibió poderosas bendiciones que le permitirán poner en práctica estas enseñanzas en su vida diaria. A medida que las pone en práctica, experimentará magníficos cambios, inimaginables transformaciones. Todas estas transformaciones y cambios sucederán más rápido que otros que haya experimentado anteriormente.

Algunos de mis estudiantes han experimentado una transformación instantánea. Casi todos han comentado que estos inimaginables cambios experimentados han pasado a ser parte de sus vidas, ya sea que hayan ocurrido en un lapso de varios años o en el lapso de unos meses, como es el caso de algunos. Pensaban que lograr tales cambios les llevarían muchos años, o incluso vidas. Las bendiciones que usted reciba en estas páginas dejarán una huella positiva en cada aspecto de su vida.

Cómo desarrollar y expresar el lenguaje del alma

Usted acaba de leer acerca del significado y los beneficios del lenguaje del alma y podría sentirse muy inspirado. Espero que esté dispuesto a extraer su propio lenguaje del alma. Cuando las personas hablan el lenguaje del alma por primera vez, puede sentirse presa de un estado de gran agitación y emoción. Algunas personas lloran, mientras otros se ríen de manera incontrolable. Algunos sienten latir el corazón aceleradamente. Si usted experimenta algunas reacciones semejantes cuando hable por primera vez el lenguaje del alma, sepa que todas son normales.

Todo el mundo puede hablar el lenguaje del alma, pero pocos son conscientes de ello. El lenguaje del alma por lo general permanece oculto. Cuando usted de repente abre su canal del lenguaje del alma y éste fluye, puede resultar muy emocionante. Recuerdo a un quiropráctico que, al empezar a hablar el lenguaje del alma, estuvo corriendo por la habitación durante varios minutos. Sencillamente, no podía dejar de hablar ni de moverse. Eso fue bastante dramático.

Le estoy diciendo esto para explicar que no importa cuál pueda ser su reacción particular ni cuán excitado/a llegue a sentirse. El abrir su propio canal del lenguaje del alma es muy seguro. No se preocupe por ninguna reacción que pueda tener. Recibirá grandes beneficios de curación, rejuvenecimiento y transformación de vida cuando extraiga su propio lenguaje del alma. ¡Prepárese!

El código secreto del alma para desarrollar su lenguaje del alma

Algunos de ustedes ya pueden ser capaces de hablar el lenguaje del alma. Usted podría pensar que este capítulo no le concierne y pasarlo por alto. Permítame decirle que eso sería un error. Recuerde que cada palabra, cada letra, cada espacio de este libro es un instrumento de bendición. Si usted se salta este capítulo, estará privándose de millares de bendiciones. Este capítulo también contiene las dos primeras transferencias divinas que jamás se hayan dado dentro de un libro.

He enseñado a miles de personas de todo el mundo a hacer brotar su lenguaje del alma mediante un código secreto que le fue dado al maestro Zhi Chen Guo, mi padre espiritual en China, en los años setenta. Una mañana en que él se encontraba meditando, recibió este código del cielo que es portador de un increíble poder del alma para curar, bendecir y abrir canales espirituales. Este código es la secuencia numérica 3396815, *San San Jiu Liu Ba Yao Wu* en chino.

Este código secreto y mantra especial ha sido usado por centenares de miles de personas en China y en Occidente. Uno de los dones especiales de este mantra es su capacidad de conectar su alma con el alma de Dios. Es un mantra específico para abrir sus canales de comunicación. Muchos otros beneficios y capacidades se relacionan con este mantra. Numerosos beneficios se derivan del uso de este mantra, pero serán objeto de otro libro. Para nuestros fines, digamos tan sólo que este mantra abre la comunicación del alma. Puesto que el lenguaje del alma es una forma de comunicación del alma, hay sólo un secreto para revelar su lenguaje del alma. Cante este código secreto repetidas veces:

San San Jiu Liu Ba Yao Wu
San San Jiu Liu Ba Yao Wu
San San Jiu Liu Ba Yao Wu
San San Jiu Liu Ba Yao Wu…

Cante cada vez más aprisa. Cante tan rápido como pueda. De repente, comenzará a emitir extraños sonidos con una voz peculiar. Usted probablemente nunca ha oído esa voz anteriormente. Esta voz especial es su voz del alma. ¡Los sonidos extraños son su lenguaje del alma!

Si quiere cerciorarse de lo que está diciendo en su lenguaje del alma, abandone un momento su voz peculiar y vuelva a cantar 3396185, *San San Jiu Liu Ba Yao Wu, San San Jiu Liu Ba Yao Wu, San San Jiu Liu Ba Yao Wu, San San Jiu Liu Ba Yao Wu*. De repente, la voz peculiar retornará. Puede sonar exactamente como la primera vez. Puede sonar diferente. Cuando usted oiga esta voz peculiar otra vez, puede estar seguro de que es su verdadero lenguaje del alma.

Como mencioné al comienzo de este capítulo, cuando fluye su lenguaje del alma, usted puede sentirse emocionado. Le podría temblar el cuerpo. Si llega a estar demasiado emocionado, no se asuste. Déle una orden a su mente para que *detenga* o *desacelere* su lenguaje del alma y todo volverá a la normalidad.

Reciba bendiciones del alma y practique expresar su lenguaje del alma

Prepárese ahora. Voy a guiarlo en una práctica para sacarle a relucir su lenguaje del alma. Al mismo tiempo, voy a ofrecerle una transferencia divina para ayudarle a expresar su lenguaje del alma. Cuando lea esta sección, es como si estuviera en uno de mis talleres. Cantará conmigo exactamente como si estuviera en uno de mis retiros del alma.

Este libro es el primero de La serie del poder del alma. Dios me orientó a escribirlo de una manera especial para darle la oportunidad de experimentar las transferencias divinas. Muchos de ustedes expresarán su lenguaje del alma en los próximos minutos si siguen mis instrucciones y hacen los ejercicios conmigo.

Con sólo unos pocos minutos de práctica, muchos de ustedes podrán expresar su lenguaje del alma inmediatamente. Si dedican ocho minutos a practicar con seriedad, la mayoría de ustedes podrán expresarlo. Algunos de ustedes pueden necesitar hacer la práctica unas cuantas veces más. Si este fuera el caso suyo, siga practicando y el lenguaje del alma sobrevendrá.

RECIBA UNA TRANSFERENCIA DIVINA PARA EXPRESAR SU LENGUAJE DEL ALMA

Ahora voy a ofrecerle una transferencia divina.

Comencé a ofrecer transferencias divinas en julio de 2003. Usualmente, la gente recibe estas transferencias a distancia, al inscribirse en mi página Web y reuniéndose en mis tele-conferencias semanales *Bendiciones divinas del domingo*.

Me siento muy honrado de que Dios haya concedido ciertas transferencias divinas a todos los lectores de este libro. Ésta es la primera vez en la historia que las transferencias divinas se ofrecen de esta forma. De ahora en adelante, ofreceré este servicio de transferencias divinas en todos los libros de La serie del poder del alma.

La primera transferencia divina que voy a ofrecer se llama *Transplante de la esfera divina de la luz dorada y el manantial dorado del lenguaje divino del alma*. Esta transferencia divina es un don que Dios le transferirá a su alma.

Este don tiene dos partes. *La esfera divina de la luz dorada* es un tesoro divino Yang. *El manantial divino del líquido dorado* es un tesoro divino Yin. Esta transferencia es un alma divina del lenguaje del alma divino. Dios me ha concedido el honor de poder ofrecer este tesoro a todos los lectores.

Prepárese. Si desea recibir esta transferencia divina, se la ofreceré en sólo unos momentos. Si no desea recibirla, diga simplemente: *Gracias. No estoy listo para recibir este don.* Usted no recibirá la transferencia pero puede seguir leyendo estos párrafos.

Cuando ya se encuentre dispuesto en el futuro, sírvase regresar a esta página y decirle a Dios: *Me siento honrado de recibir este don.* Luego abra su corazón y su alma. Lea los cuatro párrafos que siguen una vez más. Luego recibirá la transferencia por su propio libre albedrío.

RELAJAMIENTO TOTAL. Para recibir la bendición divina guardada en este libro, abra su corazón y su alma. Siéntase derecho. Mantenga sus pies planos sobre el suelo. Ponga la punta de la lengua tan cerca como puede del cielo de la boca sin tocarlo.

TRANSFERENCIA DIVINA: *Transplante del alma divina de la esfera divina de la luz dorada y del manantial dorado del lenguaje del alma divina del corazón y el alma de Dios para su alma. ¡Transferencia en silencio!*

Ahora cierre sus ojos por un minuto para recibir y acoger a este tesoro del alma divina en su alma.

¡Felicitaciones! Usted ha recibido el primer tesoro divino de curación y bendición permanentes que se ofrece en este libro. Cada vez que relea el párrafo de la transferencia, recibirá un estímulo. Éste es el plan divino para la transferencia. Si pide transferencias adicionales u otros dones, no funcionará. Las transferencias divinas para usted y otros lectores de este libro son específicas.

PRACTIQUE PARA EXPRESAR EL LENGUAJE DE SU ALMA

Primero, le ofrezco el servicio de mi alma a usted y a todos los lectores de este libro. Antes de hacer este ejercicio, convoque a mi alma.

Mi alma es su servidor. Está en disposición de servirle veinticuatro horas al día, en cualquier momento, en cualquier lugar.

Una vez más, siéntese derecho y relájese completamente. Usted va a practicar conmigo a expresar su lenguaje del alma. Convoque primero a mi alma diciendo: *Querida alma del Maestro Sha, por favor ven ahora a darme una bendición para que mi lenguaje del alma se exprese cuando yo practique. Gracias.*

Recuerde otro importante secreto: cuando usted cante, sea natural. No sea demasiado serio. Relájese en el momento de cantar.

Comience a practicar cantando:

San San Jiu Liu Ba Yao Wu
San San Jiu Liu Ba Yao Wu
San San Jiu Liu Ba Yao Wu
San San Jiu Liu Ba Yao Wu
San San Jiu Liu Ba Yao Wu
San San Jiu Liu Ba Yao Wu
San San Jiu Liu Ba Yao Wu…

¡Cante más rápido!

San San Jiu Liu Ba Yao Wu
San San Jiu Liu Ba Yao Wu
San San Jiu Liu Ba Yao Wu
San San Jiu Liu Ba Yao Wu
San San Jiu Liu Ba Yao Wu
San San Jiu Liu Ba Yao Wu
San San Jiu Liu Ba Yao Wu…

¡Cante aún más rápido!

San San Jiu Liu Ba Yao Wu
San San Jiu Liu Ba Yao Wu
San San Jiu Liu Ba Yao Wu

San San Jiu Liu Ba Yao Wu
San San Jiu Liu Ba Yao Wu
San San Jiu Liu Ba Yao Wu
San San Jiu Liu Ba Yao Wu...

¡Cante más rápido y más ráaaappppppiiiidddddooooo!

San San Jiu Liu Ba Yao Wu
San San Jiu Liu Ba Yao Wu
San San Jiu Liu Ba Yao Wu
San San Jiu Liu Ba Yao Wu
San San Jiu Liu Ba Yao Wu
San San Jiu Liu Ba Yao Wu
San San Jiu Liu Ba Yao Wu...

¡Cante tan rápido como pueda!

San San Jiu Liu Ba Yao Wu
San San Jiu Liu Ba Yao Wu
San San Jiu Liu Ba Yao Wu
San San Jiu Liu Ba Yao Wu
San San Jiu Liu Ba Yao Wu
San San Jiu Liu Ba Yao Wu
San San Jiu Liu Ba Yao Wu...

Siga cantando durante cinco a ocho minutos. Mientras hace esto, descubrirá que el seguir pronunciando cada palabra se torna cada vez más difícil. En efecto, terminará por hacerse imposible. Eso es exactamente lo que quiere que suceda. Usted quiere decir las palabras tan rápidamente que pierden su distintiva pronunciación original y se conviertan en un sonido ininteligible. Usted puede emitir una variedad de diferentes sonidos. Cuando esto suceda, habrá abierto su lenguaje del alma.

De repente, una voz peculiar que nunca había oído antes comenzará a fluir de su boca. Deje que esa voz peculiar y sus sonidos peculiares sigan fluyendo. Ése es su lenguaje del alma.

Para confirmar que es en verdad su lenguaje del alma, siga esta orientación. Detenga la voz peculiar y vuelva a cantar *San San Kiu Liu Ba Yao Wu* tan rápidamente como pueda. Si la voz peculiar retorna, entonces es verdaderamente su lenguaje del alma.

Al final de cada sesión de práctica, siempre acuérdese de decir:

> *Querida alma del maestro Sha, gracias. Por favor, regresa ahora al maestro Sha.*

Es una cortesía espiritual hacer esto.

Si su lenguaje del alma fluye inmediatamente, ¡felicitaciones! Si su lenguaje del alma fluye en el transcurso de ocho minutos, ¡felicitaciones! Si su lenguaje del alma no sale en los primeros ocho minutos, no se sienta decepcionado. Practique durante otros ocho minutos más tarde en el día de hoy, o mañana. Haga unas cuantas prácticas de ocho minutos por día.

Cada vez que practique, pídale a su nueva transferencias divina que le bendiga. He aquí la sencilla fórmula de saludo:

> *Queridos esfera divina de la luz dorada y manantial dorado del lenguaje divino del alma. Los amo, los honro y los aprecio. Por favor, hagan que brote mi lenguaje del alma. Gracias.*

Comience de nuevo a practicar, cantando:

> *San San Jiu Liu Ba Yao Wu*
> *San San Jiu Liu Ba Yao Wu*
> *San San Jiu Liu Ba Yao Wu*
> *San San Jiu Liu Ba Yao Wu*
> *San San Jiu Liu Ba Yao Wu*
> *San San Jiu Liu Ba Yao Wu*
> *San San Jiu Liu Ba Yao Wu...*

¡Cante más rápido!

San San Jiu Liu Ba Yao Wu
San San Jiu Liu Ba Yao Wu
San San Jiu Liu Ba Yao Wu
San San Jiu Liu Ba Yao Wu
San San Jiu Liu Ba Yao Wu
San San Jiu Liu Ba Yao Wu
San San Jiu Liu Ba Yao Wu...

¡Cante aún más rápido!

San San Jiu Liu Ba Yao Wu
San San Jiu Liu Ba Yao Wu
San San Jiu Liu Ba Yao Wu
San San Jiu Liu Ba Yao Wu
San San Jiu Liu Ba Yao Wu
San San Jiu Liu Ba Yao Wu
San San Jiu Liu Ba Yao Wu...

¡Cante más rápido y más ráaaapppppiiiiidddddooooo!

San San Jiu Liu Ba Yao Wu
San San Jiu Liu Ba Yao Wu
San San Jiu Liu Ba Yao Wu
San San Jiu Liu Ba Yao Wu
San San Jiu Liu Ba Yao Wu
San San Jiu Liu Ba Yao Wu
San San Jiu Liu Ba Yao Wu...

¡Cante tan rápido como pueda!

San San Jiu Liu Ba Yao Wu
San San Jiu Liu Ba Yao Wu

San San Jiu Liu Ba Yao Wu
San San Jiu Liu Ba Yao Wu
San San Jiu Liu Ba Yao Wu
San San Jiu Liu Ba Yao Wu
San San Jiu Liu Ba Yao Wu…

Continúe cantando de cinco a ocho minutos.

¡Siéntase confiado! ¡Su lenguaje del alma brotará!

Cuando su lenguaje del alma brote, déjelo que fluya durante unos minutos. Deje que la voz de su alma y el peculiar sonido de su lenguaje del alma emanen fluidamente.

Aplique el lenguaje del alma para curarse y curar a otros

Ahora bien, practiquemos a usar el lenguaje del alma para ofrecer una cura a usted mismo y a otros. Siéntase derecho. Puede hacer las siguientes prácticas en voz alta o en silencio.

CÚRESE A SÍ MISMO

Empecemos por la invocación de saludo:

> *Mi querido lenguaje del alma, te amo, te honro y te aprecio. Por favor, concédeme una curación para mi…*

Complete su petición nombrando un órgano, un sistema o células de alguna parte de su cuerpo —rodillas, espalda, cuello— o nombre una enfermedad o un desequilibrio emocional que necesite curación.

> *Gracias.*

También podría usar el tesoro permanente de curación y bendición divinas que recibió pocas páginas atrás:

Amada esfera divina de la luz dorada y manantial dorado del lenguaje divino del alma y mi querido lenguaje del alma. Los amo, los honro y los aprecio. Por favor cura mi... Gracias.

O invoque tanto a su lenguaje del alma como a su programa divino:

Amada esfera divina de la luz dorada y manantial dorado del lenguaje divino del alma y mi querido lenguaje del alma. Los amo, los honro y los aprecio. Por favor cura mi... Gracias.

Luego comience a cantar *San San Jiu Liu Ba Yao Wu* cada vez más rápido hasta que brote su lenguaje del alma. Siga hablando el lenguaje del alma durante tres a cinco minutos, ya sea en silencio o en voz alta.

Cierre los ojos y concéntrese en la zona de su cuerpo para la cual ha pedido curación. Puede sentir calor, frío o vibración en ese lugar. Si su tercer ojo se encuentra abierto, podrá ver una zona oscura que comienza a encenderse. Esto muestra que los bloqueos espirituales y energéticos están siendo eliminados. Si ha logrado desarrollar las capacidades del tercer ojo, puede ver toda clase de imágenes. Podría ver ángeles u otros seres espirituales elevados que acuden a su ayuda. Podría ver imágenes curativas de sus padres, abuelos u otros seres queridos que cuidan de usted. Podría ver imágenes curativas de la naturaleza. Podría ver partes de su propio cuerpo irradiando luz y salud.

Luego de estar cantando de tres a cinco minutos su lenguaje del alma, diga:

Hao. Hao. Hao.
Gracias. Gracias. Gracias.

Hao significa «perfecto» o «mejórese» en chino. Decir gracias es mostrar gratitud a su lenguaje del alma, a su propia alma y a Dios.

Recomiendo que haga esta práctica de autocuración tantas veces al día como pueda. También puede hacer esta práctica para acrecentar su energía; ¡basta que lo pida! Dedique de tres a cinco minutos cada vez. Para enfermedades crónicas, graves o fatales, cierre los ojos y practique de diez a quince minutos por sesión, tantas veces al día como pueda.

No hay límites de tiempo de cuánto puede practicar la autocuración con el lenguaje del alma por sesión. No hay límite de cuántas veces puede practicar cada día. Incluso después que se haya curado, siga practicando. ¡Su lenguaje del alma dejará de ser automáticamente un instrumento de curación para convertirse en un instrumento de rejuvenecimiento!

IMPORTANTE: Si habla el lenguaje del alma mientras está acostado, no cante en voz alta. Cantar el lenguaje del alma o cualquier mantra en voz alta mientras se está acostado puede drenar su energía. En su lugar cante silenciosamente. Cantar silenciosamente es un buen ejercicio para cualquier posición del cuerpo, en cualquier momento, en cualquier lugar. Si no está acostado, también resulta un buen ejercicio alternar el canto en voz alta con el canto en silencio. Cantar en voz alta hace vibrar las células y los espacios grandes del cuerpo. Cantar silenciosamente hace vibrar las células y los espacios pequeños del cuerpo.

PARA CURAR A OTROS

Ahora, me gustaría llevarlo a experimentar la curación de otros con su lenguaje del alma. Elija a una persona de las inmediaciones o a alguien que esté cerca de su corazón y a quien quisiera impartirle una curación. Podría saludarlo en silencio de la manera siguiente:

Mi querido lenguaje del alma. Te amo, te honro y te aprecio. Por favor, impártele una curación a (nombre a la persona) *para* (mencione la afección, el órgano, el sistema, el desequilibrio emocional, etc.).

Empiece a cantar el lenguaje del alma. Siga cantando de tres a cinco minutos. Al final de la sesión de curación, diga:

> *Hao. Hao. Hao.*
> *Gracias. Gracias. Gracias.*

No olvide invocar también a su programa divino del lenguaje del alma para impartirles curación a otros. He aquí cómo:

> *Amada esfera divina de la luz dorada y manantial dorado del lenguaje divino del alma y mi querido lenguaje del alma. Los amo, los honro y los aprecio. Por favor cura* (nombre a la persona) *para* (mencione la afección, el órgano, el sistema, el desequilibrio emocional, etc.).

Comience a cantar el lenguaje del alma. Prosiga por un período de tres a cinco minutos. Concluya diciendo:

> *Hao. Hao. Hao.*
> *Gracias. Gracias. Gracias.*

Recibir la transferencia divina le da el poder para impartir sanidad y bendición divina a usted mismo y a otros. Puede experimentar rápidamente el poder del programa divino para curar y bendecir. Acuérdese siempre de honrar la transferencia divina.

¿Cómo funciona esta transferencia divina? El lenguaje del alma divino es un alma divina transferida desde el corazón de Dios a su alma. Cuando usted invoca este tesoro, este lenguaje del alma divino vibrará e irradiará para ofrecer sanidad divina a usted mismo o a otros.

Al final de su práctica, no se olvide de honrar a todos diciendo gracias desde el fondo de su corazón. La gratitud es una práctica espiritual de vital importancia y un acto de cortesía.

Haga esta práctica de curación tantas veces al día como pueda; cuanto más, mejor.

Aplique el lenguaje del alma para acrecentar la energía suya y la de los demás

Permítame ahora mostrarle cómo aplicar esta transferencia divina para acrecentar su energía y vitalidad. Diga silenciosamente o en voz alta:

> *Amada esfera divina de la luz dorada y manantial dorado del lenguaje divino del alma y mi querido lenguaje del alma. Los amo, los honro y los aprecio. Por favor acrecienta mi energía y mi vitalidad. Gracias.*

Luego, cante *San San Jiu Liu Ba Yao Wu* para expresar su lenguaje del alma por un período de tres a cinco minutos. Hágalo ahora. Después de transcurridos tres a cinco minutos, verifique su nivel de energía. Compare cómo se siente ahora con el estado en que se sentía hace tres o cinco minutos. Puede sentirse más ligero, más relajado o más feliz. Cualquier cosa que sienta es perfecto.

Usted puede acrecentar su energía de esta manera en cualquier momento, en cualquier lugar. Al finalizar los tres o cinco minutos de canto, siempre diga:

> *Hao. Hao. Hao.*
> *Gracias. Gracias. Gracias.*

Usted puede experimentar beneficios instantáneamente. Puede que no experimente resultados inmediatamente, pero esto no significa que las transferencias divinas no funcionen. Recuerde este punto muy importante: recibir una transferencia divina no significa que usted se recuperará automáticamente. Usted debe practicar a fin de recibir los óptimos beneficios de curación. Cuanto más practique, mejor.

También puede invocar su propio lenguaje del alma para acrecentar su energía y su vitalidad.

También puede invocar a su propio lenguaje del alma y a su transferencia divina al mismo tiempo. Este principio puede aplicarse a todas las prácticas.

Invocar a un programa divino y su propio lenguaje del alma al mismo tiempo produce mejores resultados.

Aplique el lenguaje del alma para hacer una curación a distancia

Permítame ahora llevarlo a aplicar su transferencia divina para ofrecer un aumento de la energía y de la curación a quienquiera que usted escoja, dondequiera que se encuentre. El alma de su transferencias divina saldrá para ofrecer curación y aumento de la energía a distancia.

Escoja a una persona que quiera que reciba este servicio de curación a distancia. Puede levantar el teléfono y llamarla para ofrecerle este servicio, o puede ofrecer la curación remota sin conectarse físicamente.

¡Hagámoslo!

> *Amada esfera divina de la luz dorada y manantial dorado del lenguaje divino del alma y mi querido lenguaje del alma. Los amo, los honro y los aprecio.* Por favor cura a (nombre de la persona) *para* (pida el tipo de curación que desea impartir). *Gracias.*

Luego cante *San San Jiu Liu Ba Yao Wu* por tres a cinco minutos para expresar su lenguaje del alma. Hágalo ahora. Después de cantar por un período de tres a cinco minutos o más, diga *Hao, Hao, Hao. Gracias. Gracias. Gracias.*

Ha recibido, oficialmente, la primera transferencia divina de este libro y lo ha aplicado a la autocuración y para aumentar su energía y vitalidad. También ha experimentado la utilización de su don divino para ofrecer curación a otros y para ofrecer curación a distancia. El programa que ha recibido es un alma divina permanente. Esta alma permanecerá con usted para siempre. Puede invocarla tanto como al alma de su propio lenguaje del alma en cualquier momento y lugar para ofrecer curación y aumento de la energía a voluntad.

Recuerde, si recibe resultados instantáneos al aplicar transferencias divinas, diga «gracias» desde el fondo de su corazón. Si no recibe resultados instantáneos, igual diga «gracias» desde el fondo de su corazón. Podría llevarle un poco más de tiempo y de práctica recibir resultados curativos.

Un alma divina puede ofrecer resultados curativos que trascienden su imaginación y su comprensión. Ojalá que usted reciba cada vez más resultados curativos mediante la aplicación de transferencias divinas.

Hay otra transferencias divina que se le ofrece en este libro. Estas almas divinas permanentes podrían aportarle una notable transformación en su vida.

Aplíquelas. Benefíciese de ellas.

Déjelo fluir

El lenguaje del alma de cada persona suena diferente. El de algunos sonará como el de un bebé que está empezando a balbucear. El de otros sonará como un irreconocible idioma extranjero, uno que nunca ha oído. Otros experimentarán tal vez como el sonido de continuos «clics». El lenguaje del alma de ciertas personas suena verdaderamente como una canción con una clara melodía. Hay innumerables posibilidades. Sea cual fuere el sonido de su lenguaje del alma, será absoluta y enteramente el más apropiado para usted y para su camino del alma en estos momentos. Evite cualquier forma de censura.

Quiero decir con esto que debe aceptar cualquier sonido que salga de su boca como su lenguaje del alma. Evite totalmente la tendencia a decir: «Esto no puede ser mi lenguaje del alma; suena muy extraño». Diga en su lugar: «Este es mi lenguaje del alma, aun cuando suena extraño». O si ni diga algo así: «Ha de ser mi lenguaje del alma porque suena muy extraño; nunca pensaría en decir algo así». Si quiere verificar que lo que está diciendo es verdaderamente su lenguaje del alma, trate de retroceder y volver a pronunciar claramente *San San Jiu Liu Ba Yao Wu.* Si después de articularlas claramente varias veces acelera después y pasa a decir nuevamente esos extraños sonidos, sabrá entonces que realmente ha sacado a luz su lenguaje del alma. Si es capaz de pronunciar claramente *San San Jiu Liu Ba Yao Wu,* y sigue siendo capaz de pronunciar clara y distintivamente estas palabras aun cuando acelera la velocidad a la que las dice, eso significa que necesita practicar más.

Algunos de ustedes tratan de reproducir los diferentes sonidos simplemente pensando en ellos, reproduciéndolos lógicamente. Esto simplemente no funcionará, y no sólo eso, sino que también bloqueará sus esfuerzos para sacar a luz su lenguaje del alma. Evite cualquier pensamiento lógico al respecto; en lugar de esto, concentre su atención en lograr y desarrollar de manera natural su lenguaje del alma. El concentrar su atención será fundamental para algunos de ustedes. Si dijera: «me siento absolutamente ridículo haciendo esto, me da vergüenza; me siento como un tonto», entonces se sentirá incómodo y cohibido. En lugar de prestar atención a cómo se siente, preste total atención al lenguaje del alma.

Mientras siga prestando atención a cómo se siente al hacer esto, estará simplemente desviando su atención para concentrarse en su ego. Su ego envía toda clase de mensajes que formarán barreras y obstáculos que le impedirán sacar a la luz su lenguaje del alma. Todo lo mencionado en el capítulo 1 en relación a su ego le servirá de ayuda aquí también. Le sugiero que vuelva a leer esas páginas nuevamente. Practique el dejar de concentrarse en su ego, y verá entonces que es más fácil hacer brotar su lenguaje del alma.

Bendiciones

Al leer estas páginas, está recibiendo una enorme cantidad de bendiciones. Se equivoca si piensa que para poder recibir bendiciones tiene que tener alguna clase de contacto físico con quien se las ofrece, que necesita estar en su presencia viéndolo o escuchándolo.

Tengo el gran honor y el privilegio de que Dios me ha dado la autoridad de impartir bendiciones a través de este libro. De cierta forma, podría decir que este libro es una extensión de mi presencia física. Usted recibirá numerosas bendiciones cada vez que lea este libro. Recibirá aquellas bendiciones en particular que necesite para cualquier aspecto relacionado con sacar a la luz su lenguaje del alma o simplemente para desarrollarlo leyendo la sección correspondiente. Ésta es la gran ventaja de este libro. Podría decirse que le estoy ofreciendo una orientación invisible.

Este libro le proporcionará su propia serie individualizada de bendiciones. Lo único que tiene que hacer es ir a la sección del libro que le enseña lo que necesita o le interesa en particular. Cuando lea y relea esa sección, recibirá bendiciones específicas que le ayudarán en ese aspecto. Éste es un don muy especial asociado con este libro y con otros que he publicado. Mientras más bendiciones reciba, más rápido avanzará su lenguaje del alma. Su habilidad para sacarlo a la luz, desarrollarlo y mejorarlo también está relacionada con las bendiciones que recibe.

Esto desalentará tal vez a quienes piensen que sus oportunidades de recibir bendiciones son limitadas porque viven lejos o no tienen muchos recursos financieros. Deseo recordarles nuevamente que este libro es un medio curativo. En cuanto sienta necesidad de recibir más bendiciones para poder continuar en su camino del alma, simplemente lea de nuevo secciones de este libro. Si ha terminado de leerlo, empiece a releerlo desde el principio.

Usted ya ha experimentado cuán poderosas y transformadoras pueden ser las bendiciones que recibe leyendo este libro. De hecho, este libro es una constante fuente de bendiciones para usted. Aproveche este increíblemente generoso don de Dios. Aproveche toda oportunidad para beneficiarse enteramente de este continuo y constante flujo de bendiciones. Es una oportunidad única para cada uno de ustedes. Es una posibilidad al alcance de todos en La era de la luz del alma.

Como instrumento de bendición, este libro tiene un mayor poder en este siglo de la luz del alma que el que hubiera tenido en otros tiempos. Esta es otra de las características únicas de esta era en la que estamos viviendo. Use este don conscientemente de cualquier manera que le sea posible. Se lo ofrecen para que aproveche esta oportunidad para progresar en su camino del alma. Es un gran placer para mí el poder servirle de este modo. Algunos pensarán: «No quiero ser codicioso». Esta es una idea incorrecta; olvídese de ella en seguida. En lugar de pensar que está siendo codicioso al seguir repetidamente mis enseñanzas, transforme su forma de pensar y comience a ver este libro como si fuera una vela.

Al leer este libro, usted está prendiendo su primera vela. Cuanto más a menudo lea este libro, tantas más velas prenderá. Por lo tanto, no está siendo codicioso por usar este libro repetidamente para incrementar las bendiciones que recibe; lo que está haciendo en realidad es añadir luz divina a su propia luz y a la luz existente en la madre Tierra. Éste es un gran servicio. Piense en leer el libro de esta manera y tendrá una idea exacta de lo que está ocurriendo realmente. No dude en seguir las enseñanzas que le he dado. Si las sigue, recibirá otros beneficios de los que se dará cuenta a medida que lea este libro.

Práctica

Las bendiciones son vitales, pero no son suficientes para transformar y desarrollar su lenguaje del alma. Debe desarrollar también su propia práctica personal. Esto es cierto porque su propia práctica es, en realidad, una manifestación de que está dispuesto a seguir las enseñanzas con entera gratitud. No hay necesidad de explicar esto en más detalle. Cuando practica a solas, tiene la oportunidad de expresar su gratitud por las enseñanzas recibidas y el don que es el lenguaje del alma. Además de mostrar gratitud, es sumamente importante en su camino del alma mostrar una entera devoción y estar dispuesto a seguir las enseñanzas. Poniéndolas en práctica es otra oportunidad para manifestar su devoción y buena voluntad. Esto es extremadamente importante para su camino del alma y la aceleración de su jerarquía del alma.

Sea activo en su participación y progreso. Poniendo en ellos su propio esfuerzo demuestra su buena voluntad. Esto también demuestra su voluntad para ofrecer esta clase de servicio. Cuando haga esto, se sentirá complacido por la mejoría que logrará. Su propia práctica traerá consigo una cualidad especial de gozo, placer y curación en su vida. Todos los beneficios del lenguaje del alma que he descrito pasarán a formar parte de su vida cada vez que practique. Esta es una extraordinaria posibilidad y oportunidad para usted.

Una comparación puede serle útil. Piense en lo que se necesita para aprender a tocar un instrumento. Debe tomar lecciones. En casa, debe practicar lo que ha aprendido. El leer este libro y recibir sus enseñanzas es algo similar a tomar lecciones de música. Lo que haga durante su propio tiempo de práctica le ayudará a entender y aumentar su habilidad y destreza en lo aprendido en la lección. Por esta razón la práctica es muy importante.

Las bendiciones son efectivas, poderosas y necesarias de la misma manera que tomar una lección de música sería efectivo y necesario. La lección le permite mejorar y avanzar al siguiente nivel de pericia. Sin embargo, si no practica entre lección y lección, los beneficios experimentados serán limitados. Asimismo, si practica de la manera que he descrito en este libro, acelerará su habilidad para sacar a la luz su lenguaje del alma, además de estar acelerando su habilidad para usar y beneficiarse del mismo. El uso del lenguaje del alma es también un gran servicio para usted.

Tal vez le sorprenda la idea de ser capaz de ofrecer un servicio usando el lenguaje del alma porque su enfoque primordial es sacar a la luz su propio lenguaje y desarrollar sus propias habilidades. De hecho, su propio tiempo de práctica es también un gran servicio. Siempre que se conecte con el Mundo del Alma y con Dios a través de su práctica, entrará en la espléndida presencia de la más poderosa luz y energía existente. Dios y el Mundo del Alma entero responden con toda generosidad para que usted y todas las almas que se encuentran a su alrededor reciban bendiciones. Incluso el lugar donde está practicando recibe bendiciones. Su luz se torna más intensa y de mayor cualidad, vibración y frecuencia. Sorprendentemente, su práctica puede ser muy beneficiosa para otros aun cuando ésa no haya sido específicamente su intención. Este es otro ejemplo de la generosidad divina, que muchas almas puedan beneficiarse cada vez que usted use o incluso trate de sacar a la luz su lenguaje del alma. Estos son algunos de los más importantes aspectos y beneficios de su tiempo de práctica.

Otros beneficios incluyen la mejoría de la creatividad e inteligencia de su alma. Estos maravillosos dones facilitarán su transformación en su camino del alma. Le ayudarán a entender mejor gran parte de lo que será su camino del alma. Todos los beneficios e importancia del lenguaje del alma se volverán parte de su vida en mayor grado en cada sesión de práctica. Esta mejoría está fácilmente a su alcance. Todo lo que necesita hacer es decidir a qué hora realizar esa práctica y cumplir con su cita.

Cuando haya sacado a la luz su lenguaje del alma, podrá practicar aun cuando esté manejando su auto, barriendo el piso o entre una y otra actividad. Estos tiempos de transición interactiva son especialmente buenos para practicarlo. Los momentos de transición son generalmente estresantes o frustrantes. Hay ocasiones en las que tiene que añadir algo nuevo a lo que está haciendo. Cuando practica el lenguaje del alma, recibe todos sus beneficios durante estos tiempos de transición. Practicar el lenguaje del alma en estos momentos también trae consigo una profunda bendición para todas las cosas que haga a continuación. Esto hará de su lenguaje del alma una constante fuente de luz divina a través del día.

La mayoría de la gente tiene varios períodos de transición durante el día en los que hay un cambio de actividades. Para aquéllos de ustedes que hacen varias cosas al mismo tiempo, hay numerosas ocasiones en las que cambian de unas actividades a otras. Practicar el lenguaje del alma durante estos momentos de transición les permitirá lograr una transformación que los complacerá enormemente. En lugar de sentirse rendidos, se sentirán mucho más calmados. Mientras más recuerden practicar su lenguaje del alma durante estos momentos, más profundamente experimentarán una sensación de paz, amor y luz.

Los beneficios que reciban serán extensos. Todos aquellos afectados por sus actividades también recibirán extensos beneficios que se propagarán a más allá del círculo de actividades del que están conscientes. Por ejemplo, si su próxima actividad es hacer una llamada telefónica o mandar un correo electrónico a varias personas, cuando practica su lenguaje del alma previamente a realizar esa actividad, la gente que reciba su llamada telefónica o su correo electrónico resultarán beneficiados por su lenguaje del alma. A su vez, todas las demás personas que se relacionan con estas personas también saldrán beneficiadas. Si la persona que recibe su llamada está trabajando en una oficina, todos y todo lo que se encuentra en esa oficina resultarán beneficiados. Esto es verdaderamente extraordinario, y es otro de los ejemplos del servicio que se ofrece usando y practicando el lenguaje del alma.

¡Practiquemos juntos ahora!

> *Queridos esfera divina de la luz dorada y manantial dorado del lenguaje divino del alma. Los amo, los honro y los aprecio.*
> *Por favor, bendice mi* (nombre su próxima actividad o tarea).
> *Por favor, bendíceme y a todos los demás que participan* (usted puede nombrarlos).
> *Por favor, bendice la actividad de manera que puede llevarse a cabo con amor, paz y armonía.*

Estoy muy agradecido/a.
Gracias.

Entone su canto del alma por unos pocos minutos, y luego concluya la práctica. Si no dispone de unos pocos minutos, aun hacer esta práctica por veinte o treinta segundos le brindará bendiciones, amor y luz. Es un gran servicio a la actividad que está por emprender y a todos los que participan en ella o se ven afectados por ella.

Cuanto más servicio ofrezca, tanto más ascenderá el nivel de jerarquía de su alma. La virtud que reciba es muy poderosa y le hará posible sacar a la luz y desarrollar del todo su lenguaje del alma. Es como una espiral siempre ascendente. Durante su práctica, está enviando bendiciones, amor y luz. En realidad es más correcto decir que está irradiando bendiciones, amor y luz, y cuanto más irradie a otros, tantas más bendiciones regresarán a usted. Cuanto más regresen a usted, tanto más podrá irradiar a otros nuevamente. Estas son algunas de las razones primordiales por las cuales es muy importante practicar.

El uso del lenguaje del alma

Al seguir mis sugerencias y usar la transferencias divina que se le ofreció anteriormente en este mismo capítulo, su lenguaje del alma brotará y se desarrollará. Una vez que lo tenga, será necesario usarlo. Cuando use el lenguaje del alma, los beneficios descritos se integrarán cada vez más a su vida y a su camino del alma. Hará un mejor uso de este lenguaje con sólo usarlo continuadamente. Recuerde nuevamente la comparación con tocar el piano. Cada vez que toca una melodía en particular por el simple placer de la experiencia, está al mismo tiempo mejorando su habilidad y don de poder tocar. Cuando practica su lenguaje del alma, no sólo está mejorando su habilidad y la calidad de su don, sino que también lo está irradiando a más allá de su alrededor y a un nivel de calidad más alto.

Como se ha descrito, usted ofrece un gran servicio simplemente practicando su lenguaje del alma. Los beneficios obtenidos para su meditación aumentarán de gran manera, cambiando significativamente también la calidad de su meditación. El lenguaje del alma es un medio poderoso y muy fácil de usar.

Es igualmente poderoso cantar en silencio o en voz alta. En muchas ocasiones no le será posible usar el lenguaje del alma en voz alta debido a su situación familiar o de trabajo. Usando el lenguaje del alma en silencio es igual de poderoso y será una inmensa ayuda. Hay ocasiones en las que el lenguaje del alma silencioso trae ciertos beneficios que el cantado en voz alta no puede traer. El lenguaje del alma cantado en silencio irradia y hace vibrar las células más pequeñas, aclarando los espacios más pequeños y ocasionando una transformación a un nivel extraordinariamente profundo. A veces las personas se muestran descontentas porque no pueden usar su lenguaje del alma en voz alta. Piensan que no están ofreciendo el mismo nivel de servicio que otros. Esto no es cierto. Las posibilidades asociadas con el lenguaje del alma silencioso son extraordinarias.

Evite la tendencia a comparar el lenguaje del alma silencioso con el cantado en voz alta. Recuerde todo lo que le he dicho antes acerca de las comparaciones. Esas enseñanzas pueden aplicarse en esta situación también. Muestre simplemente gratitud por cualquier oportunidad que tenga, y regocíjese de tener la posibilidad de usar su lenguaje del alma durante el transcurso del día. A medida que lo use, le sorprenderán sus beneficios. No es posible mencionar y describir todos los beneficios; variarán de persona a persona. Debe saber simplemente que su propio camino del alma se verá profundamente afectado. El camino del alma de cada persona es diferente; los detalles y situaciones son diferentes. Debido a esto, no es posible ser específico acerca de cómo se beneficiará usando el lenguaje del alma. Debe experimentarlo.

Al conversar con alguien, tal vez se dé cuenta de que necesita una curación en su vida, en las vidas de otros o en ciertas situaciones en particular. Cuando usa su lenguaje del alma, la curación sucederá inmediatamente. Habrá transformaciones a todo nivel. Este es un ejemplo de los ilimitados beneficios que experimentará a medida que lo use. Su intención pudiera ser simplemente usarlo durante su meditación o por el placer y gozo de ser capaz de vincularse con Dios, con los santos de mayor jerarquía y con otras almas. Mientras hace esto, notará que con frecuencia recibe una inspiración o conciencia de algo. Es más, a medida que use este lenguaje, habrá muchas cosas que tendrán lugar dentro de usted, muchas de las cuales no pueden ser anticipadas. Esto es lo que quiero decir cuando afirmo que los beneficios son tan extensos y profundos que es imposible describirlos en su totalidad. Cada cual recibirá distintos beneficios.

En cada situación, los beneficios irradiarán más allá de usted y de la curación que ofrece. Se irradiarán a través de toda la madre Tierra de una manera sumamente extraordinaria y generosa. Cada vez que practique su lenguaje del alma, su vibración y frecuencia aumentan. También se acentúa la calidad de la luz presente en usted. Su presencia como un ser de luz también se acrecienta. Todo lo descrito como significado y beneficios del lenguaje del alma se vuelve presente en usted. Es un extraordinario honor y privilegio el poder usar este lenguaje y servir de esta manera.

El lenguaje del alma y la curación

Uno de los más poderosos beneficios del lenguaje del alma es el impacto que tiene en una curación. Cuando reflexione acerca de esto, le encontrará sentido. El lenguaje del alma es la forma más pura de conexión con el Mundo del Alma y con Dios. Esta conexión pone a su disposición todo el potencial curativo del Mundo del Alma y de Dios. Gracias a este potencial, las posibilidades de curación son ilimitadas. La proximidad de una curación es también ilimitada. Es importante cobrar conciencia del poder que tiene el lenguaje del alma en una curación. Sin embargo, es igualmente importante mantener un equilibrio no teniendo expectativa alguna. Cuando se usa este lenguaje para ofrecer una curación, debe hacerse de manera que permita el libre flujo de luz divina, amor y bendiciones curativas. Debe hacerse ofreciendo enteramente amor, compasión y perdón incondicionales. Debe ofrecerse como servicio universal incondicional.

El ofrecer una curación de manera incondicional lo liberará automáticamente de cualquier expectativa que usted tenga. Este equilibrio es necesario para que las bendiciones curativas fluyan libremente. Como dije antes, si tiene expectativas en cualquier situación, es como si estuviera cerrando un grifo de agua. Cuando se ofrece una bendición curativa, sería contraproducente tener una expectativa del resultado —casi como ofrecer una curación y devolverla al mismo tiempo.

Usando el lenguaje del alma para ofrecer bendiciones curativas lo conecta con el alma de cualquier cosa que necesite curación. Esta es una poderosa y transformadora conexión que trae consigo todas las posibilidades que ofrecen Dios y todo el Mundo del Alma. Por supuesto, gracias a la sabiduría divina, cualquier cosa que esté recibiendo la curación recibirá las bendiciones que sean apropiadas en ese momento. La situación, la enfermedad y la persona recibirán precisamente la curación que estén listos a recibir. Es necesario tener esto presente cuando ofrezca una curación mediante su lenguaje del alma. Si los resultados no fueran los que usted esperaba, hay muchas razones posibles para ello. Una de estas razones es que la persona o la situación no estaba lista.

Si ése fuere el caso, es una gran bondad y misericordia de parte del Mundo del Alma minimizar o limitar los beneficios. Este aspecto de «estar listo y dispuesto» de parte del receptor de las bendiciones curativas a través del lenguaje del alma es muy importante y debe tenerse siempre presente. Tener conciencia de ello le ayudará a evitar el crearse expectativas. Le ayudará también a evitar la tendencia sutil a quejarse cuando los resultados no son los esperados. Cuanto más use el lenguaje del alma para ofrecer curaciones, tanto más dramáticos y significativos serán los resultados.

Al usar el lenguaje del alma para curaciones, usted está entrando en la más pura energía de Dios y del Mundo del Alma. De hecho, el lenguaje del alma le proporciona la capacidad de incorporar esa energía y le permite distanciarse de su raciocinio lógico sin que su ego intervenga. Usted se ve vinculado a esa pureza. Mediante esa conexión, esta purísima energía ofrece una curación y bendice no sólo al receptor, sino también a usted. Acelera su propio proceso de purificación. Cada vez que use el lenguaje del alma y sea capaz de entrar en ese purísimo flujo de la luz divina, todo su ser se purificará en todos los niveles.

Mientras se convierta en un mensajero más puro, puede transmitirles frecuencias y vibraciones cada vez más altas a los que sirve, lo cual constituye un honor y un privilegio maravillosos. Cuanto más puro se vuelva usted, sería exacto decir, más divino se vuelve. Se halla en mayor armonía con frecuencias muy poderosas. Se encuentra en mayor unidad con Dios y el Mundo del Alma. Se convierte en un instrumento más claro. Experimentará claridad y pureza a nivel físico, mental y emocional en su vida y en su camino del alma. Esta claridad le permitirá ser la presencia de la luz divina de una manera extraordinaria. Su lenguaje del alma se tornará cada vez más poderoso. Los beneficios que otros reciban se volverán cada vez más poderosos. El servicio que usted proporcione irradiará con una intensidad cada vez mayor. Recibirá bendiciones en todos los niveles de su vida.

Puede que le preocupe que algunas de las personas a quienes sirve tienen una salud frágil y no son capaces de soportar una energía tan intensa, pero pierda cuidado. El lenguaje del alma adapta la intensidad de la energía de las bendiciones curativas según el receptor a quien van dirigidas. Aunque usted experimente una gran intensidad, si la persona a quien está ofreciendo las bendiciones curativas no es capaz de absorber o soportar tal intensidad, recibirá solamente aquella que pueda soportar. Recibirá lo que le resulte adecuado.

Cuando mis estudiantes ofrecen bendiciones curativas, muchos de ellos solicitan silenciosamente al Mundo del Alma, a Dios y a sus dones divinos que ofrezcan las bendiciones curativas que sean apropiadas para el receptor. Todas estas características asociadas con el uso del lenguaje del alma lo hacen un medio muy seguro de ofrecer bendiciones curativas. No hay necesidad de preocuparse por causarles problemas a quienes sirva. No hay necesidad de preocuparse por efectos secundarios dañinos o la intensificación de alguna dificultad existente. Con el uso del lenguaje del alma se evitan todos estos problemas. Más adelante en este capítulo hablaré sobre esto en la sección: «Curar a otros».

Usted tiene el poder para curarse a sí mismo

En esta sección hablaré sobre las enseñanzas referentes a la parte más fundamental de mi misión. El primer y primordial aspecto de la misión que me ha encomendado Dios puede enunciarse en esta afirmación: *Usted tiene el poder para curarse a sí mismo*. No puede hacerse suficiente hincapié en ello. Ojalá que todos ustedes hayan experimentado la verdad de esta declaración. Algunos piensan con su raciocinio lógico: «Sí, es cierto; eso es obvio». Sin embargo, no lo comprenden a un nivel más allá de su raciocinio lógico. Mi deseo es que la verdad de esta declaración resuene e irradie en su corazón y en su alma.

La afirmación: «Usted tiene el poder para curarse a sí mismo» es esencial en su senda curativa y en su trayectoria de sanador. Irradie y vibre esta declaración en su corazón y en su alma, y así podrá concentrarse en la curación de otros con confianza, convicción y la experiencia de que ellos también pueden curarse a sí mismos.

Esta declaración es una parte esencial de los fundamentos de su senda curativa. Cuando usted aprecia y se da cuenta por experiencia cuán cierta es esta declaración, todo aspecto de su vida empezará a transformarse rápidamente. Hay muchas razones para ello. Una de las razones más poderosas es que esta declaración —que puede considerarse como un mantra— es el aspecto más importante de mi segundo mandato. Está estrechamente relacionada con lo que Dios quiere que suceda en la madre Tierra. Esta estrecha conexión lleva consigo una serie de capacidades y bendiciones curativas.

Debido a que esta declaración representa la primera parte de la misión que Dios me ha encomendado, ella es, de cierto modo, una introducción. Las bendiciones que reciben quienes verdaderamente practican la enseñanza «Usted tiene el poder para curarse a sí mismo» son multiplicadas numerosas veces. Esto es cierto porque ustedes son los pioneros, los que madrugaron. No tienen la ventaja de observar a otra gente que se ha beneficiado al usar estas enseñanzas. Ustedes son quienes están creando las experiencias que otros usarán como referencia. Esto puede no parecerles importante, pero tiene una gran trascendencia.

Usted tiene una conexión única, fuerte y poderosa con mi canal de curación y con el de Dios. Como tuvo la voluntad de aceptar y practicar esta enseñanza, será premiado y bendecido en abundancia, mucho más allá de lo que pueda imaginarse. Su camino del alma se acelerará a pasos agigantados. La confianza que usted muestra aceptando y practicando esta enseñanza es también bendecida de una extraordinaria manera. Algunos de ustedes mostrarán sorpresa por esta última declaración. A lo mejor no sienten un alto grado de confianza. Hay ciertas áreas donde su confianza es muy limitada, por lo menos hasta donde perciben. Permítanme asegurarles que su voluntad de ser uno de los primeros en aceptar, y luego en manifestar, la verdad de esta declaración es ciertamente significativa.

Usted recibe continuas bendiciones y, de hecho, está demostrando una increíble confianza. Será cada vez más obvio para usted que la confianza es un importante aspecto de su camino del alma. A medida que se vuelve más obvio, su confianza personal crecerá tangiblemente. Todas éstas son bendiciones muy singulares vinculadas con el hecho de vivir la enseñanza de «Usted tiene el poder para curarse a sí mismo». Mientras más viva esta enseñanza, más se convertirá ella en su presencia física. No sentirá la necesidad de decirle a la gente que lo conoció en el pasado: «Usted tiene el poder para curarse a sí mismo», pues ellos notarán que algo dramático ha sucedido en su vida. Muchos incluso le preguntarán: «¿Qué te ha ocurrido?» Entonces les podrá responder simplemente que está poniendo en práctica esta enseñanza. Su vida misma será la explicación. La transformación que observen en usted completará la enseñanza.

Los beneficios y bendiciones que usted reciba al acontecer todo esto serán también asombrosos. Simplemente el vivir su vida como una persona que está en un proceso curativo es un servicio en sí mismo. Quienquiera esté con usted se sentirá conmovido por las enseñanzas que está viviendo y manifestando. Esto sorprenderá a algunos de ustedes, pero es sólo uno de los ejemplos de la generosidad divina. Absolutamente todo lo que haga de corazón en respuesta a Dios le será bendecido, multiplicado y devuelto. Cuando acepta y vive la enseñanza «Usted tiene el poder para curarse a sí mismo», ésta es aceptada, bendecida, multiplicada y devuelta a usted. Experimentará bendiciones en todos los niveles de su vida.

Esta enseñanza no es nueva. Lo que es nuevo es el enfoque para «El siglo de la luz del alma». Cuando uno conecta con su alma, se acelera enormemente el proceso curativo porque el verdadero poder curativo es el poder curativo del alma. Con el poder del alma, el proceso curativo se integra y completa de una manera nunca antes posible. Específicamente, conectando con su alma mediante el uso del lenguaje del alma, se acelera y multiplica el proceso curativo de una forma que pudiera ser incluso inmediata. Si su respuesta no es inmediata, usted necesita simplemente más tiempo para despejar sus bloqueos. No se sienta frustrado, desilusionado, ni se compare con otros.

En páginas anteriores de este libro, hay enseñanzas al respecto. Si se siente frustrado o desilusionado en estos momentos, regrese a esas secciones y léalas de nuevo. Al hacer esto, recibirá nuevamente las bendiciones contenidas en esas secciones. Debe reflexionar sobre estos sentimientos y transformarlos en luz. Su capacidad de hacerlo es otro ejemplo de las bendiciones recibidas cuando acepta y vive la enseñanza «Usted tiene el poder para curarse a sí mismo». Al revelar que se ha producido una curación en su propia vida, ha dado un paso muy positivo. Como dice el viejo adagio: «Las acciones hablan más que las palabras». Aun sin palabras su proceso curativo es un poderoso maestro que atraerá la atención de muchos. Usted será uno de los que coloquen los fundamentos para que esta enseñanza sea diseminada entre multitudes de personas.

Cuando usa el lenguaje del alma como medio de integración de esta enseñanza en su ser mismo, el mensaje se difundirá por todo el Mundo del Alma. Reflexione sobre esta extraordinaria declaración. Manténgala en su corazón y en su alma. Así su proceso curativo se convertirá en una enseñanza, no sólo para quienes lo conocían desde antes y quienes están asombrados de su transformación, sino que también se convertirá en una enseñanza para el Mundo del Alma entero. Los beneficios que usted puede recibir ofreciendo esta clase de servicio son inimaginables.

El más notorio beneficio será la transformación de su salud a nivel físico. Los cambios físicos pueden observarse y describirse fácilmente. Los registros médicos y los resultados de los exámenes proporcionan un medio mensurable de hacer tangible su transformación.

Mucha gente se siente confundida o recelosa debido a los varios enfoques curativos de medicina alternativa complementaria disponibles hasta ahora. Es comprensible, pues muchos de los enfoques curativos son cuestionables y con frecuencia son ellos los que reciben la mayor atención publicitaria. Esto dificulta a muchas personas la aceptación de nuevas enseñanzas curativas, especialmente una enseñanza que es única. La mayoría de los tipos de medicina alternativa y complementaria usan medios concretos tales como hierbas, magnetos o aceites. Cada uno de estos enfoques trae consigo beneficios y han sido muy útiles en el pasado.

Lo que es diferente ahora es que nos encontramos en «La era de la luz del alma». Esto significa que es vital conectarnos con el alma de nuestra condición de salud. Si hace esta conexión, podría tener una mejoría sorprendente. Al hacer esta conexión, participa profundamente también de mi canal curativo. La enseñanza «Usted tiene el poder para curarse a sí mismo» le liberará sorprendentes cantidades de energía. Esta declaración también abre la puerta a las posibilidades de mostrar gratitud en su vida.

Recomiendo en particular que vuelva a leer la sección sobre la gratitud en el capítulo 1. Haciendo esto, volverá a recibir las bendiciones contenidas en esas páginas. Esas bendiciones están conectadas específicamente con su capacidad para curarse a sí mismo. Esta conexión se intensificará, multiplicando los beneficios de su proceso curativo.

«Usted tiene el poder para curarse a sí mismo» puede usarse como un mantra. Este mantra tiene gran poder a muchos niveles. Al usar este mantra y permitir que se convierta en su lenguaje del alma, recibirá poderosas bendiciones curativas en todos los niveles de su ser. El usar esta enseñanza como un mantra mantiene un constante flujo de energía en usted durante el transcurso de su día. Transforma literalmente su día en un proceso curativo. A medida que transcurre el día y se da cuenta de la necesidad de ofrecer una curación, haga uso de esta enseñanza. Repítala para sí muchas veces. Dígala estando consciente de que es una conexión muy particular y privilegiada de mi canal curativo y recibirá poderosas transformaciones. Para problemas de salud recientes, podría experimentar incluso una total mejora. Ante la presencia de luz y energía curativa, su bloqueo podría despejarse y transformarse totalmente. Todos éstos son extraordinarios beneficios y bendiciones.

Cuando acepta y vive esta enseñanza, establece una conexión con Dios que le traerá profundos cambios en todos los niveles de su ser. Estos cambios no se limitan a su salud física. El primero y más poderoso cambio será, en realidad, a nivel de su alma. Al ser curada y purificada su alma, se torna una la luz cada vez más pura que envía mensajes cada vez más poderosos a su mente. Este es un don muy particular de esta era en la que el alma está a la cabeza. El alma dirige cada aspecto de su identidad. Cuando el alma envía instrucciones cada vez más poderosas a su mente, puede liberarse de modos de pensar, actitudes y creencias limitantes. Puede liberarse de patrones de conducta asociados con limitaciones a nivel físico. Cuando el alma se torna cada vez más en la presencia de la luz divina, esa presencia divina ejerce una mayor influencia en todos los aspectos de su identidad.

En La era de la luz del alma, la transformación del alma será más fácil que en eras anteriores. *Cure su alma primero; la curación de su mente y cuerpo vendrá después.* Aun cuando haya hablado sobre la curación a nivel físico primero, esta curación comienza en realidad a nivel del alma. Cuando acepta y manifiesta la enseñanza «Usted tiene el poder para curarse a sí mismo», entabla una conexión con Dios a nivel del alma. A medida que más y más individuos testimonien dramáticos resultados de esta enseñanza, más miembros del público aceptarán la verdad de ella. Este es el mensaje que Dios quiere que experimentemos en la madre Tierra en estos tiempos. Usted es un mensajero de Dios. Este es un extraordinario honor y privilegio.

Su voluntad de ser dicho mensajero será bendecida en abundancia. Su camino del alma y el nivel de jerarquía de su alma ascenderán más rápidamente de lo que se imagina. Todo lo dicho acerca de la curación a nivel físico es igualmente cierto para la curación a nivel del alma. Quienes lo conocen también estarán conscientes de los cambios que están sucediendo a nivel de su alma. Quizá no sean capaces de identificar específicamente lo que están observando, pero la mayoría de ellos percibe de alguna manera que hay algo diferente en usted. Algunos incluso lo mencionarán. Cuando lo hagan, usted tendrá una maravillosa oportunidad de introducirlos a la enseñanza «Usted tiene el poder para curarse a sí mismo».

Varios de sus conocidos y amigos se mostrarán agradecidos de escuchar esta enseñanza. Buscan y ansían desde lo más profundo de sus almas recibir esta enseñanza y sus bendiciones que sus almas han esperado durante largo tiempo en esta vida y en vidas anteriores. El gozo y la gratitud que experimenten a nivel del alma será sumamente conmovedor para ellos. Usted les aporta la presencia de energía curativa simplemente estando presente. Usted mismo se convierte en esa enseñanza. Al dar una explicación, esta enseñanza cobra fuerza y sus almas responden poderosamente. Podría incluso tener la oportunidad de usar el lenguaje del alma para ofrecer a sus amistades y conocidos una bendición curativa que despierte un increíble gozo, placer y gratitud en sus almas, comenzando un poderoso proceso de transformación en su camino del alma.

A medida que sus amistades y conocidos experimenten una transformación, algunos empezarán a hacer una conexión con la misión del poder de la curación. Esto será una gran bendición para ellos y para usted. Cualquiera fuese su respuesta, lo más importante es el hecho de que usted es el mensajero de esta enseñanza y son sus almas las que tienen la oportunidad de responder, no los resultados de esta interacción. De hecho, los resultados no tienen mucho que ver con usted. *El esfuerzo es suyo, pero los resultados pertenecen a Dios.* Estar conscientes de eso, es otra forma de liberar de ataduras a los resultados. Como los resultados no le pertenecen, puede relajarse cuando introduzca estas ideas a otros. Puede presentarlas como dones. Si el don es aceptado o no, no depende de usted.

El simple acto de presentar este don es un importante servicio. Cuanto más frecuentemente sea usted la presencia de esta enseñanza —«Usted tiene el poder para curarse a sí mismo»— tanto más frecuentemente será un don. A medida que más y más gente presente este don a otros, la luz y la curación asociados con esta enseñanza se multiplicarán. Llegará el día en el que no sea inusual que la gente manifieste la verdad de esta enseñanza.

Todo lo que he dicho acerca de la curación de su alma es igualmente cierto para la curación de su mente. Sus actitudes, modos de pensar y creencias comenzarán a transformarse. Usted se liberará de limitaciones y patrones que han sido parte de su vida física actual. Esta liberación traerá consigo beneficios en todos los niveles de su ser. Su experiencia de liberación y de luz será asombrosa. Cuando quienes lo conocen experimenten la nueva flexibilidad que usted muestra, esto constituirá una convincente enseñanza para ellos. Nuevamente reitero que éste es un magnífico servicio de su parte. La virtud que acumule será extensa.

Tenga en mente que si hace esto sólo con la intención de acumular virtud, resultará contraproducente. Si éste es su motivo, creará barreras y obstáculos por no estar actuando incondicionalmente. Cuando usted ofrece un servicio de manera incondicional, este servicio será recompensado con enormes cantidades de virtud.

Tal vez encuentre difícil diferenciar entre el estar consciente de que la virtud es otorgada y el tener como intención o motivo obtenerla. Si así le ocurre, se debe a que está usando su raciocinio lógico. No podrá distinguir la diferencia de esta manera. Lo que debe hacer es conectarse con la esencia de su confusión. ¡Hágalo ahora!

Querida alma de mi confusión, yo te amo.

Querida alma de mi mente, yo te amo.

Tienen el poder para curarse a sí mismas.

Queridos esfera divina de la luz dorada y manantial dorado del lenguaje divino del alma y mi querido lenguaje del alma, yo los amo.

Por favor, bendice mi mente para que se libere de las ideas, las actitudes y las creencias que no son beneficiosas para mí, mi trayectoria sanadora o la trayectoria de mi alma.

Estoy muy agradecido/a

Gracias.

Ahora hable su lenguaje del alma por varios minutos. Cuando termine, probablemente sienta paz y tranquilidad. Su confusión se verá transformada. Sin embargo no desaparecerá por completo, ya que esa confusión es una señal de que debe liberarse de ciertas formas de pensar, actitudes y creencias.

El gran don que le ofrece su confusión es el hacerlo consciente de que necesita lograr esta clase de liberación. Es más, usted tiene un medio para lograrlo. El lenguaje del alma puede provocar ese cambio rápidamente, incluso de una manera fácil e indolora. Estas palabras describen maravillosamente bien y le hacen saber nuevamente con cuanta abundancia lo bendice Dios cuando usted asume y pone en práctica la enseñanza «Usted tiene el poder para curarse a sí mismo». Esto tal vez le suene egocéntrico; sin embargo, el secreto de esta enseñanza, que acaso ya haya usted descubierto, es que se *centra en el alma*.

«Usted tiene el poder para curarse a sí mismo» expresa claramente mi misión. Mi misión consiste en guiar a todas las almas que estén dispuestas a responder a esta llamada y lograr que tengan acceso a los más altos niveles de su camino del alma. Cuando usted acepta y vive esta enseñanza, entra al Mundo del Alma y a la curación del alma. Su alma ha comenzado a dirigir su vida de una manera más poderosa de lo que usted se imagina. Esta conexión con su alma transforma todos los aspectos de su vida.

Podrá decirle a los vacilantes: «Sé que puede lograrse porque yo lo he logrado». Probablemente no haya nada más poderoso que la experiencia personal. Seguro que recuerda situaciones en su vida en las que se mostró dispuesto a tratar de hacer algo o de aceptarlo gracias al ejemplo de alguien. Cuando otras personas le digan: «Esto suena muy difícil de creer» o «Esto funciona para otros, pero no creo que funcione para mí», usted podría responderles: «Entiendo lo que me dicen». Esto es maravilloso. El hecho de poder ponerse en el lugar de otros y entender sin titubeos el comienzo de su camino del alma es, en sí mismo, curativo. Cuando comunica esto a otros, les proporciona la posibilidad de aceptar esta enseñanza e iluminar sus dudas. Experimentará cambios significativos al hacer esto por otros. La gratitud que experimente lo transformará.

La gratitud se hará cada vez más presente en su vida. Ahora puede apreciar de una manera más profunda lo que he dicho acerca de hacer rodar la bola de nieve cuesta abajo. Esta comparación resultará obvia y clara cuando acepte y viva la enseñanza «Usted tiene el poder para curarse a sí mismo», pues verá cómo la bola de nieve rueda con más rapidez cuesta abajo. ¡Lo maravilloso de esta cuesta es que no tiene fin! La bola de nieve puede crecer y crecer infinitamente. Las mejorías que experimente en su vida a nivel del alma, mente y cuerpo no tienen fin.

Esto es igualmente cierto a nivel de sus emociones. Será un placer para usted y se sorprenderá por la rapidez con la que sus emociones se estabilizan. La razón es muy simple. Las principales emociones están vinculadas con diversos órganos:

- La ira se vincula con el hígado y la vesícula biliar.
- La depresión y la ansiedad se vinculan con el corazón y el intestino delgado.
- La preocupación se vincula con el bazo y el estómago.

- El pesar y la tristeza se vinculan con los pulmones y el intestino grueso.
- El temor se vincula con los riñones y la vejiga.

Al fortalecerse cada órgano y aumentar cada vez más la presencia de luz, todas las emociones asociadas con esos órganos se transformarán también: La ira se transformará en paz y tranquilidad. La depresión y la ansiedad se transformarán en alegría y satisfacción. La preocupación y la angustia se transformarán en calma. La pena y la tristeza se transformarán en una nueva cualidad de la alegría. El temor se transformará en confianza y verdadero valor.

Son evidentes los beneficios obtenidos al transformarse estas emociones en luz, convirtiéndose en fuentes de energía y fuerza en lugar de limitaciones y desgastes de su energía. La transformación de sus emociones resultará, a su vez, en una mejor salud de sus órganos. Si está recibiendo terapia de consejo o alguna otra forma de asistencia en su vida emocional, le recomiendo enfáticamente que continúe con ella hasta que llegue al punto donde ya no sea necesaria. Usted se dará cuenta de ello; su consejero también se dará cuenta. De esta manera, podrán concluir mutuamente esta relación en el momento adecuado. De hecho, es muy importante que esto se haga de mutuo consentimiento.

A medida que experimenta un grado de curación más profundo, a nivel del alma, la mente y el cuerpo, experimentará también una salud más completa en estos niveles. Podrá ofrecer bendiciones curativas a otros. Se convertirá en un mensajero más puro y claro y asistirá a otros de manera más eficaz. Los ayudará a adquirir confianza de saber que ellos también tienen el poder de curarse a sí mismos. El ayudar a una persona a desarrollar esta confianza es un tesoro y una extraordinaria bendición. Es como darle la vida a otro, casi como un renacer. Es un honor y un extraordinario privilegio el participar en ese proceso. Al servir de esa manera, participa directamente en el servicio de Dios.

Estos son algunos de los beneficios más importantes que se derivan de vivir la enseñanza «Usted tiene el poder para curarse a sí mismo». Ahora que ha llegado a apreciar esa enseñanza, está listo para apreciar su habilidad para usar su lenguaje del alma para curar a otros.

Curar a otros

Su habilidad para curar a otros se acrecienta enormemente cuando usa el lenguaje del alma. Su presencia como energía curativa divina asistirá al proceso curativo de su cliente. (Por comodidad, ahora en adelante llamaré «cliente» a la persona a quien le proporciona una curación aunque se trate de un familiar o amigo.)

Usar el lenguaje del alma para ayudar a sus clientes trae consigo todos los beneficios que he descrito. También comprende todos los beneficios descritos para curarse a sí mismo. El lenguaje del alma hace posible para usted ser la presencia y sonido físicos de la energía curativa divina. A medida que usa el lenguaje del alma para ayudar a sus clientes, tal vez note que su lenguaje es distinto para cada uno de ellos. La razón de esto es que la energía curativa necesaria difiere de persona a persona. El camino del alma de cada persona es diferente. A medida que nota las diferencias en el lenguaje del alma que usa para cada cliente, preste atención a la manera en que usted experimenta esa diferencia. Esto le ayudará a asistirlos mejor.

Esté consciente en el nivel del alma de lo que su cliente necesita, y se sentirá agradecido de que su lenguaje del alma pueda adaptarse a las necesidades del cliente. No sólo notará una diferencia de cliente a cliente, sino que también notará una diferencia cada vez que el mismo cliente en particular venga a consultarlo. Esto tiene sentido; los cambios ocurren a cada momento. Continuamente se producen cambios de energía, lo cual significa que cada persona experimenta una transformación y una curación continuas.

Ocurre lo mismo con cada órgano. Por ejemplo, si está ofreciendo una bendición curativa a un cliente que sufre de depresión, el órgano afectado es el corazón. Su lenguaje del alma sonará diferente cuando ofrezca una bendición curativa a alguien que está encolerizado, en cuyo caso el órgano afectado es el hígado. Lo que es cierto para cada órgano, también es cierto para diferentes enfermedades. Los cambios de sonido de su lenguaje del alma son para tratar directamente cualquier órgano afectado o enfermedad que reciba la bendición curativa.

En el capítulo 5 hablaré sobre la traducción del lenguaje del alma. Ahora sólo quiero mencionar que cuando usted hace una traducción de este lenguaje, los mensajes enviados se refieren específicamente a la bendición curativa que usted brinda. Proporcionarán enseñanzas relacionadas con el órgano o enfermedad en cuestión. Sería beneficioso para el cliente si escuchara ocasionalmente la traducción de su lenguaje del alma. Algunos clientes se beneficiarían teniendo en mente todas las enseñanzas relacionadas con su problema de salud en particular. En cualquier caso, estas variaciones en su lenguaje del alma pueden proporcionarle una extraordinaria sabiduría, además de sugerencias curativas para sus clientes.

Por ejemplo, si el cliente está enojado, esto afectará su hígado y su vesícula biliar. Es muy beneficioso saber en este caso por qué está enojado el cliente; lo facultaría para que libere las memorias asociadas con su enojo. Hace posible para su cliente elevar la curación a un nivel más alto asumiendo el estado de «perdón universal incondicional». Cuando los clientes se dan cuenta de la raíz de su enojo (o depresión, preocupación, cualquiera fuese la emoción), tendrán que ofrecer un perdón universal incondicional en casi cualquier caso.

Algunos clientes se sentirán agradecidos de tener esta oportunidad. Se mostrarán listos para aceptar la conexión entre los asuntos que exigen perdón y su manifestación física en forma de enfermedad. Otros clientes no estarán dispuestos a hacer eso. Respete el hecho de que unos están listos y otros no. Oriente paso a paso a quienes no estén listos todavía para que al final también lo estén. Puede lograr esto ayudándolos a apreciar los cambios que suceden en sus cuerpos a nivel físico. Cuando aprecien suficientemente esos cambios, entonces podrá presentarles la conexión entre sus síntomas físicos y las emociones vinculadas con ciertos órganos en particular.

Pudiera decir: «Mis clientes no tienen ningún problema vinculado con un órgano; muchos de ellos tienen un dolor de espalda o de cuello, otros tienen dolor de rodillas, y otros más tienen problemas relacionados con sus tendones». Todos estos problemas son manifestaciones de bloqueos en diferentes órganos. Si el dolor está relacionado con los músculos, entonces el bazo y el estómago están involucrados. Si está relacionado con las rodillas, nuevamente el dolor estará vinculado al bazo y el estómago. Si el dolor está relacionado con los tendones y ligamentos, entonces es asunto del hígado. Los cinco órganos básicos que mencioné antes (hígado, corazón, bazo, pulmones y riñones) están vinculados con todos los sistemas principales en su cuerpo físico. (Para una explicación más completa de esta conexión, consulte mi libro *Medicina Zhi Neng*.)

También puede usar el lenguaje del alma para hacer una conexión con las necesidades de su cliente antes de que éste llegue, lo cual toma sólo unos breves minutos. A lo mejor ya hace esto como parte de su práctica, pero para aquellos de ustedes que no han pensado en hacerlo, el usar el lenguaje del alma antes de la llegada de su cliente logra que su sesión curativa sea mucho más poderosa y efectiva porque ayuda a traer armonía a cada una de las almas que participan en la curación. Antes de que llegue su cliente, el Mundo del Alma entero está presente con toda su energía curativa. Su cliente entrará en este extraordinario campo de energía curativa.

Tan pronto sus clientes entran en este espacio curativo, comenzará la curación al tiempo que sus almas reciben estas bendiciones. Notará una marcada mejoría cuando empiece a usar su lenguaje del alma regularmente. Sus clientes notarán asimismo la gran diferencia tan pronto lleguen a recibir su bendición curativa. Muchos de sus clientes lo referirán a otros, incrementando el número de personas que acudan a consultarlo gracias a esta recomendación oral. El lenguaje del alma puede usarse ilimitadamente para curaciones. Permítale a su imaginación descubrir otras posibilidades. Úselo para liberar otras posibilidades y asistir a otros en su senda curativa. Cada vez que haga esto, estará sirviendo a otros como servidor universal incondicional.

Esta práctica le ayudará a usted y a quienes usted les brinde un servicio. El lenguaje del alma no es sólo un medio, una bendición y una profunda conexión con todo el Mundo del Alma y con Dios, sino que también es un servidor universal. Cuando concibe el lenguaje del alma de este modo, su habilidad para asistir a otros en su senda curativa aumentará significativamente. Será una bendición para usted y para todos aquellos que acudan a recibir bendiciones curativas de parte suya. Serán un honor y un privilegio muy especiales trabajar con el lenguaje del alma de esa manera.

Curación a distancia

Todo lo que he dicho acerca de las curaciones ofrecidas a otros es igualmente cierto para las curaciones remotas. La mayor diferencia radica simplemente en que el cliente no está sentado directamente frente a usted. Su forma de prepararse es la misma. Sus respuestas a las solicitudes de sus clientes se darán de la misma manera. Usted tiene la opción de ofrecer la curación por teléfono para que la conexión con su cliente sea más directa, o puede escoger una hora en que su cliente pueda sentarse relajadamente para recibir su bendición curativa sin tener una conexión directa.

Aunque estos enfoques son beneficiosos, no son siempre necesarios. Si su cliente siente que hay un mayor beneficio cuando hay una conexión directa, entonces hágalo así cuando le ofrezca una bendición curativa. Si su cliente no siente esta necesidad, hay innumerables maneras de ofrecer una curación remota. La más sencilla radica en dejar una hora libre de tiempo en su día para ofrecer bendiciones curativas remotas. En ciertas situaciones, a lo mejor querrá ofrecer una curación remota a una persona que no está consciente de ser el receptor de ella. Si está trabajando con un miembro de su familia, pariente o amigo íntimo, en la mayoría de los casos será enteramente correcto hacer esto.

Si tiene alguna duda acerca de si es apropiado ofrecer una bendición curativa o no, puede preguntar al alma de este individuo si está bien proceder. Muchos de ustedes escucharán una vocecita de su propia alma diciendo «sí» o «no». Si no recibe esta clase de respuesta, puede añadir la frase: «si es apropiado» al ofrecer la bendición curativa. Aquí hay un ejemplo:

> *Querida alma, mente y cuerpo de Nancy: Te quiero. Tienes el poder para curarte a ti misma. Hazlo bien. Querida alma, mente y cuerpo de la espalda adolorida de Nancy: Te quiero. Tienes el poder para curarte a ti misma. Hazlo bien. Si es apropiado, me gustaría enviarte una bendición curativa.*
> *Queridos esfera divina de la luz dorada y manantial dorado del lenguaje divino del alma. Los amo, los honro y los aprecio.*
> *Por favor, ofrézcanle a Nancy una bendición curativa.*
> *Si es apropiado que Nancy reciba esta bendición curativa, permite que ella se beneficie. Si no es apropiado, por favor envía la bendición curativa a quienes lo necesiten y estén listos a recibirla.*
> *Muchísimas gracias.*

Siga hablando luego en su lenguaje del alma. Concluya la curación diciendo:

> *Queridos esfera divina de la luz dorada y manantial dorado del lenguaje divino del alma. Por favor, regresen a mi alma.*
> *Hao. Hao. Hao*
> *Gracias. Gracias. Gracias.*

Pueden enviarse curaciones remotas a varias personas simultáneamente. Para hacer esto, mencione simplemente sus nombres y solicite a su lenguaje del alma que envíe bendiciones curativas a todas ellas.

Si usted sabe cuál es el problema en particular, puede identificarlo; si no lo sabe, puede solicitar simplemente a su lenguaje del alma que brinde las bendiciones curativas que sean apropiadas y más necesarias en ese momento. Quien tenga su tercer ojo abierto podrá observar áreas bloqueadas o que necesitan más luz y energía, haciéndole posible dirigir su solicitud a esas regiones del cuerpo. Si no puede ver esto, pídale simplemente a su lenguaje del alma: «Por favor dirige las bendiciones a dondequiera que las necesiten, según sea apropiado». Aun cuando tenga habilidades con su tercer ojo, siempre es buena idea solicitar a su lenguaje del alma que ofrezca las bendiciones que él sabe son las más apropiadas.

Decir «Por favor ofrece la bendición curativa a todo nivel: físico, emocional, mental y del alma» beneficiaría enormemente a sus clientes. Añadiendo esto después de haber identificado las zonas específicas que necesitan curación, hará sus bendiciones curativas mucho más efectivas y poderosas. También ayudará, de este modo, a sus clientes a progresar en sus sendas del alma a fin de que puedan tener profundas y poderosas transformaciones. ¡Y todo esto puede hacerse a distancia!

En caso de que usted haya practicado ya estas técnicas, el leer acerca de ellas en esta sección acrecentará sus habilidades. Como ya he mencionado varias veces en este libro, al momento de leer estas enseñanzas usted recibe profundas bendiciones. Estas bendiciones intensificarán sus capacidades curativas y la jerarquía de su propia alma. Cambiarán la calidad de sus capacidades curativas. Su comprensión intuitiva de esto lo llevará a otro nivel cada vez que lea esta sección. La luz, el amor, la compasión, el perdón y otras cualidades divinas vinculadas con su camino del alma y sus capacidades curativas alcanzarán una mayor vibración y una frecuencia más alta. Esta es una extraordinaria bendición para usted y para sus clientes.

El lenguaje del alma como servicio

El concepto del lenguaje del alma como servicio quizá sea nuevo para usted. De hecho, al usar su lenguaje del alma, está brindando un gran servicio, como ya he descrito en este libro. También me referí al lenguaje del alma como un servidor universal incondicional. En este capítulo explicaré con más detalle esta enseñanza debido a la gran importancia que tiene. Ojalá la tenga en mente. Cuanto más profundamente comprenda que el lenguaje del alma es un servidor universal incondicional, tanto mayor será el beneficio para usted y para otros. Los beneficios se multiplicarán, difundiéndose por toda la madre Tierra y más allá. Bendecirán incluso las vidas de muchos desconocidos.

El ofrecer esta clase de servicio es una bendición muy singular. Es virtud Yin, lo cual significa que no es percibido ni reconocido públicamente. La virtud Yin beneficia su camino del alma de una manera extraordinariamente generosa. Cuando sus actividades son reconocidas públicamente, aunque sea sólo por un puñado de personas, usted recibe así casi toda su recompensa. Cuando no son reconocidas abiertamente, usted recibe toda su recompensa en forma de un incremento de su virtud. Recibe asombrosas bendiciones. Además, a medida en que recibe más bendiciones, todos y todo los que se asocian con usted también recibirán más bendiciones. Esto es, a su vez, servicio y virtud adicionales. Probablemente no haya considerado esto, aunque es un ejemplo más de la extraordinaria generosidad de Dios.

Es también un ejemplo de la armonía y unidad existente entre todos los seres. Lo que sucede a un ser, puede influir a muchos otros. Cuando su camino del alma es el aspecto más importante de su vida, usted está proporcionando en realidad un gran servicio, pues todo lo que sucede en su camino del alma se difunde a muchos otros, no sólo a sus seres más cercanos, sino también a personas desconocidas que han vivido en otras épocas. Esto es parte del verdadero significado del servicio universal.

Cuando practica el lenguaje del alma y lo usa por el simple gozo y placer de usarlo, está asistiendo con ello a numerosas almas en su transformación a la luz. Muchos de ustedes que conocen el papel que desempeño como curandero universal divino, maestro y servidor, tienen una buena idea de lo extenso que es el servicio que ofrezco. Se difunde por todas partes, incluida la madre Tierra, nuestro universo, todos los universos y todas las almas (incluidos los santos de mayor jerarquía) en Jiu Tian (los nueve niveles del cielo conocidos por la mayoría de la gente y con los cuales se conecta) y Tian Wai Tian (el cielo más allá de Jiu Tian). Cuando usted se vincula y se asocia con mi misión, el servicio que ofrece también es difundido mucho más allá de donde llegaría si no estuviera conectado con mis enseñanzas.

Espero que esta enseñanza le ayude a comprender mejor la naturaleza y campo de acción del servicio universal. Cuando una nueva enseñanza se vuelve parte de su mente consciente, se convierte en una poderosa parte de aquello que usted hace. El uso del lenguaje del alma le ayudará a incorporar cada vez más conocimientos y sabiduría a su mente consciente. Le ayudará a abrir las puertas a una de las sabidurías más sorprendentes del universo. Lo puede conectar con una muy antigua y sagrada sabiduría nunca antes revelada. Adquirir esta sabiduría, vivirla y convertirse en ella misma constituye también un servicio que será difundido mucho más allá de su ámbito para ayudar a otros en sus sendas del alma y elevar la jerarquía de sus almas. Las posibilidades son ilimitadas pues cuando uno entra en el reino de los santos de más alto rango y de Dios, entra en el dominio de lo infinito.

Es bastante sorprendente darse cuenta de que cualquier cosa que haga en pro de su camino del alma también beneficiará a muchas otras almas. Este efecto secundario solo trae beneficios. Si todavía está tratando de hacer brotar su lenguaje del alma, espero que esta enseñanza lo inspire a continuar practicando. A estas alturas del libro, ya estará próximo a poder hacerlo, sin importar cuánto tiempo haya tratado de lograrlo. De hecho, casi todos ustedes con toda probabilidad ya puedan hacerlo. Si todavía no puede, le sugiero regresar a las secciones que describen cómo desarrollar su lenguaje del alma y recibir de nuevo las bendiciones allí contenidas. Cuando lo logre, abrirá el cofre del tesoro de todo lo que he descrito en este libro.

La comunicación con el Mundo del Alma.

En esta sección continuaré con las enseñanzas que empecé a impartir en el capítulo 1 acerca del significado y los beneficios obtenidos por la comunicación con el Mundo del Alma. Como es cierto en todo lo relacionado con el Mundo del Alma, resulta imposible darle una explicación completa. Abordaré aquí estas enseñanzas desde una perspectiva diferente: la del servicio.

Un aspecto del uso del lenguaje del alma vinculado con el Mundo del Alma desde la perspectiva del servicio es su empleo como medio curativo, según se describe en el capítulo 3. Otro de los aspectos de usar el lenguaje espiritual para el servicio es el de ofrecer bendiciones curativas a quienes han partido de esta vida. El uso del lenguaje del alma es un poderoso medio para ayudar a quienes ya han hecho esa transición. Cuando usted ofrece este tipo de servicio, es vital añadir la frase: «si es apropiado» o «para las almas que estén prestas a recibirlo».

Hay almas que tienen un karma tan gravoso que probablemente

no tenga usted suficiente virtud acumulada para ofrecerles bendiciones que se vinculen a su lenguaje del alma. A fin de evitar un drenaje de su virtud, es sumamente importante añadir una de las frases condicionales. También es necesario estar consciente de que cierta gente debe purificar su propio karma. No es apropiado interferir con el plan de Dios para ciertas almas. Los individuos que llevaron consigo karma al abandonar la madre Tierra, deben llevarlo durante un determinado período de tiempo. Debe comprender que el tiempo tiene diferentes significados en el Mundo del Alma. Esto puede parecerle muy duro, pero debe comprender que la agobiante carga del karma que cada alma lleva consigo constituye también una oportunidad para ellos de aprender importantes lecciones. Cuando un individuo tiene una deuda kármica que pagar, estas lecciones podrían ser aquellas que el individuo no ha aprendido durante su estancia en la madre Tierra.

Ciertos individuos no sólo no han aprendido sus lecciones, sino que también han elegido ignorarlas. Deben aprender esas lecciones para que puedan participar plenamente en su camino hacia la luz. En realidad, no es nada agobiador lo que Dios les impone; al contrario, es sumamente generoso de parte de Dios el seguir ofreciéndoles a esos individuos nuevas oportunidades de aprender las lecciones esenciales para su transformación hacia la luz y para elevar la jerarquía de sus almas. No es apropiado para usted ofrecer a estos individuos bendiciones vinculadas con el uso de su lenguaje del alma.

Tal vez esta enseñanza les resulte incómoda a algunos de ustedes o tengan toda una gama de otras respuestas. Ésta es una espléndida oportunidad para observar sus reacciones. Una vez más, les sugiero hacer lo que antes he sugerido en este libro. Hable en el lenguaje del alma asociado con su reacción y préstele mucha atención a todo lo que reciba. Obtendrá información sumamente útil y valiosa. Mucha de la información recibida se relaciona con el hecho de no tener ataduras.

Quienes tengan fuertes reacciones han sido particularmente bendecidos. Quienes no tengan una fuerte reacción ya han trascendido este tipo de ataduras y ya han sido bendecidos. Sea cual fuere el grupo al que pertenezca, o si se encuentra entre uno y otro grupo, recuerde lo que le dije acerca de las comparaciones. Si está teniendo fuertes reacciones, le sugiero nuevamente que regrese a la sección en que abordamos las ataduras, a fin de que se conviertan en una fuente de luz para usted.

Algunos de ustedes se sienten molestos en este momento y resisten vigorosamente mi sugerencia de regresar y releer esa sección. Tal respuesta es un perfecto indicio de que regresar a releer esa sección es exactamente lo que Dios y el Mundo del Alma entero le están pidiendo que haga. Podría también cantar en el lenguaje del alma hasta que alcance un estado de relativa calma y paz antes de regresar a esa sección. Cuando la relea, esa sección se tornará cada vez más parte de usted. Una vez recibidas nuevamente las bendiciones vinculadas con esas enseñanzas, podrá continuar leyendo esta sección.

Para concluir mis enseñanzas sobre las personas que tienen un karma muy gravoso, diré que hay maestros del alma en la madre Tierra en estos momentos cuya virtud es tan extensa y poderosa que Dios les ha dado la autoridad para ofrecer bendiciones de luz a aquellas almas que han partido de esta vida llevándose consigo un karma muy pesado. Dios no abandona a ningún alma. Sin embargo, los seres capaces de ofrecer este tipo de servicio deben haber recibido antes una autoridad muy específica. Si se pregunta si tiene o no esa autoridad, puede estar seguro de que la respuesta es no. Cuando una persona recibe esa autoridad, ésta le es otorgada de manera muy clara y directa; no habrá duda al respecto. Es muy importante tener esto claro. No basta con sentirse inspirado o que alguno de sus maestros le diga que puede hacerlo. Es necesario recibir un mensaje muy claro y poderoso de Dios. Es necesario tener una gran cantidad de virtud acumulada y un gran nivel jerárquico en el Mundo del Alma para poder ofrecer esta clase de servicio.

Si usted está pensando: «Pero yo recibí esta información durante mi meditación» o «Mi maestro del alma me dijo que hiciera esto», debería verificarlo nuevamente. No se puede hacer suficiente hincapié en la importancia de tener un extraordinario cuidado en todo lo relacionado con esto. Si usted no ha recibido la autoridad para hacerlo y no tiene suficiente virtud acumulada, el efecto que esto tendría en su vida podría ser gravísimo. Pudiera drenarlo de tal manera que acabaría cayendo gravemente enfermo. Preste suma atención a esta enseñanza; tómela con gran seriedad.

La comunicación con la madre Tierra

Mediante el lenguaje del alma, es posible comunicarse con todo aspecto de la creación. Usted puede ofrecer un servicio usando esta forma de comunicación con la madre Tierra y el más allá. Describiré en el resto de este capítulo diversas maneras de hacerlo. Si ya está practicando estos enfoques, apreciará estas enseñanzas en particular. Cuando lea estas páginas, recibirá bendiciones que elevarán su servicio a un nivel superior, al igual que las inspiraciones recibidas durante sus prácticas.

Quizá estas ideas sean nuevas o inusuales para usted. Tal vez no ha pensado antes en estas posibilidades. A lo mejor, al leer estas enseñanzas, dice para sí mismo: «¡Por supuesto!». Puede tener la sensación de que le resultan familiares, o tal vez sienta placer y regocijo al contemplar estas posibilidades. Cualquiera que sea su respuesta, recibirá poderosas bendiciones que le ayudarán a producir una mayor transformación en su persona, así como en sus respuestas y en sus prácticas.

Tal vez no haya considerado previamente estas formas de usar el lenguaje del alma para bendecir y ofrecer un servicio a la madre Tierra. Es muy importante ofrecerle bendiciones, al igual que recibir bendiciones de ella, especialmente en estos tiempos para ayudarle en su transición y purificación de poderosas maneras. Las bendiciones que nuestro querido pequeño planeta reciba de quienes usen el lenguaje del alma serán asombrosas.

Cuando usted usa el lenguaje del alma para comunicarse con la madre Tierra, hace conexión con aquellas de sus partes que requieren curación. Puede ofrecer bendiciones a aquellas zonas que padecen conflictos políticos o religiosos, o algún desastre natural. Ofrecer bendiciones curativas mediante el lenguaje del alma beneficiará enormemente a estas zonas, pues este lenguaje vincula a la madre Tierra y sus necesidades con los niveles más altos del Mundo del Alma.

Puede ofrecer bendiciones curativas a todas las zonas de la madre Tierra que los seres humanos han dañado. Hay zonas, por ejemplo, donde la contaminación es tan extrema que el agua no es potable sin antes verse sometida a extensos procesos de purificación. Ofrecerle bendiciones curativas al agua sería un gran acto de servicio.

Probablemente pueda hacer una larga lista mental de varias formas de contaminación presentes en la madre Tierra. Al ofrecerle bendiciones curativas a cualquiera de estas zonas contaminadas será de gran beneficio para nuestro querido pequeño planeta. La madre Tierra sentirá una profunda gratitud que resonará por todo el planeta al recibir estas bendiciones curativas. Esta forma de servicio es un don y una bendición singulares que se asocian con el lenguaje del alma.

Ahora, ofrezcamos juntos tal bendición. Piense en una entidad contaminada (un lago, un río, una zona de tierra, una empresa, etc.) que se encuentre en sus cercanías.

> *Queridos alma, mente y cuerpo de* (nombre la entidad contaminada), *yo te amo.*
> *Tienes el poder para curarte a ti misma.*
> *Queridos esfera divina de la luz dorada y manantial dorado del lenguaje divino del alma y mi querido lenguaje del alma, yo los amo. Los honro y los aprecio.*
> *Por favor, ofrézcanle una bendición curativa a* (la entidad) *como corresponda en este momento.*
> *Les estoy muy agradecido/a.*

Cante su lenguaje del alma durante unos cuantos minutos y concluya de la manera usual.

Otro ejemplo más de la manera en que los seres humanos han

dañado a la madre Tierra es mediante la explotación de sus recursos minerales. Aunque en gran parte haya sido hecha inconscientemente, no se hizo un estudio suficiente a los resultados a largo plazo. En la mayoría de los casos, la explotación minera ha dejado tremendas cicatrices y heridas abiertas en la madre Tierra. Estas situaciones requieren de enormes curaciones, en cuyo caso es muy eficaz usar el lenguaje del alma.

Cuando ofrezca bendiciones curativas a la madre Tierra, le sugiero que también incluya a todas las personas que hayan sido parte del proceso que causó este daño o contaminación. Si se sintiera irritado pensando en lo que le ha pasado a la madre Tierra, permítame sugerirle que lea nuevamente la sección sobre el perdón incondicional y asuma el estado de perdón universal incondicional. No practique el lenguaje del alma ni trate de ofrecer bendiciones curativas cuando esté irritado; deténgase y practique primero lo que le he enseñado acerca de asumir el estado de perdón universal incondicional. Sólo entonces podrá continuar ofreciendo bendiciones curativas. Tanto usted como la madre Tierra resultarán enormemente beneficiados.

Otro ejemplo de las necesidades curativas de la madre Tierra es la congestión existente en muchas zonas. Grandes superficies de la madre Tierra han sido asfaltadas y terrenos de cultivo se han convertido en urbanizaciones. En algunos de estos proyectos de urbanización, se han construido casas excesivamente grandes, algunas de ellas tan enormes que no es posible realmente describirlas como viviendas de familia. Son algo enteramente diferente. El peso que ejercen sobre la madre Tierra es enorme. Tal como dije antes, sería muy bueno incluir a todos los que participan de estos proyectos en su curación.

Estos son algunos ejemplos de comunicación con la madre Tierra para enviar bendiciones curativas a las zonas o situaciones que requieren curación. Es muy honda la necesidad de curación. En algunos casos, esta necesidad ha existido por cientos o incluso miles de años. Dado el profundo y largo historial, la curación tomará más de un día o dos, o aun varias semanas o meses, pero tenga en mente que su curación se verá acelerada más de lo que usted se imagina con el uso del lenguaje del alma.

Además de las bendiciones curativas que ofrezca a la madre Tierra, puede usar el lenguaje del alma para comunicarse con aquellos aspectos de la madre Tierra que le proporcionan un gran placer. Puede pedir también bendiciones curativas de ellos. Por ejemplo, si quiere ser fortalecido, puede comunicarse con las montañas vía el lenguaje del alma. Puede conectarse con el alma de la fuerza de las montañas para recibir sus bendiciones. Si desea tener más alegría y gozo en su vida, podría usar el lenguaje del alma para conectarse con el alma de aquellas partes de la madre Tierra en particular que le proporcionan un gran placer, tales como la belleza de la salida o la puesta del sol, la variedad de flores que crece en ella o la belleza del canto de los pájaros. Hay ilimitadas posibilidades.

Elija las que le proporcionan el mayor placer. Conéctese con su belleza, gozo y regocijo. Comuníquese a través del lenguaje del alma para volverse uno con el alma de la puesta del sol, el canto de los pájaros o la magnificencia de las flores en ciernes. El hacer esto es una forma de asumir ese estado. Asuma el estado del gozo y la belleza de la puesta del sol; conviértase en esa belleza misma. Cuando hace esto mediante el lenguaje del alma, se maravillará de la transformación resultante.

La belleza tiene tantos niveles y capas porque la belleza de la puesta del sol, de las flores y del canto de los pájaros está conectada con toda la gratitud de todos los que han experimentado esa belleza, ese júbilo y, en algunos casos, ese éxtasis. Cuando usted asume el estado de la belleza de la puesta del sol, recibe las bendiciones de todas esas almas y no es sólo usted quien resulta beneficiado, sino que todos estos beneficios regresarán también a la madre Tierra. Se puede decir que éste es un reciclaje, cosa que tal vez sea nueva para usted y que lleva consigo bendiciones, luz y regeneración que sobrepasan su capacidad de imaginación.

También puede servir a la madre Tierra usando simplemente su lenguaje del alma por el puro deleite y gozo de hacerlo. Cuando lo usa de esta manera, está conectándose con la madre Tierra a través de su lenguaje del alma para estar en armonía con ella. Ésta es una profunda y poderosa conexión, gracias a la cual recibirá profundas y transformadoras lecciones y enseñanzas. De esta manera, puede comunicarse con todo en esta Tierra, o con algunos aspectos en particular, tales como los ríos, las montañas, los árboles y los animales.

Quizá note que su lenguaje del alma cambia. Cuando usted está en armonía con las montañas, recibe un tipo de lenguaje del alma. Cuando está en armonía con los arroyos o las cataratas de agua, recibirá otro tipo de lenguaje del alma. Cada tipo de lenguaje del alma le proporcionará bendiciones y enseñanzas diferentes. Usted también le estará ofreciendo las bendiciones que ese aspecto en particular necesite, aun cuando no haya sido su intención ofrecerlas. El ofrecer bendiciones es un beneficio automático del lenguaje del alma.

El lenguaje del alma es una forma única de comunicación con la madre Tierra. Es una forma única de impartirle bendiciones. Una forma de conectar a la madre Tierra con los niveles más altos del Mundo del Alma y con todo lo existente más allá de la madre Tierra. Estas conexiones traen consigo poderosas y profundas bendiciones que ayudan a elevar a la madre Tierra a una vibración y frecuencia más fuertes para conseguir su bienestar, salud y curación. La conexión del lenguaje del alma con el Mundo del Alma entero es un particular acto de bondad que usted puede ofrecer a nuestro querido y pequeño planeta.

La madre Tierra tiene enormes necesidades en estos momentos, por lo que se beneficiaría de gran manera recibiendo estos bondadosos actos. El usar el lenguaje del alma para ayudar a la madre Tierra es un acto de gran bondad y una muy alta forma de servicio. Es un acto de bondad particular el obsequiarla con estos actos en respuesta a todos los dones que ella nos ha dado en abundancia a través de los siglos. Es como si estuviéramos mostrando a nuestras madres físicas nuestro respeto y aprecio. Este tipo de servicio está vinculado con una virtud de una cualidad muy particular. Cuando Dios y el Mundo del Alma entero reciben este servicio, éste será bendecido, multiplicado y devuelto a usted, y ejercerá ciertamente una gran diferencia en la jerarquía de su alma. También incrementará el poder de las bendiciones que usted imparte a través del lenguaje del alma. La maravilla de ofrecer este tipo de servicio es que los beneficios para la madre Tierra serán verdaderamente asombrosos.

Es verdaderamente un gran honor y privilegio hacer esto por la madre Tierra.

La comunicación más allá de la madre Tierra

Usted puede comunicarse con los planetas, las estrellas y otros universos a través del lenguaje del alma. Puede comunicarse con el espacio que rodea a la madre Tierra; puede comunicarse con el espacio existente entre los planetas y las estrellas; puede comunicarse con el espacio existente entre todos los universos y más allá.

El comunicarse con los planetas, las estrellas y otros universos a través del lenguaje del alma lo beneficiará y bendecirá de una manera similar a la descrita en la sección anterior para la madre Tierra. Las necesidades de curación de los planetas, las estrellas y los universos son similares a las necesidades de nuestro planeta. Lo mismo es cierto acerca de las bendiciones recibidas.

En esta sección ofreceré una enseñanza sobre los espacios. Para gozar de buena salud, es necesario que haya un libre flujo en los espacios del cuerpo humano y que tengan plena luz. Lo mismo es cierto para los espacios alrededor de la madre Tierra y más allá. Esto es cierto para cualquier espacio. Cuando el espacio está libre, se convierte en la presencia de la luz. Esta luz puede entonces circular de manera que pueda promover la salud. Tal vez le resulte extraño hablar sobre la salud del espacio más allá de la madre Tierra, nuestro sistema solar y nuestro universo, pero esto es algo muy importante. Para apreciar mejor el significado de estas cosas, le daré algunos ejemplos con los que quizá esté más familiarizado.

Piense en la atmósfera alrededor de la madre Tierra. En estos tiempos de la historia de nuestro querido planeta, nuestra atmósfera se encuentra altamente contaminada. Quienes viven en áreas densamente pobladas pueden notarlo en el aire, cuya contaminación a veces hasta es posible oler o degustar. Esto no debe ser así en absoluto. Cuando los que viven en zonas muy congestionadas visitan zonas menos densamente pobladas, notan una obvia y extraordinaria diferencia en el aire. Su cuerpo entero responde favorablemente al respirar este aire puro.

Este ejemplo le da una idea de lo que significa decir: «La atmósfera debe limpiarse». Literalmente, todo lo que contamine el aire en nuestro medio ambiente debe transformarse. El aire debe ser puro otra vez. Todo aquello en el medio ambiente que sea causa o resultado de la contaminación es similar al exceso de energía almacenado en el cuerpo. Cualquiera que fuere lo que bloquea el espacio en nuestra atmósfera, debe transformarse en energía y luz. A medida que se lleva a cabo este proceso, el aire en torno a la Tierra volverá nuevamente a ser puro. El espacio alrededor de la Tierra se volverá puro y libre.

Cuando usted se comunica con nuestra atmósfera, puede ofrecerle bendiciones curativas a través de su lenguaje del alma. Este es uno de los actos más poderosos que cualquiera puede hacer en beneficio del medio ambiente. El proyecto ambiental del lenguaje del alma para la curación de la atmósfera es un medio muy poderoso y con efectos inmediatos. A medida que esto sucede, el espacio se convierte en la presencia de luz y energía divinas. Cuanto más libre esté el espacio, más fácilmente circularán esta la luz y energía divinas de manera equilibrada alrededor de la Tierra. Cuando esto suceda, se transformará dramáticamente la salud de la madre Tierra.

Sería maravilloso si los diversos grupos ambientales pudieran apreciar el significado y poder del lenguaje del alma. Si aunaran el uso de este lenguaje a sus actividades, lograrían asombrosos resultados. Sus actividades son expresiones del Yang. El lenguaje del alma es una expresión del Yin. Si estuvieran tanto el Yin como el Yang presentes, el impacto de los grupos ambientales incrementaría enormemente, a la vez que se transformarían las experiencias de sus miembros.

En el futuro, es muy probable que varios grupos ambientales incluyan el lenguaje del alma como parte de su programa. Esto cambiará significativamente las organizaciones actuales y sus actividades. Sus miembros usarán el lenguaje del alma para la organización de todas sus actividades. Sus proyectos y el medio ambiente resultarán profundamente beneficiados.

Las fuentes usuales y los resultados de la contaminación no son las únicas cosas que obstruyen el aire alrededor de la madre Tierra. Hay otras cosas que crean bloqueos, tales como los nuevos satélites y naves espaciales enviados a orbitar en el espacio exterior alrededor de la madre Tierra. El proceso de transformación de estas enormes máquinas requerirá un nivel de virtud y luz que poca gente ha desarrollado hasta estos momentos. Es posible transformar esos objetos, pero únicamente los que han acumulado la virtud requerida para ello podrán hacerlo. Aun cuando no podamos transformar completamente este detrito espacial, es muy importante que les enviemos bendiciones curativas usando el lenguaje del alma.

Como mencioné antes, cuando usted usa el lenguaje del alma para ofrecer una bendición curativa, la virtud de todo el Mundo del Alma recae en quien la recibe de la manera más apropiada. Esto es sumamente poderoso. Tal vez se esté preguntando: «Si el Mundo del Alma entero está ayudando, ¿por qué razón no es posible para cualquier persona provocar la transformación que necesitan esas naves espaciales que se han quedado orbitando en el espacio sin rumbo específico?» La respuesta es, en realidad, muy sencilla. La forma de responder del Mundo del Alma depende de la jerarquía del alma de la persona que pide. Cuanto más alta sea su jerarquía del alma, tanto más poderosamente responderá el Mundo del Alma a su petición y a su lenguaje del alma, y tanto más poderosa será su participación en las bendiciones dadas a través de su lenguaje del alma.

Cualquiera que fuese la jerarquía de su alma, el mandar bendiciones al espacio alrededor de la madre Tierra y aun más allá valiéndose

de su lenguaje del alma es un servicio extraordinariamente importante. No obstante, debemos recordar siempre que: *el trabajo es suyo;
los resultados pertenecen a Dios, a lo Divino y a todo el Mundo del Alma*. Es
muy importante tener esto presente en los días venideros de transición y purificación de la madre Tierra. Lo más importante es servir
en calidad de servidor universal incondicional.

Teniendo como base el ejemplo de la contaminación y las obstrucciones en la atmósfera alrededor de la madre Tierra y más allá, usted
puede apreciar la necesidad de librar de obstáculos los espacios que
se encuentran más allá del sistema solar —los espacios en todo nuestro universo y en otros universos. Probablemente haya visto fotos de
la contaminación y los artefactos hechos por el hombre rondando por
la atmósfera, por lo que no debe ser muy difícil imaginarse el proceso
de transformación que puede suceder a través del uso del lenguaje
del alma.

Es más difícil imaginarse la transformación de los espacios existentes más allá de la madre Tierra. Estos espacios son tan vastos y
aparentemente tan remotos que pudiera usted no tener idea de las
clases de contaminación que hay en ellos. Simplemente transfiera la
imagen que tiene de la contaminación en torno a la madre Tierra y
nuestro sistema solar, y aplíquela a todos los espacios que se extienden más allá. Las formas de contaminación pudieran ser diferentes,
al igual que las formas de obstrucción, pero eso no tiene importancia.
La esencia de esta enseñanza es que deben librarse de obstáculos
todos los espacios y que el lenguaje del alma es la forma de participación más poderosa de que disponemos para ofrecer este servicio.
Una vez libres, la salud de cada planeta, estrella y universo —todo lo
existente— empezará a mejorar. Éste es un descubrimiento extraordinario.

Generalmente pensamos sólo en términos de la madre Tierra. Es
muy importante pensar más allá de estos límites. Cuando comience a
hacerlo, usted entra a otro aspecto de lo que significa ser un servidor
universal incondicional. Sus posibilidades de servir no están limitadas al lugar en donde vive o a quienes conoce; son universales. Se

extienden más allá —mucho más allá— de la madre Tierra. El ofrecer este servicio verdaderamente universal ocasiona los más asombrosos avances en la salud física, emocional, mental y del alma de toda criatura viviente en la madre Tierra, así como la de todos en los planetas, estrellas y universos más allá de la madre Tierra. Ofrecer un acto de servicio para librar los espacios de obstáculos ofrece también un poderosísimo servicio que se difunde tan lejos que resulta imposible imaginar su alcance.

El ayudar a librar los espacios de obstrucciones es una bendición muy singular. Cuando están libres los espacios no sólo está presente la luz, sino que también se mejora la salud de todos los habitantes de otros planetas, estrellas y universos, a la vez que se hace presente la cualidad del *vacío*. Si usted tiene cierta comprensión o experiencia del término *vacío*, puede apreciar que esta palabra no significa aquí lo que normalmente significa. El vacío significa la presencia de Dios. Una vez librados los espacios de obstáculos y ya transformados, se llenan de luz y energía divinas, se convierten en la presencia de Dios. Se convierten en el *vacío*.

Al suceder esto en la madre Tierra y más allá, las sendas del alma en todos los universos de aquellos seres en forma humana y en otras formas se verán transformados dramáticamente. Esta es una forma de servicio sumamente bendecida. Cuando sirva de esta manera, es importante incluir también la frase que sugerí previamente: «si es apropiado» o «para aquellos espacios que estén listos para recibir esta bendición curativa». El añadir una de estas frases le permite ofrecer el servicio adecuado, según la virtud que usted haya acumulado. El librar estos espacios ayuda a la purificación plena de la madre Tierra y de todo lo existente más allá de ella.

Cuando los espacios entre los planetas, estrellas y universos hayan sido librados de obstáculos, la salud de todo lo existente mejorará. Le recuerdo de nuevo que piense en términos del cuerpo humano. El espacio dentro de una célula, los espacios intercelulares, los espacios entre los diversos órganos y los espacios más grandes dentro del cuerpo humano necesitan ser librados de toda obstrucción. Cada uno de estos espacios, ya sea grande o pequeño, ejerce influencia sobre los otros. Lo mismo ocurre con los espacios alrededor de la madre Tierra, más allá de la madre Tierra, por todo el universo y en todos los universos. Lo que sucede en un espacio, ejerce influencia en otros espacios y los afecta.

Si el concepto de los universos más allá de éste le resulta demasiado difícil de aceptar en estos momentos, está bien. Simplemente imagínese este universo y dígase a sí mismo: «Sé que existen otros». No trate de forzarse a aceptar o apreciar plenamente esta percepción en este momento. Diga simplemente: «Sé que existen otros» para que esta percepción se vuelva poco a poco y de manera gradual y natural parte de su propio ser.

Cuando usted ofrece un acto de servicio más allá de la madre Tierra, está haciendo todo lo descrito para ella y ayudando a librar el espacio de obstáculos. Estos dos enfoques son muy importantes. Además de servir ofreciendo bendiciones curativas, uno puede usar el lenguaje del alma para disfrutar la posibilidad de estar en armonía con todo lo existente más allá de la madre Tierra. Usted puede recibir enseñanzas y sabiduría de más allá de la madre Tierra, lo cual es también una forma de servicio. Cuanto más enseñanzas y sabiduría reciba e implemente en su vida, mayor será su transformación y más se elevará la jerarquía de su alma.

Probablemente se haya dado cuenta ya de que *cualquier* cosa que haga puede ser un acto de servicio. Una vez que asuma la condición de ser un servidor universal incondicional, cada aspecto de cada parte de su vida diaria tendrá la posibilidad de ofrecer servicio. Es una maravilla poder darse cuenta de esto pues, en consecuencia, usted podrá modificar todos sus actos y hacerlos de una manera muy diferente. También se transformarán las respuestas que le dé a todas las cosas de su vida. Llegará a apreciar el gran honor y privilegio que constituye el ser un servidor universal incondicional.

La traducción del lenguaje del alma

hora que ha comenzado a hablar el lenguaje del alma, estoy seguro de que querrá entenderlo. En este capítulo, me siento honrado de enseñarle cómo traducir el lenguaje del alma. También le ofreceré un programa divino para mejorar su capacidad de traducir el lenguaje del alma.

Todo lo que he dicho sobre el lenguaje del alma y sus infinitas posibilidades podría ayudarlo ahora a comprender cuán extremadamente importante es la capacidad de traducirlo. El comunicarse con el alma de las enseñanzas y el alma de la sabiduría en este libro puede ser algo transformador. Sin embargo, esta transformación es limitada. La capacidad para traducir el lenguaje del alma eliminará esos límites.

La importancia de traducir el lenguaje del alma

El lenguaje del alma es portador de sabiduría y conocimientos profundos del alma. Si usted puede traducirlo, muchos secretos del alma le serán revelados. Puede usar su lenguaje del alma para comunicarse con santos y otros padres y madres espirituales de alto nivel en el cielo. Puede usar el lenguaje del alma para comunicarse con Dios.

ADQUIERA SABIDURÍA DIRECTAMENTE DE DIOS A TRAVÉS DEL LENGUAJE DEL ALMA

Permítame demostrarle cómo puede usar el lenguaje del alma para adquirir sabiduría sagrada directamente de Dios.

Primero, hago la pregunta por la cual deseo recibir una enseñanza divina.

> *Amado Dios, me siento honrado de hablar el lenguaje del alma*
> *para hacerte una pregunta:*
> *¿Cuál es la importancia de traducir el lenguaje del alma?*

Luego, hablo el lenguaje del alma alrededor de un minuto. Cuando lo haya hecho, le pregunto a Dios:

> *Amado Dios, ¿podrías darme una respuesta a través de mi len-*
> *guaje del alma?*
> *Gracias.*

Luego, hablo de nuevo el lenguaje del alma por espacio de un minuto para recibir la respuesta divina.

He aquí mi traducción de la respuesta divina a través de mi lenguaje del alma:

> *Querido Zhi Gan, la traducción del lenguaje del alma es muy*
> *importante. Puedes entender mi enseñanza directamente a*
> *través del lenguaje del alma y su traducción. Puedes recibir*
> *mi bendición a través del lenguaje del alma y su traducción.*
> *Puedes entender directamente la sabiduría que te revelo.*
> *El canal del lenguaje del alma es puro y directo. Puedo transmi-*
> *tirle mi sabiduría a cualquiera que me pida algo valiéndose de*
> *su canal del lenguaje del alma. Pero debes saber traducir el*
> *lenguaje del alma. De otro modo, no comprenderás la sabidu-*
> *ría en absoluto.*

*A través del lenguaje del alma, ofrezco mi orientación directa a
la humanidad. Si te enfrentas a obstáculos en la vida, pídeme
a través del lenguaje del alma y te revelaré los bloqueos que
existen en tu vida. A través del lenguaje del alma, te orientaré
con mi sabiduría para deshacer todos tus bloqueos y transformar tu vida.*

*A través del lenguaje del alma, puedo ofrecer mi [poder de] cura-
ción a cualquiera. La traducción del lenguaje del alma puede
revelar el bloqueo que está en la raíz de los problemas de salud
de una persona.*

*El lenguaje del alma también puede transmitir mi bendición sa-
nadora y eliminar este bloqueo de la raíz.*

*El lenguaje del alma y su traducción también pueden ofrecer re-
juvenecimiento. A través del lenguaje del alma, puedes aprender a rejuvenecerte mejor y más rápidamente. La traducción
del lenguaje del alma le dará una explicación a todo lo que
preguntes.*

Aprecio profundamente la respuesta divina a través de mi lenguaje
del alma.

Gracias. Gracias. Gracias.

Al final de cualquier conversación con Dios mediante el lenguaje del
alma, recuerde siempre decir *gracias* tres veces para mostrar su gratitud.

Usted puede aprender a usar el lenguaje del alma de la manera
que acabo de demostrarle. Hágale a Dios una pregunta valiéndose
del lenguaje del alma y use el lenguaje del alma para recibir la respuesta divina.

Puede usar el lenguaje del alma para hacer cualquier pregunta de
cualquier santo, de cualquier buda, de cualquier ángel sanador y de
cualquier maestro ascendido. También puede recibir su respuestas a
través del lenguaje del alma. El lenguaje del alma es un importante

instrumento de comunicación espiritual para relacionarse con cualquier alma en el universo.

LA TRADUCCIÓN DEL LENGUAJE DEL ALMA ES LA BASE PARA ABRIR OTROS IMPORTANTES CANALES DE COMUNICACIÓN ESPIRITUAL

El lenguaje del alma es uno de los cuatro principales canales espirituales. Los otros son el canal de la comunicación directa del alma, el canal del tercer ojo y el canal del conocimiento directo. Con el canal de la comunicación directa del alma, usted puede tener una conversación directa con Dios y con cualquier alma del universo mediante su propio lenguaje físico. Con el canal del tercer ojo, puede ver imágenes espirituales que le permiten entender la orientación del mundo espiritual. Con el canal del conocimiento directo, usted simplemente *sabe* al instante la respuesta correcta a sus preguntas.

El lenguaje del alma es el canal espiritual fundamental. Si desea abrir y desarrollar sus canales de comunicación espiritual, abra primero su canal del lenguaje del alma. Después de que se abra su canal del lenguaje del alma y usted adquiera la capacidad de traducir su lenguaje del alma, el resto de sus canales espirituales se abrirá rápidamente.

La traducción del lenguaje del alma tiene niveles

Cuando usted traduce el lenguaje del alma, puede tener acceso a los verdaderos secretos del mundo espiritual. Le es dada una sabiduría que nunca ha tenido. La sabiduría que uno recibe a través de la traducción del lenguaje del alma puede compartirse con la humanidad para su beneficio.

Aunque esto es cierto, es cierto también que ninguna traducción del lenguaje del alma es completa. Usted recibe lo que usted y el nivel de su alma están preparados a recibir en ese momento. Por ejemplo, si hay tres personas que traducen el mismo lenguaje del alma, la esencia de cada traducción será la misma, pero los detalles específicos diferirán. Si reflexiona al respecto, esto tiene sentido. La jerarquía del alma de cada persona es diferente. La acumulación de virtud de cada persona es diferente. Debido a estas diferencias, las traducciones de cada persona ofrecerán diferentes detalles y diferentes niveles de significado. Cada traducción es correcta. Cada traducción proporciona importante información sobre el Mundo del Alma. Lo que es igual en cada una de ellas es la *esencia*.

Cuando usted traduzca el lenguaje del alma, es sumamente importante evitar cualquier tendencia a censurar o editar. Tan pronto lo haga, habrá dejado atrás la conexión con su alma; se habrá alejado de la verdadera traducción para entrar al mundo del raciocinio lógico. El raciocinio lógico bloquea completamente el proceso de traducción. Así como hablé previamente sobre cómo desarrollar su lenguaje del alma, debe aceptar totalmente y estar agradecido por todo lo que le dan.

Evite asimismo hacer comparaciones entre su traducción y la de otros. Evite hacer comparaciones entre las traducciones de otros. Evite decir: «la traducción de Susana es mucho mejor que la de Nancy». Todo lo que dije antes acerca de hacer comparaciones es igualmente cierto en el momento en que hace o escucha una traducción. Cuando traduce, usted está comunicándose de una manera diferente con el Mundo del Alma. Está recibiendo en su mente consciente sabiduría y enseñanzas que el Mundo del Alma le está presentando. Es esencial recibirlas en su mente consciente a fin de poder implementarlas en su vida diaria.

Cuando usted hace una traducción, la orientación que reciba es su propia orientación personal para su camino del alma. Puede ser también una orientación personal para las bendiciones curativas que usted ofrezca. Es extraordinario darnos cuenta de que las traducciones del lenguaje del alma son bendiciones muy especiales que le proporcionan una maravillosa gama de información, sabiduría y enseñanzas. Pueden provocar una poderosa transformación en todos los niveles de su ser. Las traducciones del alma son un don singularísimo del Mundo del Alma.

Cuando usted traduce su propio lenguaje del alma, tiene acceso a toda la sabiduría del universo, de Dios y de todo el Mundo del Alma. Esto es extraordinario. La generosidad de Dios y del Mundo del Alma nos deja verdaderamente asombrados. Podría decirse que la traducción es la llave que abre la puerta de la biblioteca que encierra la totalidad de la sabiduría y enseñanzas universales. Es la llave de acceso a nuestra capacidad para participar y aprender las enseñanzas y sabiduría divinas.

La traducción del lenguaje del alma es también un acto de servicio. Lo que recibe al traducir su lenguaje del alma se convierte en parte de la senda de su alma en todos los niveles, se convierte en parte de quien usted es para de esta manera poder, a su vez, servir a otros. Aquello que usted recibe se convierte en parte de su sabiduría. Puede ser integrado en sus enseñanzas a través de sus actitudes, maneras de pensar, creencias y comportamiento. Las traducciones del lenguaje del alma constituyen poderosas conexiones con Dios, con el Mundo del Alma y con la situación o asunto para el cual usó el lenguaje del alma. La capacidad para hacer estas conexiones es un poderoso medio de transformación.

El hecho de que nos es posible lograr esta cualidad de transformación es un espléndido don. Usted y todos los universos recibirán profundas bendiciones. Las cualidades de luz, energía, amor y perdón divinos, y todas las demás virtudes divinas se incrementarán significativamente. Las traducciones son también muy importantes para quienes están escuchando el lenguaje del alma pues no todos serán capaces de traducirlo. Las traducciones harán posible que cada persona se beneficie de estas enseñanzas y sabiduría. Sin estas traducciones, las sendas del alma de quienes no puedan traducir avanzarían más lentamente. Si uno fuera la causa de que el camino del alma de otro avance más lentamente, esto ocasionaría un grave karma —otra razón más de la importancia que tiene la traducción.

Hay otras razones que explican la importancia del lenguaje del alma, pero las que he mencionado le dan una suficiente idea de cuán esencial es su traducción. Piense en el símbolo Yin/Yang. El lenguaje del alma podría considerarse como Yin y la traducción como Yang. Es muy importante hacer la traducción, aun cuando usted fuera la única persona presente. Así como mencioné en el capítulo sobre la curación, si usted tiene la capacidad de transmitir a su cliente el mensaje que el Mundo del Alma tiene para él, su cliente participará más plenamente en el proceso curativo. Estas son algunas de las razones más importantes para traducir el lenguaje del alma.

¿Cómo traducir el lenguaje del alma?

¿Cómo se traduce el lenguaje del alma? En realidad es muy simple. Algunos de ustedes lo podrán traducir casi inmediatamente. Otros necesitarán volver a leer esta sección varias veces y practicar antes de poder desarrollar su capacidad para traducirlo. Lo primero y más importante es relajarse completamente. He explicado antes la importancia que tiene el estar relajado. Si es necesario, puede regresar a esa sección y releerla para recibir bendiciones nuevamente. Cuando la lea de nuevo, substituya las palabras *lenguaje del alma* por *traducción*. El estar relajado le permite comunicarse con Dios y con el Mundo del Alma de una manera muy poderosa. Cuando está relajado, su ego no está involucrado, lo cual es muy importante.

Algunos se sentirán impulsados a revisar, editar o censurar la traducción a medida que la reciben. Es absolutamente esencial evitar esos procesos. Tan pronto empiece a censurar o editar, dejará de recibir la traducción. Es igualmente importante mostrar su gratitud cuando se prepare a traducir. Estando relajado y agradecido por tener la oportunidad de recibir la información que Dios, los santos de mayor jerarquía, la enfermedad de su cliente, la naturaleza, la madre Tierra y más allá le proporcionan mejorará enormemente sus esfuerzos de traducción. Su gratitud le será bendecida, multiplicada y devuelta a usted.

FÓRMULA SECRETA PARA TRADUCIR EL LENGUAJE DEL ALMA

El canal del lenguaje del alma parte del Centro Mensajero, también conocido como el chakra del corazón, y eleva el torso central del cuerpo al cerebro. Ahora bien, permítame revelarle la fórmula secreta para traducir el lenguaje del alma

> *Queridos alma, mente y cuerpo de mi canal del lenguaje del alma,*
> *   los amo.*
> *Cuando hable el lenguaje del alma, ¿podrían enviar el mensaje*
> *   de mi Centro Mensajero a mi cerebro y a mi boca?*
> *Permítanme expresar el significado exacto de mi lenguaje del*
> *   alma.*
> *Gracias.*

Esta salutación es una llave de acceso a su capacidad para traducir.

PRACTIQUE TRADUCIR EL LENGUAJE DEL ALMA

Permítame ahora conducirlo a traducir su lenguaje del alma.

    Primero invoque a mi alma:

> *Querida alma del maestro Sha, por favor, ven a darme una ben-*
> *dición y a ayudarme a traducir mi lenguaje del alma. Gracias.*

Puede invocar también a cualquier santo y a cualquier padre o madre espiritual en el cielo. Puede invocar directamente la ayuda de Dios para que abra sus capacidades de traducción del lenguaje del alma:

> *Amado Dios, te amo, te honro y te aprecio. Por favor, bendíceme*
> *y ayúdame a traducir el lenguaje del alma. Gracias.*

Repita ahora la fórmula secreta:

Queridos alma, mente y cuerpo de mi canal del lenguaje del alma,
los amo.
Cuando hable el lenguaje del alma, ¿podrían enviar el mensaje
de mi Centro Mensajero a mi cerebro y a mi boca?
Permítanme expresar el significado exacto de mi lenguaje del
alma.
Gracias.

Después de esto, hable el lenguaje del alma por aproximadamente un minuto.

Luego comience a traducir.

Lo primero que debe hacer al comenzar a traducir es repetir la primera palabra que le venga a su mente consciente. No importa si esta palabra es parte de una oración o no. No importa si esa palabra es un mensaje del alma elevado o no. Para algunos, la primera palabra recibida al empezar a traducir fue «el/la». Es vital estar dispuesto a decir «el/la» y permitir luego que venga lo que venga. Uno debe asumir un estado de total confianza al empezar a traducir. Cuando esté dispuesto a confiar en cualquier palabra que reciba y de repetirla en alto, ése será el comienzo de su capacidad para traducir.

Algunos pasarán por el proceso de sentirse incómodos, o inseguros de si es su mente lógica la que está haciendo la traducción. Otros no creerán lo dicho en la traducción. Asegúrese de evitar estos escollos.

El comienzo del proceso de desarrollar este don que es el poder de traducir será algo lento en la mayoría de los casos. No se sienta ansioso ni desilusionado. Tómese su tiempo. Entretenga la posibilidad de que pudiera recibir solamente una o dos palabras. Considere lo recibido como si fuera un precioso don, porque eso es exactamente lo que es. Si uno recibe la palabra «amor», esta única palabra está conectada a volúmenes y volúmenes de sabiduría. No se decepcione; no piense: «Recibí solamente la palabra amor» o «Recibí una palabra solamente». En lugar de pensar eso, debe asumir el estado del amor universal incondicional. Piense en el gran honor que es el recibir una palabra. Piense en lo privilegiado que es usted por haber sido elegido para recibir la palabra «amor». Piense en lo privilegiado que es usted por haber recibido la palabra «el». Lo mismo es igualmente cierto para cualquier palabra que usted reciba. Este es su propio mensaje personal de Dios y del Mundo del Alma. Recíbalo como tal. Recíbalo como un inestimable don.

Continúe traduciendo. Al mismo tiempo, no olvide mantenerse siempre relajado y estar agradecido, confiando en que cualquier cosa que reciba es la traducción correcta y el mensaje apropiado para usted en esos momentos. Muchos de ustedes no adquirirán inmediatamente pleno dominio de la traducción del lenguaje del alma. Practique a diario traduciendo el lenguaje del alma, idealmente más de una vez al día.

Practique una y otra vez. La capacidad de hacerlo le llegará de súbito.

Mientras usted habla el lenguaje del alma, otros pueden entender simultáneamente el significado de su lenguaje del alma. Si esto sucede, es una gran bendición. Algunos de ustedes estarán allí sentados pensando: «Yo no recibí nada; no recibí ni una sola palabra». Esos también han sido bendecidos. Si ésta fuera su experiencia, preste suma atención a cómo se siente. Aun cuando no haya recibido ni una sola palabra, su experiencia al tratar de traducir es, en sí misma, un cierto grado de traducción. Exprese esta experiencia en palabras.

Quizá haya sentido una gran paz. Quizá haya sentido una gran calma. Cualquiera fuese la experiencia que haya tenido, exprésela. Dígala en voz alta. Ése también es el comienzo de su capacidad para traducir su lenguaje del alma. Cuando lo hable, podría tal vez preguntar al Mundo del Alma: «¿Cuál es su consejo para mí hoy? ¿Cuáles son sus enseñanzas para mí hoy?» Preste atención a la respuesta, aun cuando ésta no sea en forma de oraciones, ni siquiera de una palabra. Si es un sentimiento, exprese ese sentimiento en forma de respuesta. Por ejemplo, su respuesta pudiera ser: «Mi muy querida/querido..., la enseñanza que tenemos hoy para ti es el amor» o «La enseñanza que tenemos hoy para ti es la paz». Con frecuencia, luego de decir esta oración, usted recibirá otra. De esta manera comienza a fluir su traducción, oración tras oración. Similarmente, si continuara recibiendo una palabra solamente, ponga esta palabra en una oración.

Otra posible oración sería: «Mi muy querida/querido…, nuestra enseñanza para ti hoy es el vivir en paz, sentir paz». Esta sería también una traducción enteramente correcta de su experiencia y una respuesta enteramente correcta a su pregunta. Si usted pidió consejo o dirección y recibió un fuerte sentimiento, entonces ese sentimiento es su respuesta. Si siente ansiedad o estrés cuando está haciendo la pregunta, entonces su oración podría ser: «Mi muy querida/querido…, el mensaje de hoy para ti es el de librarte de tu ansiedad, tu estrés, tu temor», cualquiera haya sido su experiencia.

Seguir el proceso que acabo de describir lo ayudará enormemente a desarrollar su capacidad de traducir el lenguaje del alma en forma de oraciones. Algunos de ustedes dirán: «Ni escuché ni sentí nada». Bueno, tal vez haya visto algo; a lo mejor vio una luz. Exprese esto en una oración: «Mi muy querida/querido…, la enseñanza de hoy para ti es el continuar tu trayectoria hacia la luz» o «Mi muy querida/querido…, la enseñanza de hoy para ti es que te encuentras en presencia de la luz». Expresando sus imágenes en oraciones de esta manera no significa que está «inventando» la traducción, sino que es una forma de expresar esas imágenes en palabras. Es, en realidad, el comienzo de una traducción que vendrá en forma de oraciones.

Algunos de ustedes se sentirán verdaderamente descorazonados porque se están diciendo a sí mismos: «No recibí ni una oración, ni una palabra, ni un sentimiento, ni una imagen». ¡Usted recibió bendiciones! Está cercano a lo que puede ser traducido como el «vacío», pero trate de asegurarse de que su sentimiento fue uno de estar verdaderamente en el «vacío» y no uno de nerviosidad, ansiedad, estrés o temor. Si usted estaba en un estado de no esperar recibir nada, entonces exprese esa respuesta en una oración como ésta: «Mi muy querida/querido…, nuestro don de hoy para ti es el estar en el vacío, el no esperar nada». Como usted puede ver, *cualquier cosa* que ocurra cuando comience a traducir lo ayudará en su proceso de traducción.

Cualquiera fuese su respuesta, acéptela por lo que es —un precioso don. Reconozca que ella es, de hecho, una forma de traducción. A medida que siga practicando, se desarrollará su capacidad para traducir en oraciones. Si ya es capaz de hacer esto, sus habilidades mejorarán y se desarrollarán continuamente. Al elevarse la jerarquía de su alma, la calidad y nivel de sus traducciones también mejorará.

Para aquellos que no recibieron ni palabras, ni sentimientos, ni imágenes, les sugiero lean de nuevo varias veces estas páginas. A medida que lean de nuevo esta sección, muéstrense abiertos a recibir las bendiciones contenidas en estas enseñanzas. Pidan a su Centro Mensajero que se abra totalmente. Continúen haciendo esto hasta que, con toda probabilidad, logren comenzar a traducir su lenguaje del alma.

Reciba la transferencia divina para mejorar sus capacidades de traducción

Permítame ofrecer la transferencia divina para expandir ahora su capacidad de traducir.

Prepárese. Reciba la transferencia divina. Luego practique. Su capacidad de traducir el lenguaje del alma podría ampliarse muy rápidamente.

> RELÁJESE TOTALMENTE. Abra su corazón y su alma. Siéntese derecho. Ponga la punta de la lengua tan cerca como pueda del cielo de la boca sin tocarlo. Cierre sus ojos por un minuto para recibir esta transferencia divina permanente.
>
> TRANSFERENCIA DIVINA: *Transplante del alma divina de la esfera divina de la luz dorada y manantial dorado de la*

capacidad de traducción del lenguaje del alma que fluyen del corazón y el alma de Dios hasta tu alma. ¡Descárgate en silencio!

Si su tercer ojo está abierto, puede ver la luz divina derramándose en su Centro Mensajero para despejar el camino de su canal del lenguaje del alma. Puede ver a Dios dándole flores, las cuales representan la virtud. Puede ver a los santos taoístas, a otros santos, a ángeles sanadores, a maestros ascendidos, a lamas, a budas, a gurús y a otros seres espirituales superiores que acuden de repente a su Centro Mensajero para brindar toda clase de bendiciones.

Ahora, hable el lenguaje del alma. No cuestione lo que significa. El significado acudirá de inmediato a su mente. Entenderá el lenguaje del alma porque el mensaje del lenguaje del alma fluirá desde directamente de su Centro Mensajero a su cerebro.

¿Cómo ocurre esto para usted? Dios le envía una bendición permanente en los párrafos que anteceden para expandir su capacidad de traducir el lenguaje del alma. No podemos honrar y agradecerle a Dios lo suficiente por otorgarnos este segundo don en este libro.

Para expandir y acrecentar su capacidad de traducir el lenguaje del alma, debe practicar. Practique traduciendo y practique con la transferencia divina de la manera siguiente:

> *Queridos esfera divina de la luz dorada y manantial dorado de la capacidad divina de traducir el lenguaje del alma, los amo, los honro y los aprecio. Por favor, expandan y aumenten mi capacidad de traducir el lenguaje del alma. Abran plenamente mi lenguaje del alma y el canal de traducción del lenguaje del alma. Gracias.*

Luego, cante su lenguaje del alma de tres a cinco minutos. ¡Hágalo ahora!

Conclusión:

Hao. Hao. Hao.
Gracias. Gracias. Gracias.

Practique con sinceridad y dedicación. Practique todos los días. Su capacidad de traducción del lenguaje del alma se expandirá y se perfeccionará rápidamente.

Beneficios para usted mismo

El desarrollo de su capacidad para traducir el lenguaje del alma trae consigo muchos beneficios. Estas bendiciones son infinitas. Las más obvias son las enseñanzas, sabiduría, consejos y lecciones dadas por el Mundo del Alma específicamente para usted. Pondere por un momento lo extraordinario que es esto. Es casi como si tuviera su propia sesión privada de consejos con Dios y el Mundo del Alma entero a su disposición en cualquier momento y en cualquier parte. ¿Hubiera usted pensado que tal cosa fuera posible?

Cuando traduce su lenguaje del alma, está recibiendo mensajes purísimos. La pureza de estos mensajes le ayudará en gran medida en su camino del alma. También le servirá de gran ayuda en su vida diaria. Cuando interrogue, puede preguntar sobre cualquier cosa. Puede hacer preguntas sobre su camino del alma. Puede asimismo preguntar sobre situaciones en su vida física. Puede preguntar cómo responder en una reunión a la que debe asistir. Puede preguntar cómo resolver problemas en su ambiente de trabajo o en otras áreas de su vida. Puede preguntar sobre cualquier cosa que tenga importancia para usted.

Podría recibir respuestas verdaderamente asombrosas. Serán respuestas que nunca hubiera podido encontrar usando su raciocinio lógico pero que le parecerán, al mismo tiempo, conocidas. Muchos de ustedes reconocerán la respuesta por ser la que su alma deseaba; simplemente no fueron capaces de traerla al nivel de su mente consciente. Es una extraordinaria bendición recibir esta clase de información. Puede facilitar, e incluso causar, directamente una profunda transformación en todos los niveles de su vida. Las respuestas que reciba a preguntas referentes específicamente a su camino del alma marcarán una gran diferencia para su alma y su sendero del alma. Las respuestas a preguntas relacionadas con su trabajo o su vida física también marcarán una gran diferencia en su camino del alma. Cualquier cosa que suceda en un nivel particular de su vida repercutirá en todos sus otros aspectos.

Es un extraordinario privilegio y honor recibir enseñanzas de Dios y del Mundo del Alma. Estas enseñanzas traen consigo bendiciones de una altísima calidad. Cuando usted usa y traduce el lenguaje del alma, el nivel jerárquico de su alma y su camino del alma se aceleran enormemente. Aunque todo esto es completamente cierto, también es cierto que Dios y el Mundo del Alma están muy ocupados atendiendo muchas cosas. En consecuencia, cerciórese de ser respetuoso al hacer sus preguntas. Es apropiado preguntar acerca de su vida diaria, pero no exagere.

Lo que quiero decir con esto es que ciertas decisiones deben hacerse usando su raciocinio lógico. Por ejemplo, si va a alguna tienda y quiere decidir cuál de dos tipos de incienso comprar, puede usar su raciocinio lógico. Si usa el lenguaje del alma y su traducción para asuntos tan triviales como éste, sería similar a estar importunando al Mundo del Alma. Es muy importante mantener una perspectiva equilibrada. Pregunte sobre aquellas situaciones en su vida diaria que le ayudarán en su camino del alma. Por ejemplo, pudiera solicitar un consejo sobre una experiencia difícil que esté viviendo, o pedir consejo para resolver algún problema importante en su vida. Preguntar qué clase de incienso comprar no cae en ninguna de estas categorías.

Algunos de ustedes pudieran responder: «Pienso que es importante usar el lenguaje del alma. Después de todo, estoy usando el incienso para mi altar. Me gustaría tener la clase de incienso que Dios y los santos de mayor jerarquía desearían tener». Esta declaración suena tal vez buena, como si el énfasis principal estuviera en Dios y los santos. Sin embargo, en realidad está conectada con su «ego».

Usar su raciocinio lógico para tomar una decisión en esta situación es algo enteramente apropiado y le recomiendo firmemente usarlo para todas estas clases de decisiones.

Creo que ahora ya se da cuenta y aprecia la increíble bendición que es el traducir su lenguaje del alma. Potencialmente, usted podría tener acceso a toda la información del universo. Además, puede traer esta información del nivel de su alma al nivel de su mente consciente. Esto beneficiará su vida diaria y, sobre todo, tendrá profundos efectos en su camino del alma.

Beneficios para otros

A medida que desarrolla su capacidad para traducir, no sólo se beneficiará usted de todas las maneras que he descrito, sino que también otros resultarán beneficiados. Se beneficiarán por supuesto al escuchar su traducción, pero probablemente no se den cuenta de que al escuchar su traducción están recibiendo bendiciones gracias a la transformación del camino del alma de usted y el aumento de su luz y su amor. Las enseñanzas y sabiduría que usted recibió pueden ahora pasar a ser directamente parte de la camino del alma de otra persona. Cuando la gente lo escucha, recibe la información apropiada para su nivel y su camino del alma. Esto significa que cada persona recibirá su traducción de manera ligeramente distinta, pues se adaptará y se ajustará a las enseñanzas que sus oyentes necesiten en esos momentos en particular en sus vidas. Esta es una grandiosa forma de servir.

Usted también puede beneficiar a otros traduciendo su lenguaje del alma, transmitiéndoles enseñanzas, sabiduría y bendiciones adaptadas específicamente a sus sendas del alma para que sepan concretamente qué es lo que Dios y el Mundo del Alma les desean comunicar. Un espléndido tesoro para ellos que marcará una gran diferencia en sus sendas del alma. Provocará en ellos profundos cambios en todos los niveles de su existencia.

Cuando traduzca para otros, se dará cuenta de que la información dada es siempre positiva. Dios y los santos de mayor jerarquía rara vez le dirán que no está haciendo un buen trabajo. Nunca recibirá mensajes diciéndole que no es una buena persona. Hago énfasis en esto porque existe la posibilidad de recibir un *mensaje falso* o una traducción falsa. No se preocupe por esto, es fácil reconocerlos. Por lo general, si la traducción crea una mayor armonía, paz, amor, perdón y todas las demás cualidades del servicio universal, entonces puede estar seguro de que es una traducción correcta. Sin embargo, si la traducción provoca desacuerdos o fomenta su ego o el ego de alguna otra persona, entonces se trata de una traducción falsa.

Un ejemplo de una traducción que fomenta su ego sería aquella que se centre en resaltar cuán grande o importante es usted. Esta es una clara señal de que no es una traducción correcta. No se alarme si esto le fuera a suceder; es parte del proceso, parte de su camino del alma. Si sucediera esto, diga simplemente: «Gracias, pero estoy consciente de que esta traducción no es correcta; es falsa y no voy a prestarle ninguna atención». Tras decir esto, continúe traduciendo.

Es una ayuda saber que es posible tener una falsa traducción. Sabiendo esto previamente a empezar a desarrollar su capacidad para traducir, o antes de que su capacidad llegue a otro nivel, le ayudará a evitar poner su enfoque en un mensaje falso, evitando así pérdidas de tiempo y esfuerzo al tratar de implementar un mensaje falso, uno que no está conectado verdaderamente al lenguaje del alma.

Aun cuando estas enseñanzas hayan sido dirigidas a usted, pueden aplicarse igualmente bien cuando traduzca para otros. Ocasionalmente recibirá una traducción falsa. Pregunte siempre a la otra persona si la información recibida le «suena» correcta: ¿Tiene sentido? ¿Siente que resuena en su camino del alma? Si la respuesta es afirmativa, sabrá que la traducción es correcta; si es negativa, entonces sabrá que se trata de una traducción falsa.

En ocasiones su traducción podría causar un sentimiento de incomodidad o molestia porque es una enseñanza indicadora de la necesidad de liberarse de ciertas ataduras de su ego. Pudiera asimismo estar conectada con una situación que requiera un perdón universal incondicional. Estas situaciones pudieran incomodar a la persona para quien esté traduciendo, pero al mismo tiempo, esta persona sentirá que algo resuena en su interior, reconocerá en algún nivel «Sí, esto es lo que necesito» en ese momento en particular de su camino del alma.

Hay una gran diferencia entre el sentimiento de incomodidad relacionado con este tipo de enseñanza y la incomodidad que uno siente al escuchar una falsa enseñanza. A medida que continúa practicando su lenguaje del alma y la traducción para usted mismo y para otros, reconocerá cada vez con mayor claridad cuándo se trata de una traducción correcta y cuándo de un mensaje falso; pero no pierda tiempo preocupándose por ello. Cuando comience a practicar, es suficiente estar consciente de que pudiera recibir un mensaje falso. El Mundo del Alma desea ayudarlo a progresar rápidamente en su camino del alma. Al principio no recibirá muchos mensajes falsos, ni tampoco se los darán cuando esté traduciendo para otras personas.

Cuando hice una referencia a los mensajes que fomentan su ego, me refería a cualquier mensaje en que le digan que usted es el mejor o el más grande. Dichas declaraciones provienen del ego, no son declaraciones del Mundo del Alma. Los mensajes enviados por el Mundo del Alma le dicen que usted es un ser muy querido y amado que ocupa un lugar singular donde la presencia de la luz divina desempeña un papel cada vez mayor en su vida y en las vidas de otros. Son declaraciones de afecto de parte de Dios y del Mundo del Alma, por lo que son muy diferentes de aquellas que sólo fomentan su ego.

Un indicio muy bueno, para usted y para quienes traduzcan, es la clase de respuesta que tienen. Cuando recibe traducciones que son mensajes de amor y aprecio del Mundo del Alma, usted y otros sentirán un sentimiento de gratitud, amor, devoción y otras cualidades positivas tales como paz, calma y confianza. Cuando los mensajes provienen del ego, sentirá un cierto grado de incomodidad, sentirá que, de alguna manera, el mensaje simplemente no concuerda con su camino del alma. Cuando usted u otra persona experimenten este tipo de respuesta, puede estar seguro de que la traducción no es correcta.

El traducir el lenguaje del alma para otros es un maravilloso privilegio y una gran ayuda en su camino del alma. También ejercerá una enorme diferencia en su propio camino del alma porque traducir para otros es una magnífica forma de servir. Tanto usted como los demás recibirán profundos beneficios.

Beneficios para el universo

La traducción del lenguaje del alma trae grandes beneficios también a la madre Tierra y más allá. Beneficia al universo entero. Cada vez que se transmiten nuevas enseñanzas y sabiduría, vienen todas las almas a escucharlas y recibirlas. Los santos de mayor jerarquía las bendicen. Todas esas almas que necesitan esas enseñanzas y sabiduría para poder progresar en sus sendas del alma las reciben con un júbilo y una gratitud inimaginables. Incluso algunas de las almas que se encuentran ahora en tinieblas se vendrán al camino de la luz. La oscuridad de algunas de esas almas en tinieblas será transformada en fortaleza. Estas almas se convertirán en compañeras y asistentes de la luz. Este será un extraordinario servicio.

Esta forma de servir hará una gran diferencia en todos los universos. Haga una pausa para reflexionar sobre el significado de esto. Traduciendo el lenguaje del alma, ya sea el suyo o el de otros, transmitirá las enseñanzas a innumerables almas, beneficiándolas. Toda alma que necesite este tipo de enseñanza y sabiduría en particular para progresar en su camino del alma vendrá a recibirlas, acelerando así su camino del alma. Se elevará la jerarquía de su alma. Este es otro ejemplo de la increíble generosidad de Dios; es otro ejemplo de las variadas formas de servir. Es un honor singular traer dones divinos que nos permiten una mayor participación en la luz, amor, perdón y todas las demás cualidades divinas de Dios mediante la traducción del lenguaje del alma.

Muchos que ya hablan y traducen el lenguaje del alma se sentirán encantados y algo sorprendidos de escuchar estas enseñanzas. Haciendo las traducciones, ustedes se convierten en maestros que ofrecen un tipo de enseñanza particularmente bendecido porque no es pública. Hay una extraordinaria cantidad de virtud Yin vinculada con este tipo de enseñanza.

Cuando usted traduce su propio lenguaje del alma o el de otros, recibe innumerables niveles de beneficios. A una mayor jerarquía de su alma, mayor será el número de almas beneficiadas en todo el universo, y mayores serán los beneficios que reciban. Si su alma tiene un alto nivel jerárquico, todas las almas a niveles más bajos y aun algunas al mismo nivel resultarán beneficiadas de sus traducciones. Es un honor singular poder transmitir este don de sabiduría y luz a todas las almas en todos los universos. Imagínese cómo incrementará su propia virtud cada vez que haga una traducción. La jerarquía de su alma aumentará también a un ritmo acelerado.

La calidad de la luz que usted reciba en todos los niveles de su ser aumentará significativamente. Apreciará una nueva sabiduría y discernimiento, cada vez en un nivel más alto. Todo lo recibido pasará a formar parte de su vida diaria. La sabiduría y las enseñanzas, la frecuencia y la vibración de la luz presentes en su alma, mente y cuerpo pasarán a formar parte de su ser.

Comenzará a notar en sus conversaciones que dice con frecuencia cosas sorprendentes, y se preguntará: ¿Cuál es la fuente de estos comentarios? ¿De dónde provino esa idea? Provienen de todas las enseñanzas y la sabiduría que su alma ha recibido. También provienen de la conexión con una sabiduría y enseñanzas de un nivel superior ahora disponibles y presentes en la madre Tierra y en todos los universos.

Quienes lo escuchen adquirirán una mayor capacidad para comprender y recibir lo que usted exprese gracias a que hay ahora una mayor fuente de sabiduría y enseñanzas presente en todos los universos. Es como entrar a un cuarto con aire acondicionado: en cuanto uno entra, se beneficia del agradable ambiente. Usted se encuentra rodeado de este ambiente sin tener que hacer ningún esfuerzo para recibir el beneficio. Este se encuentra simplemente allí para que usted lo reciba, aprecie y disfrute.

Todos estos beneficios en todos los universos pasan a ser parte de lo que usted llamaría el «ambiente del alma» de los universos. Usted recibe las bendiciones y beneficios de este ambiente más iluminado tan sólo por estar en él. ¡Cuán extraordinario y asombroso don de Dios y de todo el Mundo del Alma!

Partiendo de lo que he enseñado en esta sección, creo que muchos de ustedes aprecian mejor ahora la extraordinaria generosidad de Dios. Apreciarán cómo cada uno de nosotros recibe ayuda de diversas maneras en su camino del alma. Después de todo, Dios y todo el Mundo del Alma quieren facilitarle a cada uno de nosotros —a cada alma— lo más posible, a fin de acelerar nuestro camino hacia la luz. Desean que cada uno de nosotros esté cada vez más en una mayor armonía con la luz divina y con la luz de los santos de mayor jerarquía. Al conectarse con estas frecuencias y vibraciones elevadas de luz, se acrecienta su propia participación en la luz, el amor, el perdón y servicio. Al mismo tiempo, se eleva su nivel de conexión con Dios, con los más altos niveles del Mundo del Alma y con todas sus cualidades.

A estas alturas usted ha recibido ya suficiente información para ayudarlo a comprender y apreciar cuán poderosa es la traducción de su propio lenguaje del alma y el de otros. Los beneficios son indescriptibles. Es un profundo servicio el que brinda. Las enseñanzas y sabiduría que transmita son tesoros que serán recibidos con gratitud por innumerables almas. La gratitud de todas ellas hará acrecentar también su virtud. Cada vez que un alma recibe enseñanzas, sabiduría y luz, y expresa gratitud por ello, acrecienta su virtud. Estas almas no sólo recibirán las enseñanzas y sabiduría que usted les transmita, sino que también las bendecirán, algunas de ellas las multiplicarán, y Dios y el Mundo del Alma se las enviarán de regreso. Es realmente conmovedor saber cuán profundamente amado es usted y cuánto desean Dios y los santos de los más altos niveles del Mundo del Alma que se acelere su camino del alma.

Estos dones vinculados con la traducción del lenguaje del alma son profundos y transformadores. Haciendo la traducción le proporciona beneficios a diversos niveles y capas. Es un extraordinario honor, privilegio y servicio para usted hacer estas traducciones. Espero que quienes hayan empezado a traducir recientemente el lenguaje del alma cobren conciencia de la importancia de desarrollar esta capacidad, no sólo para sus sendas del alma, sino también para las sendas de innumerables almas.

Algunos de ustedes quizá experimenten esto como una abrumadora responsabilidad, o incluso como una carga. Esta es una forma incorrecta de pensar. De hecho, es perfecta evidencia de que usted ha entrado en el terreno del raciocinio lógico. A estas alturas ya se ha dado cuenta de que la forma de corregir el raciocinio lógico es el de asumir un estado de gratitud; así desaparecerá el sentimiento de que ésta es una responsabilidad muy grande.

He incluido aquí bendiciones muy especiales para aquellos de ustedes que han desarrollado su capacidad para traducir el lenguaje del alma, así como para quienes están ahora en proceso de desarrollar esa habilidad. Cuando usted lea de nuevo este capítulo, desarrollará más y más su capacidad de traducir. Deseo sinceramente que cada uno de ustedes sea capaz de traducir el lenguaje del alma, y que lo puedan hacer a niveles cada vez más altos. Usted es un ser muy querido y muy bendecido.

Gracias. Gracias. Gracias.

Conclusión

El lenguaje del alma es un don único y singular proveniente de Dios y de los niveles más elevados del Mundo del Alma. Los beneficios vinculados con este precioso don son extensos.

En el capítulo 5 donde se habla de la traducción, dejé en claro que también se obtienen extensos beneficios al traducir el lenguaje del alma —son literalmente inimaginables. El lenguaje del alma y su traducción son dones otorgados a muchos en estos tiempos porque la madre Tierra está experimentando una profunda transformación y purificación. Esta transformación y purificación se extienden más allá de la madre Tierra y más allá del universo. Toda bendición y luz enviada a través de sus esfuerzos ayudará en este proceso de transformación y purificación. No sólo participará usted en él, sino que también ofrecerá un servicio curativo y transformativo para otros.

Usted se comunicará con Dios y participará en algunos aspectos de la esencia divina que lo transformarán a usted y a innumerables almas. El participar en algunos aspectos de los santos de mayor jerarquía, en sus capacidades y dones, lo transformará a usted y a innumerables otras almas. Esto tendrá un magnífico efecto en su Registro Akáshico. Quienes tengan habilidades del tercer ojo podrán observar la calidad de luz que pasa a formar parte de su registro cada vez que usa y traduce el lenguaje del alma.

El sacar a la luz y continuar desarrollando su lenguaje del alma es una bendición y una forma muy especial de servicio. Lo mismo es cierto para la traducción del lenguaje del alma. Si ha leído este libro con un corazón abierto, comprenderá de una manera distinta a la que tenía antes de leer este libro. Aún más, todo su camino del alma se habrá transformado más de lo que usted se imagina. Las bendiciones que ha recibido a lo largo de esta sección han sido muy amables y, no obstante, muy poderosas.

Como dije al principio, *todo en este libro es una bendición*. No sólo las ideas y las enseñanzas, sino el libro mismo. Las páginas, las palabras, las letras, la puntuación e incluso los espacios son bendiciones amables y poderosas. Cada vez que lea cualquier parte de este libro, recibirá más bendiciones.

Ahora ya comprende y aprecia la idea de que cualquier bendición que usted recibe es, al mismo tiempo, un servicio que usted ofrece. Esto es realmente asombroso. Cuanto más servicio ofrece, más bendiciones recibirá. Este es un magnífico y generoso ciclo ofrecido por Dios. Cualquier cosa que haga, será incrementada y multiplicada. Varias tradiciones del alma tienen el entendimiento de que Dios no puede ser superado en generosidad. Después de leer este libro, confío en que usted entiende y aprecia a un grado mucho mayor la verdad de esta declaración.

Tal vez le resulte útil repetirse a sí mismo: «Dios no puede ser superado en generosidad». Esto significa, en parte, que cuanto más plenamente participe en la luz divina, tanto más generoso se volverá. Todo lo que haya leído en estas páginas es recibido, bendecido, multiplicado y devuelto a usted cada vez que ponga en práctica lo que le he enseñado.

Ha recibido enseñanzas, sabiduría y bendiciones. Todo lo que necesita hacer ahora es ponerlas en práctica. Cuanto más practique, más se desarrollarán su lenguaje del alma y su capacidad para la traducción. Si no ha sacado a relucir esa capacidad todavía, cuanto más practique, más dispuesto estará para ello. Le recomiendo que practique y que haga esta práctica parte de su rutina diaria. Deseo tanto que su práctica del lenguaje del alma y su traducción se conviertan en parte íntegra de su día como la de lavarse los dientes —algo que sucede automáticamente sin que tenga que destinar tiempo específico para ello. Usted ha recibido el gran honor y privilegio de usar y traducir el lenguaje del alma.

Quienes están leyendo esta sección también han sido elegidos para realizar el servicio que se ha venido describiendo. No es un accidente el que hayan sido elegidos para leer este libro. Después de todo, hay muchos otros libros que pudieran haber leído en lugar de éste. El hecho de haber elegido este libro, o en algunos casos, que el libro lo haya escogido a usted, constituye un mensaje de la importancia que tiene para usted el sacar a la luz y desarrollar su lenguaje del alma y su traducción.

Usted forma parte del equipo divino que creará la presencia de todo lo que se ha descrito y enseñado en estas páginas. Ha sido sumamente bendecido. Dios, los santos de mayor jerarquía y yo lo mantenemos tiernamente en nuestros corazones. Usted ha sido sumamente bendecido.

Gracias. Gracias. Gracias.

SEGUNDA PARTE

El canto del alma

El canto del corazón y el alma

6

¿Qué es el canto del alma?

Durante miles de años, los seres espirituales en muchas tradiciones han cantado mantras para curar, rejuvenecer y purificar sus mentes y cuerpos. Muchos mantras antiguos se usan extensamente hasta el día de hoy. Los mantras son poderosos tesoros e instrumentos espirituales que expanden nuestra trayectoria espiritual.

Los mantras se cantan a partir de la mente, aun si uno de los propósitos de cantarlos es liberar de la mente al que los canta, entrar en el vacío. Debido a que las sílabas y la melodía de un mantra son invariables, el cantar un mantra es orientar la mente. El canto del alma es el canto del alma de uno. Es el canto del lenguaje del alma. Tiene una orientación espiritual.

El canto del alma consiste simplemente de todas las melodías guardadas en su alma, las cuales saldrán a relucir en este tiempo. Los cantos que su alma cante diferirán según lo que haga o las circunstancias que lo rodeen. Usted pudiera también recibir solamente un canto que no cambie mucho. Pudiera recibir una combinación de estas posibilidades. Si su alma tuviera un determinado canto del alma que aparenta ser el propio en particular, se debe a que se repite mucho. Pudiera tener una variedad de cantos del alma que difieren de acuerdo con la ocasión. Sin embargo, no importa la manera como se manifieste el canto del alma a través de usted; lo único que importa es que pueda hacer brotar el canto de su alma, su canto del alma.

Para hacer que brote su canto del alma, debe evitar tener expectativas y ataduras pues ellas detendrán efectivamente esa posibilidad. He descrito en varios otros libros la forma de evitar tener expectativas y ataduras. En este libro le sugiero regresar a la sección sobre el lenguaje del alma, en la cual trato a conciencia el tema de las ataduras y las expectativas. No sólo encontrará allí enseñanzas bastante completas al respecto, sino que también recibirá poderosas bendiciones que allí se incluyen para ayudarle a liberarse de cualquier atadura o expectativa.

Lo más importante al leer esta sección es tener una actitud *jubilosa*. También es importante para usted mantener un corazón abierto. Con estas dos condiciones obtendrá extraordinario beneficio de las enseñanzas y bendiciones en esta sección.

Haga brotar su propio canto

Puesto que el canto del alma es el canto del lenguaje del alma, para estrenar su canto del alma, primero debe hacer brotar su lenguaje del alma. La mayoría de ustedes ya lo ha hecho a estas alturas. Si usted no lo ha logrado, continúe practicando y reciba las bendiciones que describo en el capítulo 2. Después que pueda hablar el lenguaje del alma, regrese a este capítulo para que brote su canto del alma.

¿Cómo logra que brote su canto del alma? Una vez que ha hecho brotar su lenguaje del alma, ¡resulta muy sencillo! Pídale a sus divinos tesoros que lo ayuden:

> *Queridos esfera divina de la luz dorada y manantial dorado del lenguaje divino del alma, queridos esfera divina de la luz dorada y manantial dorado de la capacidad divina de traducir el lenguaje del alma y mi querido lenguaje del alma, los amo, los honro y los aprecio. Por favor, hagan que brote mi canto del alma. Gracias.*

Queridísima alma, te amo, te honro y te aprecio. Me siento hon-rado y encantado de oír tu lenguaje del alma. Me sentiría honrado y me encantaría oír tu canto del alma. Por favor, entona tu canto a través de mi boca. Gracias.

Luego, comience a cantar su lenguaje del alma en voz alta. Déjelo que se convierta naturalmente en el canto del alma. Esto resultará más fácil de hacer que el lograr que brote su lenguaje del alma. Para muchos de ustedes, ocurrirá instantáneamente. ¡Hágalo ahora!

No piense en los sonidos que emita. No evalúe o analice las síla-bas, la melodía, el volumen o el timbre. Simplemente, ¡cante con el corazón! Cante por tanto tiempo como pueda. Puede sentirse tan encantado que no quiera parar. Su canto del alma puede ser tan her-moso que todas las almas en torno suyo presten atención.

¡Felicitaciones! Usted ha logrado que brote su canto del alma. No olvide concluir diciendo:

Hao. Hao. Hao.
Gracias. Gracias. Gracias.

En verdad tiene un nuevo y maravilloso tesoro por el cual estar agra-decido.

El canto y lenguaje del alma

Como he dicho, el canto del alma es el canto del lenguaje del alma. Es una evolución del lenguaje del alma. Todo lo que he enseñado antes en este libro acerca del lenguaje del alma y su traducción es cierto también para el canto del alma. No obstante, se puede considerar que el canto del alma está a un nivel superior al del lenguaje del alma. El canto del alma es una conexión exquisitamente pura con Dios y los santos de mayor jerarquía y del más alto nivel.

Muchos de los que reciben y sacan a relucir su canto del alma harán esto en forma de un sonido puro. Su canto del alma consistirá tan sólo de una melodía. Trascenderá toda palabra, incluso las palabras del lenguaje del alma. Algunos recibirán y sacarán su canto del alma en ambas formas, con música y letra. No tiene importancia; cualquiera que fuese lo que reciba, el canto del alma es un don maravilloso y poderoso. Le recuerdo de nuevo que es muy importante no tener expectativa ni atadura alguna en relación a la forma en que se manifieste su canto del alma.

El canto del alma es una conexión con frecuencias y vibraciones del Mundo del Alma, de los más altos niveles y de Dios nunca antes manifestado de una forma tan extensa. Aunque los cantos del alma han existido a través de los siglos, su presencia ha sido muy limitada. Actualmente, innumerable gente está recibiendo cantos del alma, algo que nunca antes había pasado. En La era de la luz del alma, les están siendo dados a las personas dispuestas a recibirlos. Estas personas provienen de todos niveles y grupos sociales. El canto del alma ya no es privilegio de grupo en particular.

El canto del alma les será dado a todos los que se comprometan a servir a Dios. Les será dado a las personas que tengan el sincero deseo de progresar en su camino del alma, y éstos tendrán la facultad de transmitirlo. De hecho, algunas de esas personas han estado cantando cantos del alma durante años sin estar conscientes de lo que hacían. Ahora los receptores de estos cantos cantarán y usarán este don de manera consciente. La mente consciente hará de esta experiencia y del uso de este precioso don algo mucho más poderoso.

La importancia del canto del alma

Cuando entone sus cantos del alma, estará vinculándose a Dios, los santos de mayor jerarquía y los más elevados dominios del alma de un modo muy eficaz. La importancia de hacer esta conexión es también muy eficaz. Nunca antes ha experimentado algo tan transformador. Su participación en la luz, el amor, el perdón, la compasión y la curación divinos ascenderá a un nivel enteramente diferente. Será una experiencia intensa, pero esa intensidad irá acompañada de un gran sentimiento de levedad y libertad.

La transformación que ha tenido lugar a través de su canto del alma acelerará su camino del alma de una manera extraordinaria. También acelerará extraordinariamente el camino del alma de otros. Las bendiciones y curaciones que ofrezca mediante su canto del alma serán muy eficientes. Aumentará exponencialmente en usted la luz y la energía divinas. Tanto usted como todo en la madre Tierra recibirán los más extraordinarios beneficios. Debido a que las conexiones con el Mundo del Alma y con Dios son de tan distinta calidad cuando entona el canto del alma, los beneficios recibidos y el servicio ofrecido también son de una calidad muy diferente.

Es difícil expresar adecuadamente en palabras el significado de este don. Después de todo, ya resulta bastante difícil describir una canción en palabras. En verdad, todas las enseñanzas en este libro podrían expresarse mediante el canto del alma mismo.

Al leer estas páginas tal vez puedan escuchar en sus almas, corazones y mentes una melodía que acompaña las palabras que están leyendo. Es la conexión con los cantos del alma de este libro, con sus enseñanzas y bendiciones y con sus propios cantos del alma. Si no tiene esta experiencia, está bien. Lo dicho anteriormente acerca de no tener ataduras ni expectativa alguna es muy importante aquí también. El evitar tener cualquier atadura o expectativa es lo que mantendrá abierta la posibilidad de que comience a escuchar la melodía que acompañe las palabras de este libro. Si no escucha ninguna melodía, está bien. La melodía sigue estando en su alma. Será liberada en el momento adecuado.

Otro aspecto de la importancia del canto del alma es la exquisita unidad y armonía que habrá cuando se reúnan todos los cantos del alma. Esta reunión puede suceder de diversas maneras. Puede suceder al nivel del alma. Gente de todas partes del mundo que esté cantando su canto del alma pasará inmediatamente a formar parte de esa armonía y unidad. La proximidad geográfica o física de unos con otros no es necesaria. En otras ocasiones, personas que viven en la misma área entonarán cantos del alma. También habrá grupos que se reúnan físicamente con el fin específico de entonar cantos del alma, de liberar esos preciosos tesoros para beneficio de la madre Tierra y lo que hay más allá.

Cuando suceda esta «reunión», se logrará un gran equilibrio de energías y de liberación de luz. El camino del alma de cada quien sufrirá una gran transformación. Muchos entrarán más plenamente en la luz. Muchos otros empezarán su camino del alma en el camino hacia la luz. Otros más se verán transformados, pasando de las tinieblas a la luz.

La transformación que se lleva a cabo a través del canto del alma es poderosísima, pero al mismo tiempo muy suave. Se sentirá como el flujo de una corriente cristalina de luz por todo su ser. Esta clase de transformación ocurrirá en todos los niveles para todos en la madre Tierra y más allá. Es un don especial de Dios para estos tiempos. La combinación del poder y la suavidad es algo muy importante, incluso necesario, para la madre Tierra y más allá. Es una combinación que proporcionará una gran fuerza, pero una fuerza moderada por la suavidad con frecuencia se manifestará como la integración de la fuerza y la compasión.

La transformación que tiene lugar a través del canto del alma será también una poderosa experiencia de la ley universal del Yin y el Yang. Esta ley universal ha existido a través de milenios, pero su presencia en La era de la luz del alma es diferente. En esta era será entendida, experimentada y vivida como no ha sucedido nunca antes. El canto del alma es un importante vehículo para esta nueva forma de experimentar la ley universal del Yin y el Yang. Podríamos decir que el canto del alma va a introducir verdaderamente la ley universal del Yin y el Yang a todos en la madre Tierra y más allá. El canto del alma hará presente esta ley de manera convincente para que todos la experimenten a plenitud en esta era.

Quienes reciban y liberen su canto del alma entenderán el significado de esta antigua sabiduría que ahora nos está siendo revelada.

Mucho de lo experimentado a través del canto del alma ha existido a través de los tiempos y antes del tiempo; sin embargo, ha esperado al momento adecuado para manifestarse. La era de la luz del alma es ese momento. El canto del alma es una de las formas más poderosas de expresar y liberar esa sabiduría y enseñanzas antiguas. Podríamos decir mucho más sobre el significado del canto del alma, pero, para apreciarlo verdaderamente, tendrá que ser capaz de liberar su canto del alma.

Si está pensando: «Ni siquiera puedo cantar una nota en tono», eso no tiene importancia. El canto del alma saldrá de su alma. Saldrá sin esfuerzo alguno. Tal vez no ha sido entonado previamente, pero descubrirá con gusto que puede hacer esto con su canto del alma. Se lo otorgarán en forma de un magnífico sonido. El sonido pudiera ser armonioso o pudiera ser desentonado. Pudiera sonar como los cantos de antiguas culturas. Pudiera ser la combinación de éstos y otras posibilidades. Cualquiera fuese la forma en que le sea dado, usted cantará su canto del alma sin esfuerzo alguno porque proviene de su alma y comparte las características del lenguaje del alma. Siempre y cuando permita que su canto del alma fluya libremente, se lo darán de manera generosa y abundante.

Beneficios del canto del alma

El entonar el canto del alma le traerá innumerables beneficios. Uno bastante obvio es la transformación que sucederá en usted. Esta transformación resonará por todo su ser. Resonará con los más antiguos sonidos, aquellos previos al tiempo y a la creación cuando el sonido era lo único existente. Haciendo una conexión con un sonido de esta calidad introducirá en todo su ser las más potentes frecuencias y vibraciones. Estas vibraciones penetrarán en los espacios más insignificantes y en la materia más pequeña, elevándolos para que estén en resonancia con Dios de una extraordinaria manera. Por ahora, el único modo de lograr esta resonancia es a través del canto del alma.

El canto del alma es precisamente el medio que nos ha sido dado en realidad para que seamos capaces de hacer esas conexiones. No sólo vibrarán las partículas más ínfimas y los espacios más diminutos con estas frecuencias divinas, sino también los más grandes —y todo lo intermedio. Será capaz de escuchar la melodía de su canto del alma con sus oídos. No obstante, habrá por todo su cuerpo una variedad de melodías, todas las cuales estarán en armonía con lo que pueda escuchar con sus oídos. Cada órgano, cada sistema, cada célula, cada parte de cada célula y cada ARN y ADN en su cuerpo tiene su propia melodía, y cuando usted saque a relucir y entone su canto del alma, todas estas melodías internas de cantos del alma también se liberarán. Todas comenzarán a cantar internamente sus cantos al unísono con su voz.

Es imposible describir los beneficios resultantes. Sin embargo, por lo menos podrá empezar a imaginarse cuán vasta y extraordinaria será la transformación recibida a través del uso de su canto del alma. Aún más, cuando use su canto del alma para ofrecer curaciones y bendiciones, los que las reciban experimentarán una transformación. La simple entonación de su canto del alma difundirá los beneficios a otros aunque no haya tenido la intención específica de ofrecer curaciones o bendiciones. Si usted canta simplemente por la alegría de hacerlo, las bendiciones, la luz y la transformación irradiarán más allá de usted. En muchos casos, el universo entero saldrá beneficiado. Es un enorme privilegio poder participar en este extraordinario don y ser capaz de difundir los beneficios a muchos otros.

La transformación se producirá en el nivel del alma, la mente y el cuerpo. Algunas de las dificultades, barreras y obstáculos empezarán a derrumbarse, transformándose en luz. Esto será cierto para los obstáculos en su camino del alma. También será cierto para su mente. Algunas de las actitudes, creencias y formas de pensar que ha tenido mucha dificultad en superar comenzarán a transformarse en luz de una manera sorprendente. Como ya mencioné antes, será un proceso drástico, pero suave al mismo tiempo. Esto será cierto asimismo para sus emociones y su salud física.

El uso del canto del alma acelerará estos cambios. Muchos de ustedes se sorprenderán de la rapidez con que suceden. Estas transformaciones son dones muy particulares que serán especialmente apreciados por quienes tengan un corazón oprimido o sufran de depresión y ansiedad. Para quienes han vivido con estas emociones, la liberación de su canto del alma será una gran bendición, simplemente porque no es posible estar deprimido y cantar con alegría al mismo tiempo. El canto del alma será un poderoso medio para transformar todos estos bloqueos.

Las personas deprimidas podrían experimentar esta liberación de su canto del alma en forma de un grito de angustia. Eso está perfectamente bien. Cualquiera que fuese el sonido que venga, permítale que se exprese sin censurarlo ni revisarlo. A medida que lo expresa y experimenta una transformación, su canto del alma experimentará asimismo una transformación. Su forma de expresión también se transformará. Mantenga esto presente cuando saque a relucir su canto. No le tema a lo que se expresa a través de su voz.

En la sección sobre lenguaje del alma, hay una enseñanza que dice: «Préstele a Dios su boca». Cuando hace esto, lo que expresa no será el resultado de su raciocinio lógico o de sus pensamientos, sino que será una expresión de Dios. Esto también es verdad en cuanto a su canto del alma. Es absolutamente necesario permitirle a Dios que «tome prestada su voz». Debe comprender que cualquier sonido que se exprese a través de su boca será la voz de Dios. Como sólo está prestando su voz, no debe tener ninguna expectativa ni ataduras respecto a los sonidos que emita.

Recuerde que su canto del alma sonará diferente según la ocasión. Déle cabida a toda gama de posibilidades, a sabiendas de que los beneficios vinculados a ellas son extraordinarios, sin importarle la forma en que se manifieste su canto. Los beneficios que recibirá y que serán difundidos mucho más allá de usted son de una extraordinaria cualidad. Nunca antes hemos recibido beneficios como éstos. Son beneficios de una nueva y más alta vibración. Cualquiera fuese la forma en que se exprese su canto, recíbalo con gratitud y alegría, con el entendimiento de que los beneficios alcanzarán los niveles más profundos de todo su ser.

El canto del alma como forma de servicio

Partiendo de mi breve descripción de los beneficios del canto del alma, no será difícil apreciar el gran servicio que puede prestar. Con esto en mente, muchos pensarán inmediatamente en términos de actividades adicionales, lo cual podría ser agobiante para la mayoría de la gente que tiene ya más que suficientes actividades diarias. Cuando hablo de servicio no me refiero a añadir más actividades a sus tareas diarias. Usted puede prestar el más extraordinario servicio al tiempo que desempeña sus actividades, responsabilidades, tareas o labores cotidianas. ¿Cómo? Al realizar sus labores durante el transcurso del día, entone su canto del alma.

Al leer estas páginas y recibir simultáneamente las bendiciones que acompañan todas mis enseñanzas, muchos de ustedes escucharán un canto íntimo. Leerán estas palabras silenciosamente y, a la vez, escucharán, también silenciosamente, ese canto. Como se trata de un canto del alma, son sus almas las que lo entonan y las que lo escuchan. Aun así, es igual de importante: tan significativo, tan poderoso y tan transformador como el canto que escuchan con sus oídos. Podrían preferir el canto audible en lugar del canto silente, o tal vez uno le resulte más fácil que el otro. No obstante, ambos son importantes. Ambos son singulares. Ambos ofrecen un tipo de servicio único.

El medio ambiente alrededor suyo durante el transcurso de su día exige tal vez que entone su canto en silencio. Otros en el suyo podrán entonarlo en voz alta. Esto no tiene importancia, pues los beneficios y servicios serán los mismos. Sugiero que en ocasiones entone su canto en silencio y en otras lo exprese en voz alta. Haciendo ambas cosas mantiene un equilibrio, a la vez que ofrece también un servicio equilibrado. Todos los beneficios personales que el canto del alma le produzca serán recibidos también por aquellos a quienes se los ofrezca. El servicio ofrecido a través de su canto del alma resonará por toda la madre Tierra, y con frecuencia, más allá de ella. Este servicio será la presencia de una calidad de vibración y frecuencia extremadamente poderosa. Usted podrá impartir bendiciones y el don de la transformación a muchos a través de su canto.

Un placer muy singular de este tipo de servicio ofrecido a través de su canto del alma es su cualidad de júbilo y luz. Habrá verdaderamente gente por toda la madre Tierra que de repente empezará a sentir la alegría y la luz que se vinculan con su canto, aunque no tengan ninguna idea de cuál es la fuente de su luz y alegría. No importa si no saben a quién agradecérselo. Basta saber que los beneficios experimentados por otros serán extensos, poderosos y transformadores.

El hecho de que muchos no sabrán a quién dar crédito ni cuál es el impacto y los beneficios totales de su canto del alma, es verdaderamente una gran bendición para usted. Cuando extiende los beneficios a otros de esta manera invisible, le será otorgada una enorme cantidad de virtud Yin, la cual es mucho más extensa que la virtud que le otorgan cuando hace algo o se lo reconocen públicamente. El canto del alma es un don maravilloso que le permite a cualquiera acumular virtud Yin para acrecentar rápidamente su virtud.

En estos tiempos en la madre Tierra, es importante tener mucha virtud. Su virtud está directamente relacionada con la jerarquía de su alma. Quienes tengan un alto nivel jerárquico tendrán grandes capacidades que les permitirán prestar un gran servicio a la humanidad, a la madre Tierra y aun más allá. El propósito por el cual se acumula virtud es el poder prestar un mayor servicio. Esto establece un ciclo maravilloso. Cuanto más servicio ofrezca, tanta más virtud le otorgarán. Cuanta más virtud tenga, tanto más servicio podrá ofrecer, cumpliendo así con el propósito de su camino del alma. El tener la oportunidad de que le concedan virtud de esta manera —mediante su canto del alma— es un generosísimo don de Dios. Usted puede entonar su canto del alma continuamente y en cualquier lugar o medio. Puede prestar este servicio durante el transcurso del día sin importar lo que esté haciendo.

Es muy importante desarrollar la práctica de entonar su canto del alma. Tras haber comenzado esta práctica, notará que todo lo que haga pasará a ser parte de su canto. Si trabaja el día entero frente a una computadora, cuando entona silenciosamente su canto del alma, su computadora formará parte de su canto. Muchos de ustedes deben trabajar con una computadora y esto no es necesariamente algo que hagan con gran entusiasmo. Si ése fuera su caso, puede transformar su trabajo permitiendo que pase a ser parte de su canto del alma. Este es un don singular de Dios.

Al mismo tiempo, puede enviar su canto a todos sus demás compañeros que trabajan del mismo modo todo el día frente a sus computadoras. Este acto aportará una gran luz y trasformará a todos los que hacen un trabajo similar. Cuando entone su canto del alma y experimente la alegría y la luz que a él se vinculan, los demás experimentarán la misma luz y la misma alegría. Muchos de ellos se percatarán de que su trabajo que hasta entonces habían percibido como una carga es ahora el principio de un sentimiento jubiloso y radiante. ¡Qué maravilla poder ofrecer eso a tanta gente!

Si tiene la fortuna de tener un trabajo que lo colma de alegría y placer, puede acrecentar estos sentimientos aún más entonando su canto del alma durante el transcurso del día. Al hacer esto, aumentarán significativamente los beneficios y bendiciones de su trabajo. Los que se relacionan con usted notarán este cambio, permitiéndoles también a ellos participar de esa la luz y ese júbilo. Reitero nuevamente que los que hacen un trabajo similar también resultarán beneficiados de su canto del alma. En verdad, toda persona en la madre Tierra, la madre Tierra misma y las almas de más allá se beneficiarán también de su canto del alma. No sólo se difundirán las vibraciones de su canto, sino que también se difundirá la virtud vinculada a su canto. Este es un espléndido acto de servicio.

Dado el gran número de personas que se sienten abrumadas, que sienten la ausencia de una auténtica y profunda alegría en sus vidas, el canto del alma es algo de suma importancia para estos tiempos en la madre Tierra. Es un gran honor el poder añadir su canto del alma a tantos otros existentes. El servicio ofrecido de esta manera traerá consigo una calidad de luz y una vibración y frecuencia que curará a muchas personas. Ayudará también a muchos en sus sendas del alma. El aspecto Yin de este servicio es muy poderoso y está conectado profundamente con La era de la luz del alma. Hay una poderosa resonancia y una gran armonía entre la virtud Yin y La era de la luz del alma. El prestar este tipo de servicio al inicio de esta era es más significativo de lo que pudiera imaginarse. Acelerará la presencia de la luz y de todo lo que es parte de esta era. Es una bendición, un honor y un don verdaderamente único poder ofrecer tan singular servicio.

El canto del alma y la alegría

Existe una estrecha conexión entre el canto del alma y la presencia de la alegría. Como mencioné en el capítulo 6, hay un dicho popular que dice que *la alegría es la señal más infalible de la presencia de Dios y la expresión más perfecta de lo divino*. Cuando usa su canto del alma, usted es una representación de la luz, el amor, el perdón y la compasión divinos. Por lo tanto, también es la presencia de la alegría. Usted hace presente esta cualidad en la madre Tierra y más allá. Hay una gran necesidad de este servicio en la actualidad, pues hay muchas personas que no sienten ninguna alegría, amén de una multitud de abrumadoras y estresantes situaciones. Comunicar la presencia de Dios es sinónimo a comunicar la alegría. ¡Qué maravilloso don para la humanidad entera, la madre Tierra y más allá!

La presencia de Dios abarca mucho más que la alegría. Sin embargo, en este capítulo me concentraré en este aspecto en particular porque es el que se aviene perfectamente al canto del alma. Quienes hayan experimentado este canto, habrán experimentado también la clase de alegría a la que me refiero. Han experimentado la profundidad, la paz y el gozo asociados con el júbilo que se expresa a través del canto divino.

Si no ha hecho brotar aún su canto del alma, pero desea verdaderamente hacerlo, le sugiero que lea de nuevo el capítulo 6. Aunque no haya dado instrucciones específicas para ello, hay muchas bendiciones que se vinculan a la lectura de ese capítulo que podrían efectivamente ayudarlo a hacer brotar su canto del alma. Pida esto antes de comenzar a leer de nuevo el capítulo 6. Diga simplemente ¡*Hola*! al alma de los cantos del alma y pídale que le sea otorgado su canto del alma. Luego diga ¡*Gracias*! y vuelva a leer el capítulo 1. Tiene grandes probabilidades de recibir y de poder hacer brotar su canto del alma.

Si desea recibir enseñanzas más específicas de cómo hacerlo, remítase a la sección sobre el lenguaje del alma. Mi intención es ayudar a quienes desean hacer brotar su canto del alma mediante la lectura de estas secciones; por eso he incluido las necesarias bendiciones. Le he transmitido los programas divinos. Lea estas secciones cuantas veces sean necesarias para recibir y hacer brotar su canto del alma, teniendo presente la absoluta necesidad de no tener ninguna expectativa ni atadura. Practique con sus transmisiones divinas. En calidad de servidor universal, es un gran placer y honor para mí ayudarlo de esta manera.

El canto del alma como expresión de Dios

Dios está presente de innumerables maneras. El canto del alma es una de las maneras que tiene Dios de expresarse en nuestro tiempo. Es una manera única y singular de expresión de Dios. Ahora ya tiene una idea de por qué es una forma tan singular de expresión, aunque sea sólo un pequeño indicio. No es posible expresar adecuadamente en vocablos humanos a Dios, y el canto del alma es un modo de manifestar esa realidad. El canto del alma es infinito.

Es posible para una sola persona tener una gran variedad de cantos del alma. Sus cantos pueden variar conforme a las diversas bendiciones curativas que ofrezca. Puede también recibir diversos cantos del alma durante el transcurso del día. Lo que todos sus cantos del alma tienen en común es el hecho de que todos son expresiones del alma, son la forma en que su alma da voz a cualquier cosa experimentada o bendecida en esos momentos.

Esto le proporciona una idea de la extraordinaria variedad de Dios.

Multiplique el ejemplo de una sola persona por todos aquellos que han recibido y sacado a la luz su canto del alma, y así tendrá una mejor idea de cuán variada puede ser la presencia de Dios. Al expandir esa sabiduría, incluya también los cantos del alma de todo lo que le rodea en estos momentos a fin de comprender más profundamente la gran variedad de expresiones de Dios, de cuán extraordinaria, y a la vez ordinaria, puede ser esta variedad. Fácilmente deja uno de prestar atención a estos cantos del alma. A lo mejor ni siquiera están en su mente o conciencia. Esto no es menos cierto en lo referente a la presencia de Dios. Por lo tanto, éste es un aspecto de la manera como el canto del alma es una expresión de Dios.

Otro aspecto del canto del alma es su extraordinario poder. Este poder es, a la vez, muy potente pero muy suave. Tiene la facultad de transformar lo que está dispuesto y lo que ofrece gran resistencia. El canto del alma es capaz de penetrar tanto los espacios más insignificantes como los más grandes. Todas estas cualidades son también expresiones de Dios. Dios está presente y activo en la materia más diminuta. Dios está presente en aquellos lugares donde no hay manifestación visible. Dios está también presente y activo en la materia y los espacios más grandes. La actividad de Dios incluye todas las cualidades de Dios. Las cualidades que he mencionado son aquellas que con mayor frecuencia se vinculan con el servicio universal: amor, perdón, paz, curación, bendición, armonía e iluminación. Por supuesto hay muchas más.

No es posible identificar todas las cualidades y todos los aspectos de Dios. De hecho, ni siquiera es posible identificar todas las cualidades principales, pero una de ellas es la cualidad de la alegría y el gozo. Esta es una cualidad muy singular que se expresa poderosamente y de manera única mediante el canto del alma. Tanto la alegría como el gozo constan ellos mismos de varios aspectos diferentes. Hablaré ahora sobre algunos de los aspectos de la alegría para proporcionarle una idea de su envergadura y profundidad. Estos ejemplos le ayudarán a reflexionar por su cuenta sobre la alegría y el gozo para comprender que sólo podemos tocar la superficie. Puede entablar una comunicación de alma a alma para hacer esto. Puede usar el lenguaje del alma. Puede usar sus habilidades intuitivas. A lo mejor tiene otras maneras de adquirir más sabiduría sobre cada una de estas cualidades.

La cualidad de la alegría como expresión de la presencia de Dios tiene un aspecto muy especial de levedad. No sólo es una presencia única de luz, sino que esta presencia trae también una vivacidad, un sentimiento de ser libre. Este sentimiento de libertad es muy diferente a la clase de libertad que usted tiene en su mente lógica. La libertad que uno experimenta como parte de la alegría divina es la libertad de no tener atadura ni expectativa alguna. La carga de las ataduras y expectativas que usted acarrea lo abruma en su sentido más estricto. Toda expectativa y atadura va acompañada por un sentimiento de preocupación, estrés y otros atributos agobiadores.

Cuando usted experimenta la libertad de la alegría divina, todo lo asociado con ataduras y expectativas desaparece. En su lugar experimenta una profunda y verdadera libertad. Esta libertad es un aspecto de la alegría divina, es lo que le proporciona a la alegría divina su maravilloso sentimiento de levedad.

Otra característica de la alegría divina es una sensación de júbilo. Esta característica se usa frecuentemente para expresar o identificar un sentimiento de total paz, tranquilidad y gozo que uno experimenta cuando asume verdaderamente el estado de ser la presencia divina. Las cualidades de paz, tranquilidad, gozo y júbilo son todas ellas parte de lo que uno experimenta al asumir ese estado. También son parte del estar consciente de la presencia divina. Cuando usted se vincula con una mayor conciencia de esta presencia divina, experimenta entonces aquello que podemos identificar como júbilo. También lo identificamos como felicidad. Durante estas experiencias, está consciente de haber experimentado el cielo en la Tierra, de haber conectado con una exquisita manifestación de Dios y que ha entrado en esa parte de su existencia.

La cualidad de alegría divina tiene una gran profundidad. La alegría resuena en su ser de una manera muy profunda. Está presente en toda la gama de frecuencias y vibraciones en todos los niveles de su ser: físico, mental, emocional y del alma. Esta profundidad y resonancia permanecen en usted, aun cuando el evento o momento que ocasionó esta respuesta haya pasado. En otras palabras, esta profundidad y resonancia pasan a ser parte de quien usted es, parte de su frecuencia y vibración mismas. Gracias a que vino a través de su canto del alma, esta vibración penetra hasta su ADN y ARN. Usted estaría en lo cierto si dijera que la alegría ha pasado ahora a ser parte de su ADN y ARN.

Debido a esto, puede decir que la alegría es parte de su identidad. Éste es un espléndido y extraordinario don. Será un tesoro singular para los que sufran de depresión, ansiedad, pena, aflicción y otros sentimientos similares. La forma en que el canto del alma puede resonar y vibrar hará una gran diferencia en su camino del alma y en su proceso curativo en todos los niveles de su ser: físico, mental, emocional y del alma. El que esta cualidad de la alegría resuene en todo su ser es también un gran servicio.

Si está deprimido o sufre de problemas parecidos, le recomiendo enfáticamente que haga un gran esfuerzo para tratar de recibir y hacer brotar su canto del alma. Le recomiendo también que entone este canto durante el transcurso del día de manera consciente. Aunque no es absolutamente necesario, sería beneficioso para usted entonar su canto del alma en voz alta, pues manifestaría así de muchas maneras el aspecto de la alegría y gozo de Dios, cosa que acelerará la transformación de su depresión. Es asombroso pensar que algo tan simple como cantar pueda provocar cambios tan profundos. Por supuesto éste no es un canto ordinario; este canto es una expresión de su canto del alma.

Todas estas manifestaciones de Dios son muy poderosas, y cuando usted las experimenta, también las irradia a quienes están a su alrededor y mucho más allá. Esta generosa radiación es también una ma-nifestación de Dios. Cuando usted irradia estas cualidades —lo cual significa que irradia sus frecuencias y vibraciones— presta un gran servicio. El servir es la expresión y manifestación fundamentales de Dios. Sería totalmente correcto decir que una de las mejores formas de expresar a Dios es decir que Dios es un servidor incondicional universal. Por lo tanto, cada vez que asuma el carácter de servidor universal incondicional, se convierte en una primorosa expresión de Dios, hace presente a Dios de una manera profunda y poderosa. El poder hacer esto es un privilegio y un honor que trascienden nuestra capacidad de comprensión.

El servicio ofrecido por usted al usar su canto del alma se ex-tiende mucho más allá de usted. En el capítulo 6 hablé sobre este as-pecto del canto del alma. Si está confundido, quizá sea beneficioso para usted volver a leer ese capítulo. A algunos de ustedes les pare-cerá abrumadora la idea de que Dios es un servidor universal incon-dicional, habiendo escuchado esto por primera vez. Este concepto puede ser muy difícil de aceptar para muchos, partiendo de todo lo que han aprendido hasta el momento. También puede ser problemá-tico para nuestro raciocinio lógico. Varias tradiciones y enseñanzas nos han dado diferentes descripciones de Dios. Muchos de ustedes crecieron y han sido educados con una manera muy diferente de ex-presar la presencia de Dios. Debido a toda esta educación, la descrip-ción de Dios como servidor universal incondicional puede resultar muy problemática.

Si éste es su caso, tiene ahora una magnífica oportunidad de libe-rarse de todas esas actitudes, modos de pensar y creencias. Cuanto más pueda aceptar y vivir la verdad de esta descripción de Dios, tanto mayor será la posibilidad de que usted mismo se convierta en la pre-sencia de Dios como servidor universal incondicional. Cuando esto le ocurra, observará que todo en esta vida es una forma de servicio. Ello, a su vez, le permitirá apreciar cada vez más el aspecto de servi-cio de su canto del alma. Podría decir mucho más sobre el canto del alma como una expresión de Dios, pero las enseñanzas en esta sección le darán algunas ideas que podrá usar para profundizar su propia comprensión y aprecio de él.

El canto del alma manifiesta alegría y gozo

Debido a la gran necesidad existente en la madre Tierra en estos tiempos, quiero hacer un mayor énfasis en las características y cualidades de la alegría y el gozo. A medida que continúa el proceso de purificación de la madre Tierra, cada vez más gente necesitará de estas cualidades. La madre Tierra misma y más allá las necesitarán.

Las cualidades de alegría y gozo traen consigo la posibilidad y la presencia estabilizadora y unificadora. Cuando usted vive con alegría y gozo, su energía está estabilizada; su Dan Tian Inferior se fortalece. El Dan Tian Inferior es un centro energético ubicado a 1 1/2 pulgadas debajo del ombligo y a 2 1/2 pulgadas hacia el centro del vientre. Tiene el tamaño de un puño. Este centro energético es de suma importancia. Mucha gente en su camino del alma no le presta la debida atención.

El Dan Tian Inferior es el centro energético fundamental de su energía, vigor, vitalidad y larga vida. Para aquellos que se encuentran en su camino del alma, es también el sitio donde reside el alma. Las almas de algunos residen en otros centros energéticos, pero la de la mayoría de ustedes reside en el Dan Tian Inferior. El Dan Tian Inferior es el fundamento para tener una buena salud física. Es el centro energético de su sistema inmunológico. Esto le da una idea de su gran importancia. Es vital recibir continuamente luz y energía para poder reabastecer, desarrollar y estimular su energía. Cuando usted siente gozo y alegría, la energía que se asocia con esas emociones se experimenta primero en el Dan Tian Inferior. También se experimenta en el Centro Mensajero, el cual es el centro o chakra de su corazón. Las emociones se sienten en el Centro Mensajero debido a la poderosa presencia de energía y luz en el Dan Tian Inferior.

Tener un potente Dan Tian Inferior lo ayudará a sentirse centrado y equilibrado. Es un apoyo necesario para todos los aspectos de su vida física. Cuando usted tiene un potente Dan Tian Inferior, los principales órganos de su cuerpo podrán recibir también la energía y luz necesaria para volverse más saludables. Al estar más centrado y equilibrado, su vida emocional será probablemente más equilibrada. Hay numerosos beneficios relacionados con un potente Dan Tian Inferior.

El Dan Tian Inferior es también el centro energético postnatal. El centro energético prenatal es el Área de la Montaña Nevada. Para localizar al Área de la Montaña Nevada, imagínese una línea horizontal que va desde el ombligo a la espalda. Recorra una tercera parte de esta línea a partir de la espalda y a la altura del ombligo, y luego 3 pulgadas hacia abajo. Allí se encuentra este centro energético del tamaño de un puño llamado Área de la Montaña Nevada. Esencialmente, se encuentra justo arriba y enfrente de la rabadilla. El Área de la Montaña Nevada proporciona energía a los riñones y al cerebro. El Dan Tian Inferior y el Área de la Montaña Nevada son los dos centros energéticos vitales y fundamentales para su existencia física, pero por ahora centraré mi atención solamente en el Dan Tian Inferior.

Cuando usted usa su canto del alma, está fortaleciendo a su Dan Tian Inferior. La luz y la energía que recibe tienen una cualidad muy singular. Como práctica, recomiendo que cuando entone su canto del alma, piense específicamente en fortalecer a su Dan Tian Inferior. Esto acelerará su desarrollo. Simplemente este aspecto de su canto del alma le ayudará a unificar y equilibrar todo su ser, ayudándolo en su camino del alma de muchas maneras.

Aquellas actitudes, maneras de pensar y creencias que lo han conducido en ocasiones a ponderar y repensar las cosas una y otra vez sin encontrar una solución, a tener pensamientos que le dan vueltas en la cabeza, pueden transformarse de súbito al incrementar la potencia de su Dan Tian Inferior. El uso de su canto del alma le ayudará a acelerar este proceso, convirtiéndolo en un motivo de alegría y gozo. Puede considerar que los aspectos de gozo y alegría, y el tener un potente Dan Tian Inferior, son partes del Yin y el Yang de su camino del alma y de su vida física. El ver las cosas de esta manera, le ayudará a comprender y apreciar cómo trabajan en unísono.

El sentirse centrado y equilibrado es la forma más rápida de que dispone la mayoría de las personas para poder experimentar gozo y alegría. Asimismo, el gozo y la alegría son maneras muy rápidas de ayudarlo a sentirse centrado y equilibrado. Es una maravilla saber que estas cualidades y este centro energético se ayudan y fortalecen mutuamente de esta manera. El valerse de su canto del alma para promover esto, es una bendición y un don muy singulares, que facilitan la tarea de muchas maneras. En estos momentos en particular en la historia de la madre Tierra será esencial permanecer centrado y equilibrado. El canto del alma es un medio eficaz para lograrlo, y una increíble bendición para la humanidad en estos tiempos.

El canto del alma cura y alivia

El canto del alma tiene una capacidad extraordinariamente potente de curar. Es capaz de tocar áreas en nuestras vidas nunca antes alcanzadas. Las vibraciones del canto del alma llegarán a aquellos lugares que ofrecen mayor resistencia. El canto del alma puede llegar a grandes profundidades y poner en movimiento una serie de vibraciones que ocasionan asombrosas curaciones. Estas curaciones van acompañadas de un sentimiento de alivio. Cuando piensa en esto, descubre que tiene sentido. El recibir vibraciones curativas que comienzan a llegar, a tocar y a transformar aquellas cosas que habían opuesto una gran resistencia, produce efectivamente una respuesta sedante.

Cuando la rigidez y el dolor que se asocian con la resistencia comienzan el proceso curativo, la respuesta inicial es la relajación. Cuando se relaja, experimentará alivio. Ésta es una bendición muy singular y un don del canto del alma. Y lo que sucede al nivel más íntimo de su ser, puede ocurrirle en cualquier otro nivel. El canto del alma también puede curar y aliviar las maneras de pensar, actitudes y creencias más resistentes. Es extraordinario poder tocar y transformar las partes más resistentes de su ser.

Los beneficios ocurrirán a nivel emocional y físico. Esta transformación se llevará a cabo en toda la madre Tierra y más allá. Al usar su canto del alma, sucede todo lo que he descrito. Aun cuando lo cante sin tener ninguna curación específica en mente, las vibraciones y frecuencias en todos los niveles de su ser resultarán beneficiadas. Por supuesto, si ofrece conscientemente una curación, se lograrán mejores resultados. Sin embargo, es importante estar consciente de que al entonar su canto del alma, se acrecientan todos los beneficios mencionados.

Si ha aprendido el canto *Amor, paz y armonía* (*Love, Peace, and Harmony*), el canto del alma que me inspiró Dios el 10 de septiembre de 2005, se multiplicarán estos beneficios extraordinariamente. El canto *Amor, paz y armonía* es un singular mensaje para nuestros tiempos. El entonar éste y otros cantos del alma que Dios me dio, y que aún me dará, significará una gran diferencia en su camino del alma. La capacidad del canto del alma para curar es tan poderosa que debe experimentar usted sus beneficios para poder apreciar verdaderamente cuán extraordinario es su efecto en el proceso curativo. Entone su canto del alma para sí mismo y para otros. Comience a experimentar cuán efectivo es. Esta experiencia será un poderoso maestro. Preste atención a cada aspecto del proceso curativo. Cada aspecto encierra en sí mismo una profunda sabiduría.

Las enseñanzas que reciba serán exclusivas para usted. Sin embargo, podrá relacionarlas con el proceso curativo de otros, de la madre Tierra y más allá. El proceso curativo mismo es un maestro sabio y singular. Tanto el canto del alma como el proceso curativo le ayudarán a adquirir una gran sabiduría, la misma que le ayudará de muchas maneras en su camino del alma. Las enseñanzas que usted reciba están relacionadas con la curación particular que está recibiendo, y podrá usarlas para asistir a otros en sus procesos curativos.

Estas enseñanzas le permitirán convertirse en un poderoso sanador. A través del canto del alma, liberarán facultades curativas aún más potentes. El recibir estas enseñanzas es como si el Mundo del Alma lo estuviera instruyendo individualmente. Esta es una extraordinaria bendición. Los beneficios de estas enseñanzas harán más eficaz todo lo que haga. Su proceso curativo y su camino del alma se acelerarán de manera asombrosa.

Al prestar atención a las enseñanzas recibidas, se abrirán más sus canales del alma. Cuanto más atención preste a estas enseñanzas, tanto más se abrirán esos canales. Cuanto más atención preste a las enseñanzas de su proceso curativo, tanto más profundo y más rápido será ese proceso. Como dije previamente, la curación va acompañada por un alivio relajado. Todos estos beneficios y dones están asociados con su canto del alma, manifestándose cada vez que lo entona.

Cada beneficio sobre el cual ha leído en este libro se manifiesta cada vez que usa su canto del alma. Los beneficios son para usted, pero serán también irradiados más allá de usted. La madre Tierra también se beneficiará. Todo lo que se ha presentado en esta sección es igualmente cierto para las bendiciones curativas que usted ofrezca a otros. Si la otra persona está lista para recibir la información, puede sugerirle que preste atención a su proceso curativo. Hágale saber que el proceso mismo es un maravilloso maestro de sabiduría.

Algunos receptores de sus bendiciones curativas estarán listos para recibir esta información. Otros no lo estarán. Para ellos es mejor ofrecerles simplemente una bendición curativa. No les sugiera que pueden recibir sabias enseñanzas de su proceso curativo. Esto sólo los confundirá. En realidad entorpecería su proceso curativo porque su raciocinio lógico se volvería tan activo que bloquearía parte del proceso. Si experimentase un fuerte deseo de compartir estas sabias enseñanzas con estas personas durante su proceso curativo, puede entonces hablar con sus almas. Proporcione estas enseñanzas a nivel de sus almas. Después de hacer esto suficiente número de veces, empezará a notar una «apertura» que le permitirá ofrecerles directamente estas enseñanzas. Las enseñanzas directas serán recibidas a través de su raciocinio lógico, lo cual les permitirá aplicarlas en sus vidas diarias.

Hay muchos beneficios vinculados con estas sabias enseñanzas de su proceso curativo. Puesto que estas enseñanzas son específicas para usted, los beneficios para su camino del alma y su senda curativa serán también específicos para usted. Estas enseñanzas transformarán su ser y su camino del alma en todos los niveles de manera exclusiva. Las sabias enseñanzas que reciba intensificarán y acelerarán todo su proceso curativo. Usted experimentará una profunda transformación, curación y alivio.

Estos dones especiales otorgados a la humanidad en este tiempo beneficiarán extraordinariamente a cada persona, irradiando a otros, a la madre Tierra y más allá. El recibir y usar estas sabias enseñanzas constituye un nivel muy elevado de servicio. Hay poderosas bendiciones vinculadas con esta clase de servicio que se ofrece a otros. Es asombroso que el canto del alma nos otorgue tan extraordinarias y potentes bendiciones y capacidades. Somos unos seres sumamente bendecidos por poder recibir y hacer brotar nuestro canto del alma durante este capítulo de la historia de la madre Tierra.

El canto del alma es un don muy singular de nuestro tiempo

Esta breve sección le ofrece numerosas enseñanzas acerca del canto del alma. Muchas de esas enseñanzas señalan incluso de qué manera el canto del alma es un don para nuestro tiempo. Tenga presente esas enseñanzas, pues todas ellas son muy ciertas, y los diversos dones vinculados con el canto del alma son verdaderamente singulares. Poniendo juntos todos esos aspectos del canto del alma, se crea un patrón, frecuencia y vibración poderosísimos y extraordinariamente hermosos. Aunque es importante estar consciente de esto, es más importante aún decir que el canto del alma es un don muy especial de nuestro tiempo.

Este don especial es una conexión única con la extraordinaria generosidad de Dios, mejor descrita como generosidad divina, pues no hay ninguna otra descripción que se avenga mejor. Dios nos ha otorgado esos dones de la alegría, el gozo y una profunda capacidad curativa en este momento porque estas cualidades son particularmente necesarias en la actualidad. El canto del alma es también una poderosa manifestación de la compasión divina. La madre Tierra necesita purificarse, pero será un proceso extraordinariamente difícil para mucha gente, tal vez para casi todos. A sabiendas de esto, Dios nos ha facilitado una herramienta que nos servirá de una manera en que ninguna otra herramienta puede hacerlo. De hecho, Dios desea algo más que ayudarnos. Desea estar presente entre nosotros cuando la humanidad sufra este proceso de purificación. El canto es un medio del alma poderoso, y a la vez suave y delicado, a través del cual Dios está presente entre nosotros y nos permite convertirnos en su presencia misma.

La compasión que se manifiesta en el deseo de Dios de estar presente entre nosotros sobrepasa nuestra capacidad de comprensión. El canto del alma es también una poderosa manifestación de la misericordia y el perdón divinos. El otorgarle a la humanidad este precioso y extraordinario don en este tiempo nos permitirá a muchos de nosotros experimentar el perdón, tan necesario tanto en el nivel individual como de grupos, naciones y aun de toda la madre Tierra. La presencia del perdón divino que se manifiesta a través del canto del alma nos ayudará a cada uno de nosotros a percatarnos de aquellas zonas que necesitan pedir y recibir perdón. Será posible que nos perdonen sucesos acaecidos en vidas pasadas de manera convincente, pero tierna a la vez. Este proceso de obtención del perdón traerá consigo una sorprendente paz, una paz que experimentará individualmente, pero que también irradiará a otros.

Todos estos aparentan ser dones individuales; sin embargo, todos son manifestaciones de Dios. Decir que el canto del alma es un don sumamente singular para este tiempo es una forma de decir que el canto del alma hace de la presencia de Dios entre nosotros, y a través de nosotros, una poderosa y transformadora realidad. No es posible expresar adecuadamente en vocablos humanos cuán extraordinario es este don de Dios, que es su presencia misma. Todo lo que he dicho acerca del canto del alma le dará una idea de cuán extraordinario y profundo es este don; cuán maravillosa manifestación de servicio es Él. Cuando esté consciente de la realidad de este don que es el canto del alma, comprenderá y apreciará entonces el hecho de que Dios es un servidor universal incondicional.

No puedo hacer suficiente hincapié al decir conscientemente que este don del canto del alma es la presencia misma de Dios. Dios desea estar con nosotros en este tiempo para ayudarnos durante el proceso de purificación de la madre Tierra. Utilice y sienta su canto del alma para, de este modo, recibir enseñanzas adicionales que le ayuden a profundizar su comprensión y aprecio de él. Entone su canto del alma para sentir la presencia divina. Entone su canto del alma para convertirse en presencia divina. Cuanto más haga esto, tanto mejor entenderá el hecho de que es un don único para nuestro tiempo.

Usted podría decir que la humanidad oye a Dios y que éste se encuentra en medio de ella de manera muy singular a través del canto del alma. Dios eligió usar la voz humana y el sonido humano para estar presente de este modo extraordinario. Eligió el canto por las razones que he explicado. A medida que use el canto del alma, se dará cuenta de otras razones. Las que he explicado forman parte de la esencia misma del canto del alma. Somos muy privilegiados de haber recibido este don sorprendente y extraordinario. Úselo con frecuencia. Haga buen uso de él. Úselo con la más profunda gratitud, amor, aprecio y respeto. Hemos sido muy bendecidos.

El canto del alma y el canto del universo

Por todo el universo se escuchan una melodía y canto continuos. Su canto del alma es una manifestación de parte de este canto del universo. Su canto del alma es también una contribución única al canto del universo. Todos los sonidos presentes en él, incluso las vibraciones y frecuencias que los oídos humanos no pueden detectar, pueden expresarse con nuestras voces.

La gama de sonidos existente es extraordinaria. Muchas de sus vibraciones se manifestarán en su canto del alma. Manifestará una cierta combinación de esos sonidos, y estará en armonía con la gama de sonidos que incluye aquellos que escapan a la capacidad de la voz humana para expresarlos. Es algo sumamente eficaz que pueda manifestar esta resonancia en forma física mediante su canto del alma. Nos vincula con la esencia misma de la energía que existe en toda la materia. Nos vincula con el centro mismo de la vida. El manifestar esta resonancia a través de su canto del alma tiene un gran efecto curativo. Le hace cobrar forma humana y existencia Yang, una poderosa manifestación de luz, energía y presencia divinas.

Quienes hayan experimentado la energía como una vibración aprecian bien lo que significa ser capaz de manifestar estas vibraciones como canto del alma. La variedad de cantos nos permite apreciar la extraordinaria variedad existente en todo el universo. Es una bendición muy necesaria para la madre Tierra el que podamos vincularnos con esta increíble gama de sonidos en estos momentos. Hay muchas almas en todo el universo capaces de ayudarla durante su período de purificación. Entonar nuestro canto del alma es una manera eficaz de hacer presente la ayuda de estas almas en la Tierra. Cuando usted entona su canto del alma puede conectarse con sus vibraciones y frecuencia; es capaz de manifestar su asistencia en la Tierra.

Posibilidades de armonía en la madre Tierra

A medida que usted entona su canto del alma, habrá una mayor armonía entre todos los sonidos en la Tierra. Piense en sus experiencias cuando, al empezar a tararear, otros a su alrededor empezaron a tararear también. Si trabaja con niños, estará muy consciente de lo que pasa cuando un niño del grupo comienza a tararear. Con frecuencia, varios otros también comienzan a tararear inmediatamente. Al cabo de sólo unos momentos, el grupo entero participa del tarareo. Tal vez no todos los niños tararean, pero el sonido proveniente del grupo será el sonido de un tarareo. Este ejemplo le ayudará a entender qué sucede en la madre Tierra cuando usted entona su canto del alma.

He explicado qué sucede dentro de su cuerpo cuando entona su canto del alma. Cuanto sucede dentro de su cuerpo, sucede también en la madre Tierra. Al entonar este canto, alentará el proceso de armonización en la madre Tierra. Será capaz de armonizar las vibraciones en torno suyo. Pondere por un momento cuán extraordinario es esto. En estos momentos probablemente se encuentre sentado leyendo este libro. Piense en todo lo que está a su alrededor. Piense en las diversas partes de la silla en la cual está sentado. Piense en el piso debajo su silla.

La silla —cada parte de la silla— tiene numerosas almas, incluida el alma de toda la silla, el alma de las patas de la silla, el alma del respaldo de la silla y las de cada una de las partes de la silla. Luego están las almas de cada molécula de la silla. La silla tiene innumerables almas, cada una de las cuales tiene su propia frecuencia y vibración. Cada una tiene su propio sonido. Cuando usted entona su canto del alma, será capaz de conectarse con los sonidos y los cantos de su silla. Al hacer esto, podrá ayudar a cada parte de su silla a lograr una mayor armonía consigo mismo y entre sí. El canto de su silla logrará estar en mayor armonía con su canto del alma. El alma de la silla también experimentará una mayor armonía consigo misma; experimentará una gran riqueza, fuerza, poder y luz. Podrá aunar todas estas cualidades al canto y armonía de la madre Tierra. Ahora multiplique este ejemplo por todos los objetos a su alrededor. Mire en torno suyo en la habitación donde se encuentra.

Todas las cosas en su cuarto entonan sus propios cantos. Todas ellas tienen sus propias vibraciones y frecuencias. Cuando usted entona su canto del alma, unifica todos estos cantos para lograr una mayor armonía consigo mismos y entre sí. Las ayuda a alcanzar un mayor nivel de armonía y resonancia con Dios. Hacer esto trae consigo extraordinarios beneficios para lograr la armonía en la madre Tierra. La armonía existente en la madre Tierra también alcanzará un nivel extraordinario. Facilitar todo eso tan sólo con su canto del alma es una forma sencilla y sin esfuerzo de brindar un servicio. Es una agradable forma de ayudar a lograr la transformación de la madre Tierra.

Si cientos e incluso miles de personas participaran en este tipo de servicio, se incrementaría y aceleraría la transformación de la madre Tierra más de lo que uno puede imaginarse. El sonido y el canto de la madre Tierra y de todos sus hijos se convertirían en sinfonía maravillosa. Sus sonidos se harían eco de los cantos del alma de todos los que han recibido y compartido este precioso don. Cuando los que han manifestado sus cantos del alma se reúnan en grupos aunque sean tan pequeños como de 2 ó 3 personas, la participación en la sinfonía de la madre Tierra incrementará significativamente. A mayor número de gente que haya manifestado su canto del alma, más poderosa será la participación en esta sinfonía.

El aspecto más importante de su canto del alma es estar consciente de que es una expresión de su alma, por lo tanto, permita que fluya libremente desde su alma. En ocasiones se expresará en voz muy tenue y suave; en otras será más fuerte. Siga el modo de la naturaleza y siempre deje que su canto se exprese tal como venga. El aspecto más importante para lograr una mayor armonía consigo mismo y entre todo lo existente en la madre Tierra es la conexión de alma a alma y corazón a corazón que establece su canto del alma. Es esta conexión —y no el volumen del canto— lo que le confiere un gran poder. Esta conexión es el eslabón con Dios. Cuando usted permite que su canto del alma se exprese tal como venga, está emprendiendo una transformación totalmente profunda, eficaz y transformadora entre alma y alma con Dios y con el Mundo del Alma entero.

Todo lo mencionado en el capítulo previo se volverá extraordinariamente presente. Habrá ilimitadas posibilidades de transformación. Al entonar su canto del alma, es muy importante mantener en mente esta conexión de alma a alma, corazón a corazón. En cuanto empieza a usar su raciocinio lógico y trata de dirigir su canto del alma, se aleja de esta relación de alma a alma y de corazón a corazón. Es importante tener presente este aspecto de su canto del alma. Mucha gente en esta sociedad tiene la impresión de que más es mejor. Si lo aplicamos al canto, esto significaría que a mayor volumen, mayores beneficios obtendríamos, pero éste, definitivamente, no es el caso. Habrá ocasiones en las que su canto del alma se expresará con mucho volumen, y en otras, en voz muy suave y baja. Esto no tiene importancia.

La conexión de alma a alma, de corazón a corazón, es el aspecto más importante de su canto del alma. Cuando tiene esto en mente y permite que sea la orientación de su canto del alma, tendrá un extraordinario poder y capacidad de transformación. La conexión con Dios será profunda. Su capacidad para manifestar esta conexión será también profunda. Usted se convertirá en la presencia del sonido divino. Este es un aspecto sumamente singular de Dios, la cual es la esencia y centro mismo de todo lo existente. Es un aspecto de Dios presente de una manera muy singular en toda la madre Tierra y más allá.

Este sonido singular existe más allá del tiempo. El poder usar su canto del alma para manifestar la presencia de reinos más allá del tiempo es un extraordinario honor y privilegio. Es uno de los más poderosos tipos de bendiciones. La presencia de la luz y la transformación que ocurrirá traerán consigo bendiciones para toda la humanidad, la madre Tierra y más allá. Se llevarán a cabo curaciones de la más alta calidad. La curación sucederá, literalmente, de adentro hacia afuera y viceversa. Esta combinación traerá una curación a aquellas partes de su vida que no han sido tocadas previamente.

La curación ocurrirá en todos los niveles. Su profundidad trascenderá esta vida y las numerosas vidas pasadas que su alma ha experimentado. Aquellas áreas tan antiguas en necesidad de ser alcanzadas por la curación comenzarán a resonar y a vibrar con el canto del alma, llevándose a cabo una curación y transformación que escapan nuestro poder de imaginación. Esta curación se efectuará a nivel individual, pero también a nivel de grupos, sociedades y naciones. Se efectuará a nivel de todo nuestro planeta, llegando a más allá de la madre Tierra.

He aquí una comparación que le ayudará a apreciar el poder del canto del alma. Si usted ha experimentado una cirugía mayor, sabe cuánto tiempo se requiere para la curación y recuperación totales, por lo general toma meses. Este ejemplo lo ayudará a apreciar el poder del canto del alma. El nivel de profundidad de curación que puede lograrse a través de este precioso don alcanza zonas que necesitaban una curación no sólo de meses, sino de años, décadas y vidas. Son zonas que probablemente nunca antes han sido alcanzadas de ninguna otra manera. Al igual que después de una cirugía su cuerpo requiere de tiempo para recuperarse del todo, estas zonas, necesitadas de curación durante tanto tiempo, necesitarán ahora un extenso período de tiempo para ser restauradas. No obstante, hay una gran diferencia entre la curación médica o física y la curación que sucede en el nivel del alma.

A través del canto del alma se acelera significativamente el proceso curativo en estas antiguas zonas que requieren curación, la cual es, a la vez, potente pero suave. Al curarse estas antiguas zonas, emerge un canto de alivio y alegría que pasa a ser parte de la armonía de la madre Tierra.

Cuando un área requiere curación, su vibración y frecuencia denotan un anhelo. Esta área desea una transformación, más luz y una mayor resonancia. Es maravilloso poder servir trayendo estas cualidades a las zonas que lo han deseado durante tanto tiempo —en algunos casos, desde hace muchas vidas. Al transformarse este anhelo en una armoniosa resonancia, nuestro planeta resulta enormemente beneficiado. Nacerá una nueva clase de armonía de una fuerza y belleza únicas. Cuando estas antiguas zonas sean curadas, la armonía resultante estará colmada de riqueza, sabiduría y luz. Esto profundiza la armonía que la madre Tierra experimentará, una profundidad que sólo puede adquirirse curando estas zonas antiguas.

¿Acaso no es extraordinario percatarse de que podemos alcanzar algo que está en el pasado, o aun algo llamado «el futuro» mediante el poder curativo de nuestro canto del alma? Al hacer esto, ayudamos a crear una mayor armonía en la madre Tierra. Tenga en mente que aunque esta armonía resuena con los sonidos que conocemos, no está limitada a ellos. Vendrá un tiempo durante La era de la luz del alma en la cual seremos capaces de experimentar más plenamente y de manifestar la gama completa de sonidos existentes. Por ahora esto no es muy importante, pero vendrá un tiempo en el que la gama de sonidos que captemos será infinitamente expandida.

Cada uno de nosotros tiene la posibilidad de cantar un canto del alma. Aunque algunos de ustedes respondan diciendo: «En mi caso no, si ni siquiera puedo cantar una melodía», sepan que si pueden hablar, pueden entonces cantar. La capacidad para ser entonado es irrelevante. El canto del alma no proviene de algo externo a usted, ni de algo que ha aprendido o le han enseñado, ni de algo que ha escuchado. El canto que cantará proviene de su alma. Cuando permite simplemente a su canto del alma fluir como venga, se sorprenderá agradablemente de su nueva capacidad para permanecer entonado y cantar afinado. El entonar el canto del alma es una forma totalmente diferente de cantar que producirá siempre y exactamente lo que sea necesario en ese momento en particular.

Como ya he dicho, el canto del alma de cada persona diferirá del de los demás. Su propio canto del alma variará de acuerdo con lo que esté haciendo o las circunstancias alrededor suyo. Esto es parte del placer que nos proporciona este don tan singular. Al tiempo que permite a su alma hacer brotar su canto, usted está haciendo una grandiosa y única contribución a la madre Tierra y a todos sus habitantes, al universo entero y a todos los tiempos. También está estableciendo una extraordinaria conexión con Dios, con el Mundo del Alma entero y aun más allá. Usted es la manifestación de un sonido sagrado.

Las posibilidades de armonía en el universo

Todo lo que he mencionado acerca de que el canto del alma porta una mayor armonía a la madre Tierra, se cumple también para el resto del universo. Cada parte del universo tiene su propio canto del alma, su propia vibración y su propia frecuencia. Piense en las estrellas, los planetas, los asteroides y el espacio entre ellos. Piense en todos los obstáculos en el espacio alrededor de la madre Tierra y en la Luna. Todas estas cosas tienen su propio canto y su propia vibración. Todas las almas de todo el universo también tienen su propio canto. En algunos de estos cantos hay una gran resonancia y armonía, pero en otros hay una gran disonancia y discordia. En ciertas partes del universo hay una gran necesidad de una profunda y penetrante curación.

Al entonar su canto del alma, los beneficios se extienden a todo el universo. Hay ocasiones en las que sería beneficioso para usted ofrecer bendiciones curativas al universo a través de su canto del alma.

También puede solicitar bendiciones curativas para sí mismo. El poder y la energía existentes en la inmensidad más allá de la madre Tierra son extraordinarios. Como mencioné en la última sección, hay muchas almas más allá de la madre Tierra deseosas de aunar sus fuerzas, luz y servicio con ella para ayudarla en este tiempo. También están deseosas de hacerlo por todo el universo. Usted puede vincularse con esas almas a través de su canto del alma. Puede participar en sus esfuerzos. Puede prestarles ayuda.

Los cantos del alma ayudarán a todos los aspectos del universo a estar en una mayor armonía. Esto tomará tiempo, el universo es vasto. La curación que exige el universo también es vasta; pero es muy importante iniciar ese proceso curativo y saber que el uso del canto del alma lo acelerará. La luz y frecuencias que irradiarán al universo serán muy potentes, pero suaves al mismo tiempo. Este maravilloso don que es el canto del alma podrá tocar las más recónditas zonas de bloqueo en el universo.

Esas zonas comenzarán a experimentar un principio de luz, algo como los primeros vestigios del amanecer cuando solamente se vislumbra la presencia de la luz. Podríamos describir esto como el irrumpir del alba a través de las tinieblas. El canto del alma tiene un efecto similar en el universo. La luz liberada junto con la energía, la vibración y la frecuencia, comienzan a moverse y a hacer vibrar esas zonas que previamente resistían la presencia de la luz y del amor. Al suceder esto, acontecerá la más sorprendente transformación.

También se encontrará la más sorprendente resistencia. Pero entonando continuamente el canto del alma, esa resistencia se transformará lentamente. Ésta es una maravillosa forma de servir. El canto del universo está algo silencioso por el momento. Al transformarse la vibración y frecuencia del universo a través de su canto del alma y el de otros, el canto del universo se volverá más vibrante, más pleno, sonoro y armonioso.

La resistencia que el canto del alma encontrará tiene también su propio canto. Sin embargo, éste es un canto de disonancia y discordia. Al transformarse el canto del universo tornándose más sonoro y pleno, también la calidad de resistencia del canto se transformará. La disonancia pasará a ser parte del canto de una manera verdaderamente grandiosa. Mejorará la armonía al complementar lo que ya existe. La disonancia nos permite apreciar y disfrutar más plenamente la armonía. Una da pie a la otra. La armonía nos permitirá apreciar la disonancia transformada. Ésta, a su vez, hará posible que escuchemos y disfrutemos una completa armonía. Ambas se combinarán y armonizarán de una manera extraordinaria.

Al ocurrir esto, la vibración y frecuencia del universo se armonizarán cada vez más con Dios y los niveles más altos del Mundo del Alma. El canto del alma es sumamente bello. Tiene un extraordinario potencial, e incluso ahora, un poder sorprendente. Al unirse su canto del alma con este aspecto del canto del universo, se acrecienta su poder. Así como su canto del alma trae consigo la más sorprendente transformación dentro de su ser e irradia a otros, así lo hace también el canto del universo. El canto del universo es también capaz de transformarse a sí mismo.

Usted puede brindar un gran servicio valiéndose de su canto del alma para enviar bendiciones curativas al universo. Es muy importante que envíe solamente bendiciones curativas. No envíe bendiciones para detener o interferir en los enfrentamientos del universo. No tiene suficiente virtud para hacer eso. Si tratara de hacerlo, podría experimentar serias aflicciones que pudieran tornarse graves. Podría, por ejemplo, caer gravemente enfermo. Es sumamente importante que obedezca esta ordenanza.

Reitero: no trate de detener confrontaciones; éstas se han acentuado de tal manera que se encuentran más allá de su nivel y alcance, pero sí es apropiado enviar bendiciones curativas. Éste es un acto muy distinto. Las bendiciones curativas son para los daños y lesiones que resultan de las confrontaciones. Es apropiado enviar su canto del alma a curar lo que ha sucedido. Si tuviera preguntas o dudas de si es apropiado o no usar su canto del alma de esta manera, le recomiendo que no lo haga. La pregunta le indica que usted no es todavía lo suficientemente fuerte para eso en estos momentos.

Aunque todas estas precauciones son muy importantes y deben tenerse presente y observarse, usted debe saber que, al entonar su canto del alma, el universo saldrá beneficiado. Su canto del alma tiene una calidad y una relación con Dios que se extiende más allá de la madre Tierra. Será parte del proceso que ayudará a traer armonía a todo el universo, aun cuando no haya sido su intención consciente. El canto del alma de cada uno de ustedes es tan pequeño que toca la materia diminuta y el más mínimo espacio dentro de su ser, a la vez que se extiende mucho más allá de cada uno. Las vibraciones y frecuencias así irradiadas se unirán a aquellas de todo el universo.

Todo esto es posible gracias a la conexión única del canto del alma con el sonido existente en todo el Mundo del Alma. Su canto del alma se conecta con Dios y los niveles más altos de forma única. Asombrosamente, su canto del alma tiene la capacidad para participar en el sonido de los más altos niveles del Mundo del Alma, aun cuando su propio nivel jerárquico no esté a esa altura. Piense en términos de un concierto. Los sonidos de todos los instrumentos se combinan y armonizan unos con otros. Un instrumento en particular pudiera tener una frecuencia y vibración muy alta, mientras que otro pudiera tener un solo en un momento del concierto. Otro instrumento podría tener la parte más sonora en otro momento. Sin embargo, todos los instrumentos son importantes porque se combinan y complementan entre sí. Todos contribuyen con sus distintivas frecuencias y vibraciones a la belleza total del concierto.

Esto es semejante a lo que pasa con su canto del alma. Aun cuando su nivel jerárquico no sea tan alto como el de los santos del más alto nivel, la frecuencia y vibración suyas contribuyen al sonido general y a todo el concierto. Esta es la manera en la que su canto del alma ayuda a posibilitar la armonía en todo el universo. La gama de sonidos en esta armonía rebasa verdaderamente su capacidad de imaginación. No basta decir que su belleza y poder son extraordinarios.

El hecho de que su canto del alma pueda resonar con todo esto es un don muy singular. Es un don para usted y para otros. A medida que cada persona saque a relucir su canto del alma, se acelerará el proceso de lograr una mayor armonía en todo el universo. Por supuesto, tomará tiempo para que fructifique este proceso. Tomará tiempo completar la transformación. Aún más, lo que sucede en nuestro universo, sucede también en otros universos. Cada uno asiste a los demás. Hemos sido sumamente bendecidos porque algo tan placentero y tan grato como entonar nuestro canto del alma resulta tan poderoso, tan transformador y brinda un servicio tan efectivo. Este don y esta bendición son algo verdaderamente muy singulares.

El canto celestial

Lo que sucede a través de la liberación del canto del alma es que la voz humana es capaz de expresar partes del canto celestial. Cuando usted entona su canto del alma, se vincula con un aspecto de los dominios superiores que nunca antes ha sido posible. Éste es el momento apropiado en la historia de la madre Tierra para hacer descender, en el sentido estricto de esta expresión, el canto celestial a la Tierra. Cada persona que recibe y saca a la luz su canto del alma es un mensajero privilegiado, un cantante privilegiado de la parte del canto celestial que le es revelada a través de su canto.

El canto celestial sobrepasa nuestra capacidad de comprensión y de imaginación. Cada persona que recibe y saca a la luz su canto del alma puede traer ese pedacito del cielo a la Tierra y manifestarlo en forma de canto. Es una gran bondad, generosidad y misericordia de Dios otorgarnos este exquisito don en este tiempo.

El saber que usted es, literalmente, la voz del cielo cuando entona su canto del alma, es un honor y un privilegio muy singulares. El cobrar conciencia de ello lo ayudará enormemente a transformar aquellos aspectos de su ego que pudieran estar fuertemente enraizados en su modo de pensar, sus actitudes y sus creencias. Es difícil enfocar la vida desde el punto de vista del ego cuando está consciente de que es la voz de una parte del canto celestial, de que no sólo le ha sido otorgado este pedacito de cielo, sino que también tiene la oportunidad de hacerlo presente en la Tierra.

Muchos de quienes expresen su canto del alma liberarán también una gran alegría. Para muchos, el entonar el canto del alma va acompañado de una sonrisa, por lo que es posible decir que el canto celestial es también la presencia de una sonrisa celestial. Cuando entona su canto del alma, está haciendo presente la sonrisa celestial en la Tierra. Otro don maravilloso le ha sido otorgado a quienes expresen su canto del alma.

Usted puede tener otras experiencias mientras entona su canto del alma. A lo mejor se siente conmovido hasta las lágrimas sin saber exactamente por qué. A veces esas lágrimas son simplemente una forma de liberación; otras veces son curativas. En ocasiones denotan una gran tristeza. Todo esto es parte de los dominios superiores, así que al igual que con la sonrisa celestial, tiene el privilegio de hacerlos presente en la Tierra.

Tal vez se sorprenda al escuchar que también hay tristeza en los dominios superiores, pero esta tristeza es muy diferente a la que nosotros experimentamos como humanos aquí en la Tierra. Es similar a la tristeza experimentada por los padres que observan a sus hijos elegir algo dañino, pero es una tristeza sin ataduras. Cuando se haga presente este aspecto del cielo en la Tierra, constituirá una poderosa curación para todos, transformando la tristeza existente en los corazones humanos. De este modo, si a veces su canto del alma lo conmueve hasta las lágrimas, tenga presente que esto es también un don. Cualquiera que fuese su experiencia, está trayendo ese aspecto de los dominios superiores a la Tierra, prestándole su voz. Éste es un privilegio, un honor y una responsabilidad que sobrepasan nuestra capacidad de expresión.

Cuanto más use su canto del alma, tanto más capaz será de entrar en el poderoso y extraordinario ámbito de lo que significa traer el canto celestial a la Tierra. Cualquiera que fuese la experiencia de su canto del alma, estará siempre colmada de luz, amor, perdón, paz, curación, armonía y bendiciones. Sin importar cómo se sienta al entonar su canto del alma, se establecerá un vínculo con todas esas cualidades porque son parte del canto celestial, sin que importe la forma en que se expresen y experimenten. El canto celestial es también una expresión de servicio; es una de las formas más elevadas de servicio que se manifiesta en la Tierra en este tiempo. Cada aspecto del canto del alma es una expresión de este magnífico servicio.

El canto celestial es el sonido que existe constantemente en los dominios superiores. Ciertamente, es el sonido que ha existido antes de la creación del tiempo. El sonido que existe en cada uno de estos dominios difiere en calidad. Actualmente nos conectamos con el canto celestial que existe en Jiu Tian (hay algunos que también se están conectando con Tian Wai Tian, pero son muy pocos). Este es un extraordinario don. Es un magnífico honor y privilegio ser un mensajero del canto celestial.

Sepa que el canto celestial es un canto de luz. Cuando entona su canto del alma, no sólo está emitiendo sonido, sino también luz. La capacidad para ofrecer este poderoso servicio es un nuevo don de Dios para usted en este tiempo. Con el simple hecho de entonar su canto del alma, colma todo a su alrededor de luz, y esta luz irradia mucho más allá de usted. Recuerde que su canto del alma también se vincula con todo lo que lo rodea, así que la posibilidad de incrementar la presencia de la luz divina es enorme. Esta posibilidad sobrepasa verdaderamente su capacidad de imaginación. Ni siquiera quienes tienen capacidades del tercer ojo podrán observar el impacto total de esa posibilidad.

Ésta es otra faceta de la extraordinaria naturaleza de este don y del servicio que le permite a usted brindar cada vez que lo entona. Entonar ese canto durante el transcurso del día lo transformará en gran medida, será capaz de traer esa parte del cielo a la Tierra y hacer que lo circunden, a usted y a sus actividades. Qué maravilla saber que el cielo está en la Tierra con usted de manera tan singular, sobre todo en este tiempo en particular en los que hay tantas personas tensas, desilusionadas y abrumadas.

Cuando entona su canto del alma y trae parte del cielo a la Tierra, usted está circundado por una radiante luz divina. Si se adentra en esta experiencia, se dará cuenta de que su estrés, sus desilusiones, su sentimiento abrumador, cambian drásticamente. Las bendiciones del canto celestial son ilimitadas. Pida la bendición que quiera, y luego entone su canto del alma. Recibirá increíbles bendiciones colmadas de luz.

Al mismo tiempo, debe tener presente la necesidad de librarse de cualquier atadura y expectativa. La primera sección sobre el lenguaje del alma abunda en estos temas. Aquí deseo simplemente recordarle que es necesario no tener ninguna expectativa ni atadura. Esto le permitirá recibir cualquier cosa que le sea otorgada a través de su lenguaje del alma como ese don exquisito en que consiste. Cuando se muestre agradecido por cualquier respuesta que tenga, Dios, a su vez, responderá de una manera casi extravagante. La generosidad de las bendiciones que reciba es mucho mayor de lo que pueda imaginarse.

Hay un dicho que puede ilustrar lo que quiero decir. La gente con frecuencia repite esta cautelosa muletilla: «Le dan un dedo y se coge la mano». Refiriéndonos a Dios, este dicho sería: «Si le das a Dios un dedo, él te dará su mano». Cualquier cosa que ofrezca a Dios se la retribuirá con extravagante abundancia. Ofrezca su gratitud a través del canto del alma y vendrá de vuelta con la más extraordinaria abundancia y generosidad.

Todo esto es parte de hacer presente el canto celestial en la Tierra. La calidad de amor, perdón, paz, curación, armonía, bendición y luz que usted experimentará e irradiará se incrementarán de una manera extraordinaria. Se manifestarán en la madre Tierra poderosos beneficios vinculados con el canto celestial. Lo que está sucediendo en estos momentos de su historia es muy importante, pues servirá de gran ayuda en su purificación y transformación. El participar en este proceso es un gran acto de servicio.

El canto celestial también está presente en la madre Tierra de forma silenciosa. Tal vez suene confuso, pero es totalmente cierto. Usted ya puede haberlo experimentado al escuchar música en su interior. A veces escucha una melodía; otras escucha unas palabras que acompañan la melodía. Esta experiencia es la presencia del canto celestial. Algunos de ustedes pueden haber tenido esta experiencia durante algunos años. Si es así, han tenido el honor y el privilegio de haber sido parte del proceso de preparación para hacer brotar el canto celestial en este tiempo.

El canto celestial está presente en todos los habitantes de la Tierra. A veces experimentará que siente, e incluso puede escuchar, partes del canto de aquellos o aquello que lo rodean cantando en armonía con su canto celestial. Incluso pudieran estar cantando lo que suena como su cántico del alma, pero en un registro diferente. Pudiera también escuchar como los cantos del alma de los demás se unen a los suyos y se combinan para producir un magnífico sonido. Todas estas experiencias hacen presente el canto del alma en la Tierra.

Al suceder esto, se lleva a cabo una profunda transformación a todo nivel: físico, mental, emocional y del alma. No exagera uno al decir que de la combinación de todos estos cantos del alma resultarán cambios extraordinarios, acelerándose enormemente el proceso de bendición, purificación y transformación. Cada vez más personas experimentarán profundamente la presencia de Dios. La gente reconocerá y se percatará de la primacía del alma en todo aspecto de la existencia. Todas estas bendiciones serán parte de la maravillosa combinación de cantos del alma.

Estos cambios tendrán lugar en los más pequeños niveles subcelulares. También ocurrirán en el nivel de órganos y sistemas. Aun las estructuras construidas por la humanidad experimentarán esta transformación y participarán en el aumento de luz y presencia divinas. Por supuesto este proceso tomará tiempo, pero ya ha comenzado.

Este proceso traerá grandes beneficios a la madre Tierra en este tiempo de su purificación. Traerá grandes beneficios a todo el universo y más allá. Los dominios de mayor jerarquía ofrecen el don de su canto particular. Cada dominio tiene su propio sonido singular. Los sonidos de Jiu Tian difieren de los de Tian Wai Tian. Los sonidos del más allá de Tian Wai Tian son, a su vez, diferentes; pero todos los dominios estarán en sincronía y armonía unos con otros. Cuando la madre Tierra resuene por fin enteramente con el canto de Jiu Tian, entonces estará lista para resonar con el de Tian Wai Tian y el de más allá. Las posibilidades son ilimitadas.

Lo que es posible para la madre Tierra y todas sus criaturas sobrepasa nuestra capacidad de imaginación. En estos momentos nadie sabe en detalle todavía cómo se desarrollará este proceso, cómo pinta o cómo se manifestará. Lo que sí sabemos es que la transformación proseguirá su curso. La generosidad de Dios y de los santos de mayor jerarquía continuará. La presencia de la luz divina y todos los aspectos de Dios y los santos de mayor jerarquía se manifestarán grandiosamente. Hemos sido muy privilegiados. Hemos sido muy bendecidos.

La curación, el rejuvenecimiento y la transformación de los cantos divinos del alma

A estas alturas usted entiende que el canto del alma es un preciado tesoro que Dios nos da generosamente al comienzo de La era de la luz del alma. Recibí mi primer canto del alma directamente de Dios el 10 de septiembre de 2005, mientras disfrutaba del bosque de secoyas en el condado de Marin, California, con tres de mis estudiantes aventajados.

Mi primer canto divino del alma se titula «Amor, paz y armonía». Me fue transmitido desde el corazón de Dios con letra en lenguaje del alma. Yo luego traduje el lenguaje del alma, primero al chino y luego al inglés. A continuación la letra original y la traducción al español:

Lu La Lu La Li
Lu La Lu La Li
Lu La Lu La Li Lu La
Lu La Li Lu La
Lu La Li Lu La

Amo a mi corazón y a mi alma
Amo a toda la humanidad

Unamos corazones y almas
Amor, paz y armonía
Amor, paz y armonía

Visite el portal electrónico www.mastershasoulsong.com para oírme cantar este canto del alma. En la actualidad, miles de personas en todo el mundo entonan este canto del alma todos los días en procura de curación, rejuvenecimiento, transformación de vida y servicio. Desde fines de 2005, también he enseñado a miles de estudiantes de todo el mundo a cantar sus propios cantos del alma, así como se lo he enseñado a usted en este libro.

Su canto del alma es portador de su propio poder del alma, pero lo conecta con el poder del alma de seres espirituales elevados en el mundo espiritual. Su canto del alma lo vincula también con el amor y la luz divinos. Su canto del alma es un tesoro espiritual para la curación, la prevención de enfermedades, el rejuvenecimiento y la prolongación de la vida, así como para la transformación de relaciones, la economía y otros aspectos de la vida. En menos de tres años, los cantores del canto del alma han compartido millares de historias conmovedoras de curaciones y transformaciones producidas por sus propios cantos del alma.

A principios de 2008, Dios me llevó aún más lejos: «Zhi Gang, éste es el momento de que entones cantos del alma para la curación y el rejuvenecimiento de la humanidad. Por ser tú mi siervo, mi vehículo y mi canal, tu canto del alma es portador de mi amor, mi luz y mi compasión. También transferiré a tu alma muchas almas divinas. Cuando entones un canto del alma, esas almas saldrán a servir a la humanidad y a otras almas». Yo me sentí profundamente conmovido. Luego de recibir las transferencias divinas de Dios todos los días durante una semana, invoqué a estas nuevas transferencias divinas y grabé cierto número de cantos del alma para curaciones y rejuvenecimiento de varios órganos, sistemas, partes del cuerpo y desequilibrios emocionales.

Dios me guió a ofrecer cantos del alma para curar y rejuvenecer a toda la humanidad. Usted puede encontrar una muestra de ellos en www.drsha.com. En menos de dos meses, se han reportado centenares de conmovedores relatos de notables curaciones y transformaciones de vidas que se han producido al escuchar mis cantos del alma. Mi corazón se siente profundamente conmovido. No puedo honrar a Dios lo suficiente por esta orientación, bendición y poder del alma.

Como un regalo especial para usted, incluyo un CD de mi canto del alma para la curación y el rejuvenecimiento del cerebro y la columna vertebral. Le recomiendo que escuche esto a menudo e incluso repetidamente. Podría oírlo constantemente a bajo volumen en su casa o en su oficina. Este canto del alma podría ofrecerle curación para muchos problemas de salud, porque el cerebro y la columna vertebral incluyen el sistema nervioso central, que se conecta con todos los sistemas, todos los órganos y todas las células del cuerpo.

Cuando escuche este canto del alma, no se olvide ante todo de saludar:

> *Querido canto del alma para la curación y el rejuvenecimiento del cerebro y la columna vertebral, te amo, te honro y te aprecio. Por favor, otórgame una bendición y una curación* (enuncie aquí sus problemas de salud o las bendiciones que desea recibir). *Gracias.*

Una onda curativa del alma de amor, luz, compasión, vibración y frecuencia divinos se derramará en su cuerpo y en su alma para servirle. Mi canto del alma es su servidor. Ojalá usted reciba grandes resultados curativos de este canto del alma.

Conclusión

E sta sección del canto del alma es un tesoro muy singular. Creo sinceramente que sus enseñanzas serán muy beneficiosas para usted en este tiempo. Las bendiciones contenidas en esta sección y en todo este libro son muy eficaces. Utilice este libro como un medio, como un maestro sabio y singular, y muéstrele un gran respeto. Las enseñanzas en este libro contienen la posibilidad de cambiar su vida significativamente. Lo ayudarán a transformar la madre Tierra. Usted puede participar en este proceso curativo y contribuir a acelerarlo poniendo en práctica lo que ha aprendido en este libro.

La subsección «El canto del alma es un don muy especial de nuestro tiempo» le ayudará a apreciar el hecho de que este libro es mucho más que un simple libro. Es un medio de manifestación de la presencia divina. Lleve consigo este libro durante el día, si le es posible, de manera que esté físicamente presente con usted adondequiera que vaya y no importa lo que esté haciendo. Este libro tiene la capacidad de irradiar las bendiciones que he descrito en sus páginas. También hace presente la sabiduría y las enseñanzas dadas en ellas.

A sabiendas de esto, usted puede apreciar la importancia de llevar este libro con usted todo el tiempo. Le ayudará a comprender las asombrosas y extraordinarias bendiciones que recibirá haciendo esto.

Estas bendiciones se difundirán mucho más allá de usted. Siga mis sugerencias y se complacerá en observar los cambios en su ambiente de trabajo. Estos cambios pueden ocurrir simplemente teniendo este libro con usted todo el tiempo.

El llevar consigo este libro le servirá también como un maravilloso recordatorio para usar su lenguaje y canto del alma a lo largo del día, ya sea silenciosamente o en voz alta. Podrá brindar también un gran servicio simplemente por llevar el libro consigo. Este servicio podría incrementarse usando su lenguaje y canto del alma. Ocurrirán muchos cambios en usted y a su alrededor. Preste atención a esos cambios. Tendrá oportunidad de decir «gracias» y de usar su lenguaje y canto del alma para bendecir los cambios. No puedo hacer suficiente énfasis en la importancia de seguir estas sugerencias. A medida en que las siga, le sorprenderá lo que observe y experimente.

Todo lo que he dicho es sólo un indicio de las posibilidades que le ofrecen a usted y, a través de usted, a la madre Tierra y más allá de ella. Las experiencias que obtenga al seguir estas sugerencias le ayudarán a entender cada vez más cuán infinitas son las posibilidades. Es una humilde pero extraordinaria bendición el poder brindar este servicio y participar en este extraordinario aspecto de la presencia divina.

Sea usted muy bendecido. Es un honor y un privilegio para mí servirlo de este modo.

TERCERA PARTE

El movimiento del alma

Antigua práctica para energizar,
curar, rejuvenecer e iluminar el alma,
la mente y el cuerpo

Introducción

Durante los miles de años de historia registrada, ha habido innumerables prácticas energéticas y del alma. China, India, Egipto, Hawai y muchos otros lugares han sido la fuente de estas prácticas, las cuales incluyen las sagradas y a menudo secretas enseñanzas del taoísmo, el budismo, el yoga, el tai chi y el qigong, por nombrar algunas, las cuales han evolucionado continuamente hasta hoy en día. Estas enseñanzas ofrecen sabiduría, conocimientos y prácticas para estimular la energía, la vitalidad, el vigor y el sistema inmunológico. Estas prácticas pueden curar, prevenir enfermedades, rejuvenecer y prolongar la vida. Pueden transformar vidas.

Gran parte de esta antigua sabiduría, conocimientos y prácticas no es conocida por muchos. De hecho, gran parte de estas enseñanzas se había mantenido en estricto secreto, siendo dada a conocer a únicamente uno o dos de los titulares de linaje de cada generación. Toda esta sabiduría es inapreciable por su poder y veracidad, comprobada y refinada al transcurso del tiempo. Estas enseñanzas pueden mejorar la salud. Pueden curar enfermedades. Pueden rejuvenecer a las personas. Pueden prolongar la vida humana. Pueden traer alegría y paz interior a todos aquellos que sigan y practiquen las enseñanzas. Pueden transformar a la humanidad.

Mi aprendizaje

En esta vida tuve el honor y el privilegio de comenzar mi aprendizaje de tai chi a la edad de 6 años, y de qigong a los 10. También estudié feng shui, I Ching, budismo, taoísmo y confucianismo, así como Shaolin kung fu que usa bastones, espadas y cuchillos. He recibido muchas bendiciones por haber tenido entre mis maestros a los más renombrados maestros de tai chi, qigong, I Ching y feng shui. Estudié medicina occidental y me gradué de Doctor en Medicina y en medicina tradicional china, lo cual me convirtió en acupuntor y herbolario. En 1986, comencé a estudiar la Medicina Zhi Neng. «Zhi Neng» significa «inteligencia y capacidades de la mente y el cuerpo». En 1996 comencé a estudiar «Medicina de espacios corporales» con el Maestro Zhi Chen Guo, mi mentor y padre del alma, creador de la Medicina Zhi Neng. Todos mis maestros, especialmente el Maestro Zhi Chen Guo, me facultaron para desarrollar sólidos fundamentos de energía, vitalidad y vigor para mi desarrollo del alma. Me transmitieron numerosos conocimientos, sagrados y secretos, entre ellos muchas prácticas ocultistas.

En 1993 el Maestro Guo, padre de cinco maravillosas hijas, me adoptó como su único hijo, seleccionándome como su exclusivo representante mundial para enseñar y difundir la Medicina Zhi Neng y la Medicina de espacios corporales. Los mejores maestros de taoísmo y budismo que me han enseñado no me permiten mencionar sus nombres porque desean prestar al universo de una manera pura y discreta. Sin embargo, deseo de corazón reconocerlos y agradecerlos por sus enseñanzas. Deseo honrar a todos mis maestros profundamente por todas sus enseñanzas sobre la antigua sabiduría y prácticas de tai chi, qigong, I Ching y feng shui, así como las sagradas enseñanzas del taoísmo, el budismo y el confucianismo. Honro a todos ellos desde lo más profundo de mi corazón. Sin sus enseñanzas no hubiera podido crear la enseñanza del «movimiento del alma» presentada en este libro.

En el año 2003 fui elegido por Dios como servidor, vehículo y canal divinos. Dios me otorgó el máximo honor y la capacidad de transmitir tesoros permanentes de curación y bendición divinos a la humanidad. En unos pocos años he ofrecido innumerables tesoros permanentes de bendición y curación divinos a la humanidad y a todas las almas en el universo. He sido sumamente bendecido por haber tenido como maestros no sólo a varios de los mejores maestros del mundo físico, sino también a mis padres y madres del Mundo del Alma, así como a Dios directamente. Gracias a sus sagradas instrucciones he podido integrar toda la sabiduría, conocimientos y prácticas que he adquirido a fin de crear esta enseñanza del movimiento del alma.

Sencillo y práctico

El movimiento del alma es muy sencillo y práctico. Tal vez es demasiado sencillo de creer. Me gustaría compartir con ustedes una inspiración fundamental: *La enseñanza más sencilla es la mejor enseñanza. La práctica más sencilla es la mejor práctica.* Usted no tiene que batallar de 30 a 50 años en el intento de averiguar cómo ser experto en algo y dominarlo. Yo me pasé cerca de 50 años tratando de deducir cuál era la mejor sabiduría. Ahórrese tiempo. Reciba la sabiduría, los conocimientos y la práctica en este libro. El movimiento del alma puede mejorar su salud, estimular su energía y vitalidad, ofrecer curación y rejuvenecimiento, y prolongarle una vida enérgica y sana. El movimiento del alma puede también transformar cada aspecto de su vida.

El ser humano consta de alma, mente y cuerpo. El cuerpo es el templo de su ser. La mente es su conciencia, su estado consciente. El alma es la esencia de su ser. Un ser humano no puede existir sin el alma. El alma es su espíritu, su mensaje y la esencia de su vida. Si su tercer ojo está abierto, puede ver realmente a su querida alma, un pequeño ser dorado de luz que reside en su cuerpo. Este ser tiene cabeza, cuerpo, brazos y piernas. Este ser tiene emociones, simpatías y antipatías. Este ser tiene una mente consciente, sueños y deseos.

Este ser tiene su propia existencia, la cual abarca cientos o miles de vidas.

Su ser tiene enormes poderes potenciales para transformar su vida. Quizá no haya pensado en ello ni se haya percatado de la importancia que tiene su pequeño ser de luz dorada. No se olvide de que este pequeño ser dorado de luz tiene enormes poderes y un enorme potencial. Puede cambiar dramáticamente su vida; la diferencia es como del cielo a la Tierra. Preste atención a su pequeño ser de luz dorada. Debe nutrirlo. Su ser puede curar, prevenir enfermedades, estimular su energía, vitalidad y vigor, rejuvenecer su alma, mente y cuerpo y prolongar su vida.

El movimiento del alma usa el poder del alma, incluido el poder de su propia alma. También usa el poder de otras almas exteriores a usted, incluido las almas de la naturaleza, las almas de sus padres y madres del alma y el alma de Dios. Todas estas almas tienen grandes poderes curativos, de bendición, rejuvenecedores y transformadores de cualquier aspecto de su ser. Lo único que debe aprender es cómo lograr el acceso a ese poder. El poder del alma es la clave del movimiento del alma. El poder del alma es la razón por la cual el movimiento del alma funciona.

Hay varias formas de movimiento del alma. Esta sección le enseñará cómo realizarlo estando acostado, sentado, de pie o caminando. Cada una de estas formas de movimiento del alma sirve a un propósito específico. Cada una de estas formas es importante. Una práctica completa del movimiento del alma es la que integra las cuatro formas. Este libro explicará este concepto al ofrecerle sencillos protocolos de práctica para facultarlo a recibir los máximos y completos beneficios de esta antigua práctica, hasta ahora mantenida en secreto.

Son muchos los beneficios del movimiento del alma. Entre otras cosas, le enseñaré a hacerlo para:

- estimular su energía y su vigor
- curar

- rejuvenecer
- iluminar su alma, mente y cuerpo.

El movimiento del alma integra miles de años de principios, leyes y prácticas antiguas para el desarrollo de la energía y el camino del alma. Le proporcionaré una orientación específica de cómo hacer el movimiento del alma, y le diré cuál es su propósito y por qué funciona. Aunque sencillo, práctico y fácil de aprender, el movimiento del alma es poderosa y profundamente efectivo.

Un regalo para la humanidad

El movimiento del alma es un tesoro práctico para la humanidad. Es un regalo para quien esté a la búsqueda de sabiduría y prácticas antiguas, de una salud óptima y de la curación de afecciones crónicas y potencialmente fatales. Úselo para rejuvenecer, prolongar su vida y cumplir su trayectoria del alma. El movimiento del alma es una flor en cierne que servirá y nutrirá su alma, mente y cuerpo. Es una flor muy singular, una flor de loto color arco iris que trae consigo luz y líquido universales —los aspectos Yin y Yang, respectivamente— de la nutrición universal. Trae consigo todos los conocimientos, sabiduría y práctica sagrados. Estos principios pueden condensarse en unas cuantas oraciones.

Tengo el gran honor de presentar estas enseñanzas a la humanidad en el siglo XXI. El movimiento del alma está basado en varios antiguos secretos. Es un honor para mí haber recibido estos secretos. «Recibir es dar». Estos antiguos secretos no pueden seguir estando ocultos. Deben ser revelados y modernizados para poder aplicarse en nuestro tiempo. Deben compartirse y difundirse lo más posible. Debe permitirse que sirvan a la humanidad. Permita que el don del movimiento del alma le sirva bien.

Dar es recibir. Sé que al compartir estos secretos con ustedes de todo corazón y sin reservas estoy haciendo más espacio en mi almacén de inteligencia para poder recibir nuevos secretos y sabiduría. Espero sigan este principio y compartan el don del movimiento del alma con sus seres queridos y amistades. Sirva a los demás así como a sí mismo con este tesoro divino, y la generosidad que brinde le será devuelta en abundancia. Ojalá use este don del movimiento del alma para servir bien a otros.

La era de la luz del alma

En estos momentos en que escribo esta sección del libro, nos encontramos al comienzo de La era de la luz del alma. Este ciclo de quince mil años de duración de la madre Tierra y el universo comenzó el 8 de agosto de 2003. En esta era, el poder del alma cobrará amplio reconocimiento público, se desarrollará plenamente y se utilizará con toda confianza. El alma guiará cada aspecto de nuestras vidas y culturas, incluidas las ciencias, la educación, la economía y la política. El alma será suprema. El alma será líder. El alma estará a la cabeza.

Mi misión total en esta vida es posibilitar que fructifique La era de la luz del alma. Quiero ayudar a transformar el nivel de conciencia de la humanidad y los seres del universo. Quiero que todo ser reconozca la importancia del alma, acepte la importancia que tiene, confíe profundamente en ella y crea en la sabiduría del alma para poder ser guiado por ella en cualquier aspecto de su vida. ¿Por qué? Porque el alma posee gran sabiduría que ha adquirido durante el transcurso de sus muchas vidas. El alma tiene un gran poder. El alma siente un gran amor y cariño. El alma quiere servir para beneficiar a otros, en lugar de beneficiarse a sí misma. El alma desea amor, paz y armonía. En última instancia, el alma quiere regresar a su origen, el corazón de Dios. Sólo cuando se transforme el nivel de conciencia (la mente) de la humanidad y todos los seres, y se percaten ellos de todo esto, podrán entonces alma y mente vivir en armonía. Sólo entonces podrán convivir todos los seres en amor, paz y armonía. Sólo entonces podrán todos los seres unir sus corazones y mentes como si fueran uno.

Mi misión total incluye el otorgamiento de facultades para ayudar a lograr el *wan ling rong he*, que significa «la unidad de todos los seres como si fueran uno». Mis tres facultades son:

- Facultar a las personas a ser servidores universales incondicionales.
- Facultar a las personas a curarse a sí mismas y a otras.
- Facultar a las personas a usar el poder del alma para transformar todos los aspectos de sus vidas, mentes y cuerpos.

La mente —y el raciocinio lógico en particular— es grandiosa. Ha llevado a la humanidad a realizar grandes descubrimientos y creaciones. Sin el raciocinio lógico no existiría la vida tal y como la conocemos. Sin embargo, el depender totalmente de la mente no basta. En lo concerniente a la salud y la curación, por ejemplo, es muy conocida la conexión «mente-cuerpo» pues ha sido concienzudamente estudiada: intención de la mente, concentración, enfoque, afirmación, imaginación, flexibilidad, creatividad, visualización, inspiración y manifestación. Todas han demostrado poder ofrecer beneficios verdaderos y tangibles para nuestra salud y curación.

La mente sobre la materia es algo grandioso, pero no es suficiente. En mi reciente libro, *Medicina del alma, la mente y el cuerpo* (*Soul Mind Body Medicine*), explico que *el alma sobre la materia* tiene mayor valor que la mente sobre la materia. La mente es poderosa, pero el alma es mucho más poderosa. El alma puede lograr cosas que sobrepasan las capacidades de comprensión de la mente.

Debido a que el movimiento del alma es un movimiento *guiado por el alma*, se vale del poder del alma sobre todas las cosas. A través del poder del alma, el movimiento del alma ayuda a mis tres facultades y, de esta manera, a la totalidad de mi misión. A través del poder del alma el movimiento del alma puede servir, curar, transformar vidas e iluminar almas, mentes y cuerpos. El movimiento del alma pasará a ser un importante medio de enseñanza para transformar el nivel de conciencia (la mente) en La era de la luz del alma.

Antes de que pueda prosperar, La era de la luz del alma, la humanidad, la madre Tierra y todos sus habitantes deben pasar por un período de transición que proporcione el ímpetu para la transformación en masa del nivel de conciencia. Esta transición será una importante llamada de advertencia para todos los seres de este planeta. Los desastres naturales, tsunamis, huracanes, terremotos, sequías, inundaciones, temperaturas extremas, hambruna, enfermedades, guerras políticas y religiosas, terrorismo y otros cataclismos son parte de esta transición. Millones de personas sufrirán depresiones, ansiedad, temor, ira y angustia. Durante esta transición habrá una gran necesidad de servir y de ofrecer curaciones y sabiduría e iluminación del alma. ¿Cuánta necesidad habrá? Estas necesidades serán universales. La humanidad necesita ayuda. El nivel de conciencia de la humanidad debe ser transformado. Debe aliviarse el sufrimiento de la humanidad. Necesito este tesoro que es el movimiento del alma especialmente para este período de transición. Usted necesita este tesoro. La humanidad lo necesita.

El movimiento del alma es un servidor universal. Permita que nos sirva a todos. Practique este movimiento durante tres a cinco minutos por sesión. Incrementará su energía, refrescando su alma, su mente y su cuerpo. Practique entre quince minutos a media hora, y recibirá beneficios rejuvenecedores para prolongar su vida. Ojalá reciba de este servidor universal grandes beneficios para su alma, su mente y su cuerpo. Ojalá reciba grandes beneficios en su vida.

Abra su alma y corazón. Practique el movimiento del alma. Experimente sus beneficios. Recibirá alimento del alma. Recibirá sus bendiciones. Se transformará cada aspecto de su vida. Aprenda la sabiduría, conocimientos y práctica del movimiento del alma para estimular su energía diaria, rejuvenecer y tener verdadera energía interna, además de una mayor alegría y paz. Si todos practicáramos el movimiento del alma, todas las familias serían transformadas. La sociedad sería transformada. Cada ciudad, cada país sería transformado.

Esta antigua práctica secreta beneficiará a millones de personas en todo el mundo. Practiquemos juntos. Recibamos juntos los beneficios. Demos gracias a todos los maestros que me instruyeron. Apreciemos el alimento divino. Honremos la sabiduría y conocimientos universales. Seamos servidores universales sirviendo a otros, y unamos corazones y almas para traer armonía a la madre Tierra y al universo.

Amo a mi alma y a mi corazón
Amo a toda la humanidad
Unamos corazones y almas
Amor, paz y armonía
Amor, paz y armonía

Acompañe su movimiento del alma con este canto del alma llamado *Amor, paz y armonía*. Sírvase visitar www.drsha.com para escuchar este canto. Cuando lo cante, estará ofreciendo un amor total a sí mismo, a otros y al universo. Ofrecer este servicio de amor divino transformará profundamente su alma, su mente y su cuerpo. Entonar este canto del alma cuando practique su movimiento del alma acelerará y mejorará sus beneficios. Desarrollará rápidamente su energía, se curará, rejuvenecerá, transformará e iluminará su alma, su mente y su cuerpo.

El movimiento del alma requiere solamente de tres a cinco minutos por sesión de práctica. Puede hacerlo en cualquier posición: acostado, sentado, de pie o caminando. Puede hacerlo a cualquier hora, en cualquier lado. No tiene límites, ni de espacio ni de tiempo. El movimiento del alma puede conducirlo al vacío. Al encontrarse en ese estado, se fusionará con el universo para recibir inimaginables bendiciones del alma. Recibirá beneficios totales para su alma, su mente y su cuerpo, y para su vida.

Ojalá que el movimiento del alma le sirva bien a usted, a la humanidad y a todos los seres en todos los universos.

Gracias. Gracias. Gracias.

La fórmula básica para realizar el movimiento del alma

Todos entendemos lo que es un movimiento. Cuando usted sale a caminar por la mañana, eso es movimiento. Cuando sale a correr o nadar, eso es movimiento. Cuando va al gimnasio a hacer ejercicio, eso es movimiento. Yoga, Tai Chi y Qigong son todos diferentes formas de movimiento.

Los seres humanos se mueven. Los animales se mueven. Las plantas se mueven. Los insectos se mueven. Las bacterias y los virus se mueven. Las células se mueven. Las unidades celulares se mueven. Aún los objetos inanimados tienen movimiento; necesitamos simplemente verlo a nivel subatómico. Los ríos se mueven. Los océanos se mueven. Los árboles se mueven. Los glaciares se mueven. Las montañas se mueven. Las almas también se mueven. Cuando el corazón o los pulmones cesan de moverse, la vida termina. El movimiento es existencia.

¿Cuál es el fin del movimiento? Es el de promover el flujo de energía. El ejercicio vigoroso, tal como caminar y correr, mueve la energía. Prácticas antiguas que usan movimientos lentos tales como el tai chi y el Qigong también promueven el flujo de energía. El movimiento rápido es movimiento Yang. Este movimiento acelera la vibración celular, ocasionando que las células irradien grandes cantidades de energía fuera de ellas. Esta energía fluye entonces rápidamente por los canales energéticos, incrementando el metabolismo y estimulando y calentando al cuerpo. Por esta razón, el ejercicio vigoroso o un movimiento rápido provoca el sudor. Cuando hace un movimiento lento tal como el tai chi, o cuando medita con un movimiento lento y suave, pudiera acelerarse significativamente la circulación sanguínea y el ritmo cardíaco. De igual manera, una práctica de movimientos y meditación lentos podría también, al contrario, desacelerarlas significativamente.

Si su ritmo cardíaco es más lento de lo normal, esto significa que su corazón trabaja más eficientemente. Menos latidos cardíacos son suficientes para hacer circular la sangre y satisfacer las diversas necesidades del cuerpo. Los atletas que corren largas distancias tienen típicamente un ritmo cardíaco más lento en reposo. Las técnicas de movimiento lento pueden producir similares beneficios, y más. Pueden incrementar las capacidades potenciales del corazón, el cerebro, los sistemas circulatorio y respiratorio —todos sus sistemas y todos sus órganos.

Los movimientos lentos tales como el tai chi, combinados con meditación, son un movimiento Yin. El movimiento Yin puede ser muy poderoso. De hecho, para obtener una óptima salud, el movimiento lento Yin es mejor que el movimiento rápido Yang. Es consabido que los atletas de alto rendimiento sufren con frecuencia, al cabo de los años, graves problemas de salud. Esto se debe precisamente a que hacen ejercicios muy rápidos y vigorosos. Corren, saltan y hacen pesas. Hacen muchos ejercicios rápidos para alcanzar y expandir los límites del potencial de sus cuerpos. Sin embargo, se esfuerzan demasiado, exigen demasiado de sí mismos, se ejercitan al máximo sobrepasando sus propias habilidades. Al final, todos esos intensos entrenamientos y competencias no favorecen su salud. Es más, de hecho, afectan su salud a largo plazo. Muchos atletas competitivos sufren serios problemas de salud al rondar los cuarenta años.

Sugiero a todos los atletas que incluyan la práctica de técnicas de movimientos lentos tales como el tai chi y el movimiento del alma en sus entrenamientos. Combinando movimientos rápidos con otros lentos y suaves equilibra sus capacidades. Equilibra su alma, su mente y su cuerpo. Recibirán grandes beneficios.

El movimiento del alma es único. No es necesariamente ni rápido ni lento, Yin o Yang. ¡Su querida alma sabe qué es mejor! En ciertos momentos pudiera ser rápido; al siguiente, más lento. Pudiera ser lento en general durante una media hora, pero a veces sentirá la necesidad de acelerarlos. ¿Quién controla la velocidad de su movimiento? Su alma.

Tao Fa Zi Ran —Imite a la naturaleza

Una de las filosofías taoístas más importantes es la de *tao fa zi ran*. Tao es la ley y principios universales, la manera, el modo. *Fa* significa método. *Zi ran* significa natural. *Tao fa zi ran* puede traducirse como: siga en su vida la manera de comportarse de la naturaleza o siga los dictados de la naturaleza. Esta idea puede ilustrarse de diversas maneras. Por ejemplo, cuanto más desee que algo suceda, tanto más tardará en suceder. Cuando se lo toma con calma y no espera que algo suceda en un momento en particular, entonces con frecuencia ocurre. Imita de este modo la manera de ser de la naturaleza, al ceder a su curso. Cuando plante una semilla, riéguela y fertilícela, crecerá de manera natural. Cuando eduque a sus hijos, enséñeles los principios fundamentales de conducta. Enséñeles cómo respetar y cómo dar amor. De esta manera, sus hijos se desarrollarán naturalmente.

Siempre hay principios naturales a seguir, ya sea en la vida de los seres humanos o en la vida de los seres de la naturaleza. En invierno debe usar suficiente ropa para mantenerse caliente. Por otra parte, si se pone una chaqueta abrigada en verano, no está ajustándose a la naturaleza. Si llueve, usted usa paraguas. Imitar a la naturaleza es seguir sus cambios. En el trabajo, gritarles a los demás y utilizar la fuerza y la coerción van contra la naturaleza. Una orientación afectuosa y de servicio es el modo de la naturaleza. Para mantener su salud, tiene que practicar. Tiene que moverse, meditar, prevenir enfermedades. Agotarse y trabajar sin descanso ni momentos de reposo va contra la naturaleza. No es natural tener desequilibrios emocionales —estar enojado, triste, rencoroso. A veces, tanto en su camino del alma como en la senda de su vida física, usted sabe que está haciendo algo que va en contra la naturaleza, sabe que no es el modo correcto de hacerlo. Sin embargo, no quiere cambiar. Persiste en seguir con el mismo comportamiento, el cual le conduce al camino equivocado de su vida física o de su camino del alma. Este no es el modo de seguir los dictados de la naturaleza.

El movimiento del alma puede resumirse en una oración: *El movimiento del alma imita a la naturaleza.* ¿Cómo lo hace? Su querida alma sabe mejor que su mente cuál es el modo de la naturaleza y cómo imitarla. Sus padres y madres del alma en el cielo saben mejor que su alma cómo es el modo la naturaleza. Dios conoce el modo de la naturaleza mejor que nadie. Hay dos formas de invocar a las almas cuando usted practica el movimiento del alma. En el primero, puede invocar a su propia alma para que guíe su movimiento. En el segundo, puede invocar a sus padres y madres del alma en el cielo o a Dios para que guíen su movimiento del alma. También puede combinar estas dos invocaciones.

¿Cómo es posible invocar a su propia alma y también a sus padres y madres del alma en el cielo al mismo tiempo? *El universo es uno.* Todos somos uno. Ruegue que esta unidad oriente su movimiento. La práctica es muy sencilla.

La fórmula básica para realizar el movimiento del alma

Queridísima alma, mis queridos padres y madres del alma en el mundo físico y en el Cielo; querido Dios; los amo.

¿Podrían orientar mi movimiento del alma?
Estoy lleno de gratitud.
Muchas gracias.

Luego de esta invocación, deje que su cuerpo se mueva naturalmente. No importa si está acostado, sentado, de pie o caminando.

En los siguientes capítulos explicaré en más detalles sobre cómo practicar el movimiento del alma para estimular su energía, curarse, rejuvenecerse e iluminarse. El último capítulo resume toda la sabiduría, los conocimientos y la práctica. Si desea, puede pasar al último capítulo y leerlo primero, pero podría también leer todo el contenido en una o dos horas. De esta manera, recibirá los beneficios del movimiento del alma inmediatamente.

Estas prácticas y sabiduría antiguas están a su disposición. Recíbalas. Absórbalas. Aliméntese de ellas. Ilumine su alma. Deje que el movimiento del alma lo sirva. Es un honor para él. Gracias por estar leyendo este libro y por practicar el movimiento del alma. Ojalá sea un puro servidor de todos ustedes.

Elevar la energía, el vigor, la vitalidad y la inmunidad

Una palabra, un concepto, resume la medicina tradicional china: *chi*. El *chi* es la fuerza o energía vital. El *chi* viaja a través de los meridianos, los canales de energía usados por la medicina china. El propósito del tai chi es el producir y hacer circular el *chi*. ¿De dónde proviene el *chi*? Proviene de la vibración y radiación de la materia. En los seres humanos el *chi* proviene de la vibración celular. Nuestras células vibran, se contraen y expanden constantemente. Esta vibración celular produce radiaciones de energía. Esta energía es el *chi*. De manera similar, los árboles y las flores irradian su energía o chi a partir de la vibración de su materia. Esto no es diferente en el caso de un océano o una montaña, el sol o la luna, cada planeta, cada estrella, cada galaxia y cada universo. Todo irradia su energía propia o su *chi* a partir de la vibración y resultante radiación de su materia.

Todo en el mundo físico tiene materia. La materia vibra e irradia energía. A su vez, la energía misma vibra e irradia. Todo tiene un alma. Un alma irradia y vibra también. El movimiento del alma aplica la vibración, radiación y resonancia del alma. Sus células están en constante vibración, irradiando energía constantemente. Si usted está cansado o carece de vitalidad y vigor, esto se debe a una pobre vibración celular. Use el movimiento del alma para estimular su energía, vigor, vitalidad e inmunidad. El movimiento del alma dirigirá al alma de sus células a que vibre normalmente. Una vez restaurada la vibración celular normal, se producirá *chi* normalmente e irradiará y fluirá de manera uniforme. Esto estimulará su energía, vigor, vitalidad e inmunidad.

Para acrecentar su energía, vigor, vitalidad e inmunidad, puede hacerse el movimiento del alma en cualquiera de las cuatro posiciones —acostado, sentado, de pie y caminando. Recomiendo incorpore las cuatro posiciones en su práctica diaria al comienzo de cada día de la manera descrita en el resto de este capítulo, pero por supuesto se puede practicar en cualquiera de estas posiciones a solas y en cualquier momento.

Acostado

El día es Yang. El comienzo del día, el alba, es el comienzo del Yang. A lo largo de la mañana, hasta el mediodía, el sol continúa ascendiendo, ganando en poder e intensidad. Por esta razón, la mañana, en seguida de despertarse, es el momento perfecto de hacer su movimiento del alma para acrecentar su energía, vigor, vitalidad e inmunidad. Esta es la forma de hacerlo: tan pronto se despierte, diga «hola» a su alma. Invoque a su alma. No se levante; permanezca acostado en la cama.

> *Buen día mi querida alma.*
> *Buen día mis queridos padres y madres del alma en todos los*
>   *niveles del cielo.*
> *Buen día alma de la naturaleza.*
> *Buen día Dios.*
> *Los amo.*
> *¿Podrían guiar el movimiento de mis brazos, piernas, órganos*
>   *internos, sistemas, células, ADR y ARN?*
> *Les estoy muy agradecido.*

Luego añada esta petición:

> *Queridos alma, mente y cuerpo del canto del alma «Amor, paz y armonía», los amo.*
> *¿Podrían hacerme el favor de ofrecerme una bendición curativa y estimular mi energía, vigor, vitalidad e inmunidad?*
> *Les estoy muy agradecido.*

Empiece a cantar «Amor, paz y armonía» silenciosamente. Si entona o recita en voz alta cuando está acostado, drenará su energía. Asegúrese de tener libertad de movimientos. Tal vez quiera realizar la práctica estando acostado sobre las sábanas. Luego comience a mover suavemente sus brazos y piernas. Si desea, puede escuchar la grabación de este canto del alma. Escuche la grabación después de despertarse y cante con él, pero en silencio. Luego empiece a moverse.

Realice este movimiento del alma de tres a cinco minutos. Debido a que se acaba de despertar, se encuentra en un estado muy Yin. Este es un movimiento inicial suave que le permite a su cuerpo, sistemas, órganos y células resonar y vibrar poco a poco cada vez más. Se producirá y estimulará el flujo de energía. Yin comenzará a transformarse en Yang.

Después de cinco minutos de movimiento del alma mientras permanece acostado, estará listo para realizarlo en la segunda posición: sentado.

Sentado

Si puede, siéntese en su cama. Puede sentarse en la posición de loto completo, de medio loto o simplemente cruzando sus piernas de manera natural. Para mayor comodidad, siéntese en un cojín o almohada. Siga entonando el canto del alma y empiece su movimiento del alma. Imite a la naturaleza. Tal vez sea capaz de imaginarse cómo se van a mover sus manos y su cuerpo. Doble y estire su espalda, dejándose guiar por su alma. Tal vez sienta o perciba cómo se va a mover.

A veces se sentará derecho; otras veces se apoyará en la espalda, en el costado o en la cara. Sencillamente, muévase de forma natural, según lo guíe su alma o las almas divinas. Si no es capaz de sentarse en la cama debido a alguna limitación física, siéntese en una silla junto a su cama. Luego comience su movimiento del alma. Practique sentado por sólo unos tres minutos. Tres minutos son suficientes para expandir, resonar y hacer vibrar más a sus células y a su ser. Su movimiento podría ser algo más rápido de lo que fue estando acostado. Yin continúa retrocediendo, y Yang expandiéndose. Por otra parte, su movimiento podría, igualmente, ser más lento de lo que fue antes. La clave consiste en no tener intención o expectativa alguna. Siga la orientación de su alma. El practicar en la posición de sentado activará más sus células, producirá más energía y un mayor flujo de energía. Al cabo de tres minutos de práctica sentado, estará listo para realizar el movimiento del alma en la tercera posición: de pie.

De pie

Póngase de pie. Comience a hacer su movimiento del alma estando de pie. No necesita moverse de lugar, pero puede doblar la espalda, extender los brazos y doblar las rodillas. Imite a la naturaleza. Puede entonar el canto del alma «Amor, paz y armonía». Si lo desea, puede cantar al tiempo que escucha la grabación. Practique otros tres minutos estando de pie para acrecentar aún más su energía, vigor, vitalidad e inmunidad. Al cabo de estos tres minutos de movimiento mientras permanece de pie, estará listo para realizar el movimiento del alma en la cuarta posición: caminando.

Caminando

Ahora está listo para moverse y caminar. Puede caminar en su dormitorio o en la sala. Lo mejor de todo sería caminar afuera, en la naturaleza. Siga entonando el canto del alma al tiempo que hace su movimiento del alma. Para este paso, le sugiero que practique por lo menos quince minutos. Si es posible, practique media hora o más. Quince minutos harán una gran diferencia en su nivel de energía, vitalidad, vigor e inmunidad. Fomentará verdaderamente su fuerza vital, despertando completamente el Yang. Si no dispone de quince minutos, haga lo que pueda. Aun tres minutos serían beneficiosos, aunque practicar quince minutos lo vigorizaría mucho más.

Hay un principio fundamental en el libro clásico de medicina china, *Clásico de medicina interna del emperador Amarillo* —el libro más prestigioso de medicina tradicional china— el cual estipula: «Si *chi* fluye, uno está saludable. Si *chi* está bloqueado, uno está enfermo». Si practica el movimiento del alma en secuencia, (acostado, sentado, de pie y caminando), desarrollará su energía rápidamente. Se sentirá cómodo, vibrante, fresco y energético. Sentirá tal vez un sentimiento cálido, un cosquilleo, de vibración, radiación o expansión, o sentirá movimiento dentro su cuerpo. Pudiera tener no sólo una gran energía y vitalidad, sino también una gran claridad mental —y tal vez una claridad visual. Esta práctica de movimiento del alma beneficiará enormemente cada aspecto de su día y de su vida.

La curación

El movimiento del alma es curativo. Tal vez su cuerpo físico sufra de mala salud, de alguna enfermedad o malestar, incluso algún dolor, inflamación, tumor, cáncer, SIDA o de enfermedades contagiosas. Tal vez su cuerpo emocional sufra de depresión, ansiedad, temor, ira, angustia, pena o culpabilidad. Su cuerpo mental podría sentirse confuso o no podría librarse de ciertas maneras de pensar. Su cuerpo del alma podría sentirse confuso o carecer de una clara dirección para su camino del alma. El movimiento del alma puede practicarse para curar su cuerpo físico, emocional, mental o del alma. Hay una simple fórmula para esto:

> *Queridos alma, mente y cuerpo de mi querida alma; queridas almas de mis sistemas, órganos, células, unidades celulares y ADN y ARN; los amo.*
>
> *Queridas almas de mis padres y madres del alma en la madre Tierra y en el Mundo del Alma; queridas almas de la naturaleza; querida alma de Dios; las amo.*
>
> *No puedo honrarlas lo suficiente. ¿Podrían hacerme el favor de orientar mi movimiento del alma para ofrecer una curación total a mis cuerpos físico, emocional, mental y del alma?*

Estoy lleno de gratitud.
Gracias.

Querido canto del alma «Amor, paz y armonía», te amo.
¿Podrías ofrecer una curación total a mis cuerpos físico, emocio-
nal, mental y del alma?
Estoy lleno de gratitud.
Gracias.

Haga luego su movimiento del alma durante tres a cinco minutos. Si sufriera de alguna enfermedad grave o crónica, trate de practicar de quince a treinta minutos. Una práctica más larga de movimiento del alma puede traer grandes beneficios a sus afecciones crónicas o graves. Una práctica de tres minutos puede ofrecerle grandes resultados curativos, pero una de quince minutos o más puede ofrecerle mejores resultados curativos que significarán una gran diferencia en su estado de salud. Continúe cantando siempre «Amor, paz y armonía» al mismo tiempo que hace su movimiento del alma.

Este movimiento se puede realizar acostado, sentado, de pie o caminando. Hay una flexibilidad completa, sin limitaciones. Sin importar cuál posición asuma, el movimiento del alma puede ofrecerle una curación total a su alma, a su mente y a su cuerpo.

El movimiento del alma es curativo porque el alma tiene un gran poder curativo. La esencia de mis enseñanzas en mi libro *Medicina del alma, la mente y el cuerpo* es que el alma puede curar. Sabemos que la mente puede curar. Las medicinas pueden curar. Hay también otros remedios curativos. Sin embargo, el alma puede curar, y de hecho, es el sanador más poderoso. Todo tiene un alma: el cerebro, el corazón, los pulmones, los hombros, las rodillas, la espalda —cada uno de ellos tiene un alma. Si usted sufre un problema de salud en esas zonas, puede invocar y solicitar a esas almas que se curen a sí mismas. Haga una prueba, y podrá experimentar que ellas son verdaderamente poderosas. Añada la ayuda de las almas «externas» de la naturaleza, las de sus padres y madres del alma, la de Dios, las del canto del alma y del movimiento del alma, y el poder curativo se multiplicará varias veces.

Una clave para cualquier curación del alma, incluso la que brinda el movimiento del alma, es el mostrar siempre su aprecio, amor y gratitud a las almas a quienes pide ayuda. Ofrezca siempre amor, aun cuando le duela la espalda, aun cuando sienta en la espalda un dolor insoportable. Ofrezca siempre su amor. Nunca exprese insatisfacción, enojo, disgusto o frustración con su propia espalda, sin importar cómo se sienta. Si no le muestra amor y aprecio, ¿cómo puede esperar entonces que se cure? Cuanto más amor le muestre a su espalda, tanto mayor será la curación que ella le proporcione. Por esta razón, la fórmula básica incluye «te amo» varias veces. Dígalo con toda sinceridad y total gratitud, aun cuando tenga una grave enfermedad o una afección crónica, aun cuando haya sufrido dolor de espalda durante diez años o migrañas durante veinte años. Nunca se muestre enojado, aun cuando tenga cáncer. Nunca «luche» con las almas de su enfermedad. Ofrézcales siempre amor. Ofrezca siempre amor a todas sus almas. El amor es el fundamento absoluto de la medicina del alma, la mente y el cuerpo, de la curación a través del alma y del movimiento del alma. El amor derrite cualquier bloqueo.

¡El movimiento del alma es un tesoro curativo tan sencillo! Puede practicarlo a cualquier hora y en cualquier sitio. El movimiento del alma es su servidor. Le ofrecerá un servicio curativo a sus cuerpos físico, emocional, mental y del alma. Hágalo. Practíquelo. Disfrútelo. Reciba sus beneficios. Gracias. Gracias. Gracias.

El rejuvenecimiento

Alrededor del mundo se han celebrado varias importantes conferencias mundiales sobre el tema del rejuvenecimiento. Existen varias instituciones dedicadas a la investigación y estudio del proceso del envejecimiento, incluidas las conexiones entre el envejecimiento y las enfermedades, los factores genéticos, la nutrición y la forma de vida. Las investigaciones sobre las células troncales y la medicina regenerativa son dos de las zonas más activas del estudio biomédico del envejecimiento.

Agradezco a los diversos investigadores, maestros y profesionales por sus grandes esfuerzos y contribuciones para mejorar nuestra comprensión del envejecimiento y su contraparte, el rejuvenecimiento. No obstante, yo ofrezco una manera única de rejuvenecer mediante el rejuvenecimiento del alma. El poder del alma es, por supuesto, la clave del rejuvenecimiento del alma. El principio base del rejuvenecimiento del alma es éste:

Rejuvenezca el alma primero; el rejuvenecimiento de la mente y el cuerpo vendrá después.

¿Cómo puede rejuvenecerse su querida alma? Ha estado con usted durante muchas vidas, pero puede rejuvenecerse y volverse más joven. Rejuvenezca el alma de su cuerpo. También puede rejuvenecer las almas de todos sus sistemas, órganos, células y unidades celulares, incluso las almas de su ADN y ARN.

¿Cuál es el secreto? Diga «hola». Invoque a las almas de su cuerpo, sus sistemas, sus órganos, sus células, sus unidades celulares e incluso las almas de su ADN y ARN. Cuando haga esto, las almas se sentirán muy emocionadas. Le dirán algo así: «Estoy muy agradecida y muy emocionada. Nunca me has pedido que me rejuvenezca. Sé que puedo hacer mucho al respecto. Estaba esperando que me lo pidieras. Ahora, finalmente, me lo has pedido. Haré un buen trabajo».

Luego su querida alma empezará a vibrar, brillar e irradiar luz. Esta luz del alma comenzará a disipar las manchas y zonas obscuras, grises y negras de sus sistemas, órganos y células. Estas zonas oscuras representan bloqueos en sus sistemas, órganos y células. Cuando la luz del alma los disipa, se aliviará su enfermedad también. Se rejuvenecerán sus sistemas, órganos y células. Esta es la manera en que procede el rejuvenecimiento del alma.

El rejuvenecimiento de cualquier alma

Todo tiene un alma. Un océano tiene un alma. Un río tiene un alma. Una alberca tiene un alma. Cuando vaya a nadar, diga: «Querida alma, mente y cuerpo del agua, ¿podrían alimentarme mientras nado?» El alma del agua le responderá: «Será un placer para mí nutrirte. Es un placer para mí rejuvenecerte». Si está sentado en una playa, diga «hola» al océano. Si está sentado al pie de una montaña, diga «hola» a la montaña. Cuando pasee por un bosque, diga «hola» al bosque: «Querida alma del bosque, almas de los árboles, de las hojas, de la tierra, ¿querrían alimentarme? ¿Podrían ofrecerme una curación? ¿Podrían ofrecerme un rejuvenecimiento?»

Expandiendo esta sabiduría, de hecho usted no tiene que estar cerca de un océano o de una montaña. No necesita estar en un jardín o en un bosque. Puede estar en cualquier lugar e invocar a cualquier alma que usted desee en cualquier momento. En estos momentos me encuentro en un salón de conferencias enseñando un seminario al tiempo que estoy haciendo que fluya este libro. Todos mis estudiantes están sentados aquí conmigo escuchando mi flujo. Practique con nosotros al tiempo que lee este libro.

Siéntese derecho.

Envuelva el pulgar de su mano izquierda con la palma y los dedos de la mano derecha. Apriete firmemente usando aproximadamente el 80 por ciento de su fuerza máxima.

Coloque la así llamada «Palma Yin/ Yang» frente a la parte inferior del abdomen, cerca de su cuerpo, pero sin tocar ni siquiera la ropa.

Mantenga su espalda erguida.

Esconda ligeramente su mentón.

Ponga la punta de la lengua lo más cerca posible del cielo de la boca, sin tocarlo.

Contraiga ligeramente el ano.

Relájese completamente.

Con excepción de sus manos, mantenga todo su cuerpo relajado. La posición «Palma Yin/ Yang» combinada con una relajación total es el secreto para estimular su energía rápidamente.

Ahora repita conmigo en silencio:

Mi querida alma de mi cuerpo,
te amo.

Queridas almas de todos mis sistemas,
las amo.

Queridas almas de todos mis órganos,
las amo.

Queridas almas de mis células,
queridas almas de mis unidades celulares,
queridas almas de mis núcleos,
las amo.

Queridas almas de todos mis ADN y ARN,
las amo.

Por favor guíen mi movimiento del alma.

Queridas almas que están cerca de nosotros en la madre Tierra,
queridas almas del agua afuera de nuestras ventanas,
las amo.

Queridas almas de los árboles cercanos a mi casa,
queridas almas de mi jardín,
las amo.

Querida alma del sol,
queridas almas de las estrellas,
las amo.
[No importa si está nublado o despejado, si es día o
   noche; usted puede invocar al sol y las estrellas en
   cualquier momento]

Queridas almas de los planetas, galaxias y universos,
las amo.

Queridos padres y madres del alma en todos los niveles del cielo,
los amo.

Querida alma de Dios,
te amo.

¿Podrían estimular mi energía y
curar mis cuerpos físico, emocional, mental y del alma?
¿Podrían rejuvenecer mi alma, mente y cuerpo?
Les estoy muy agradecido.

Querida alma del canto del alma «Amor, paz y armonía»,
te amo.
¿Podrías ofrecerme una bendición para rejuvenecer mi alma, mi
    mente y mi cuerpo?
Te estoy sumamente agradecido.
Gracias. Gracias. Gracias.

Entone ahora el canto del alma al tiempo que comienza a mover sus brazos.

Al cabo de dos o tres minutos, póngase de pie. No se quede parado en una posición fija. Doble sus rodillas, gire su cuerpo de la forma en que se sienta orientado. Siga los dictados de la naturaleza. Continúe por unos dos o tres minutos.

Ahora empiece a caminar alrededor y continúe su movimiento del alma. Su movimiento pudiera ser amplio y efusivo, o restringido y suave. Siga los dictados de la naturaleza. Siga la manera de ser del alma.

Como servidor, vehículo y canal universal directo, he transferido de Internet un CD de mi canto del alma a todas las almas de todos los universos. En particular, cada célula de su cuerpo tiene este CD del alma. Invoquemos ahora estos discos compactos del alma.

Queridos alma, mente y cuerpo del CD del alma de Zhi Gang
    Zha del canto divino «Amor, paz y armonía» en todas mis
    células que tengan algún bloqueo, las amo, las honro, las
    aprecio mucho.
Por favor enciendan su luz, empiecen a brillar para disipar mis
    bloqueos.

Queridos alma, mente y cuerpo del CD del alma de Zhi Gang
Sha del canto divino «Amor, paz y armonía» en todo órgano,
sistema y célula que esté desequilibrado, las amo, las honro,
las aprecio mucho.
Por favor enciendan su luz para ofrecerme una divina bendición
curativa.
Les estoy muy agradecido.
Gracias. Gracias. Gracias.

Siga cantando al tiempo que continúa moviéndose. No importa qué clase de movimientos haga, amplios y efusivos, o suaves y restringidos. Si puede, alterne entre un movimiento Yang y uno Yin. Todo movimiento del alma mejorará su vibración celular, disipando bloqueos energéticos y del alma. Usted recibirá una curación. Será rejuvenecido.

Este CD del alma es un alma divina resplandeciente. Desde el momento en que usted dice «hola», todo empieza a brillar. Pida que se encienda el CD en cada célula. Pudiera tener asombrosos resultados. *Querida alma de cada célula, cada ADN y ARN, canta conmigo. Mientras duermo esta noche, por favor sigue cantando. Gracias.*

Esta es la manera de practicar el movimiento del alma (y de usar sus discos compactos del alma) para rejuvenecerse. Conéctese con las almas tanto internas como externas como hicimos al inicio de esta práctica. Deje que las almas orienten su movimiento del alma durante unos minutos mientras está sentado y, al final, durante unos minutos, mientras anda. Esto le proporcionará grandes beneficios curativos de cualquier desequilibrio o enfermedad en su cuerpo físico, emocional, mental o del alma. Funciona promoviendo el flujo de *chi* y usando el poder del alma. Rejuvenece promoviendo el flujo de *chi* y dando a su alma, mente, sistemas, órganos y células el alimento de la luz y del líquido del alma, y también de la luz y líquido universales. Cuando usted se conecta con las almas del universo, así como con las almas de sus padres y madres del alma en el cielo; cuando se comunica con estas almas así como con sus almas internas (de su cuerpo, de sus sistemas, órganos, células, ADN y ARN) al mismo tiempo, recibirá toda clase de nutrición del alma proveniente del interior de su propio cuerpo, de la naturaleza que lo rodea y de todo el universo. En primer lugar y sobre todo, su alma se rejuvenecerá.

Rejuvenezca su alma primero; el rejuvenecimiento de su mente y su cuerpo vendrá después.

Mediante la realización de esta breve práctica, se sentirá cómodo, apacible y alerta. Se sentirá bien porque su energía interna o *chi* fluye mejor. Sus células vibrarán activamente y estarán equilibradas.

El flujo de energía es la base del rejuvenecimiento. Esta práctica de movimiento del alma le trae también una bendición de luz y líquido provenientes de la luz y el líquido del alma de la naturaleza, sus padres y madres del alma y Dios. La luz del alma es una bendición Yang; el líquido del alma es una bendición Yin. Sólo recibiendo ambas bendiciones, Yin y Yang, en armonioso equilibrio podrá usted recibir los beneficios rejuvenecedores de su alma, su mente y su cuerpo. Lo único que tiene que hacer es practicar. Cuanto más practique, más beneficios recibirá. Recibirá maravillosos beneficios. Ojalá lo haga bien. Practique el movimiento del alma para recibir más beneficios.

Gracias. Gracias. Gracias.

La iluminación

He enseñado en otros libros que la iluminación del alma significa que la jerarquía de su alma ha alcanzado cierto nivel. Hay nueve niveles en el cielo. El sitio donde reside su alma en su cuerpo refleja la jerarquía de su alma. Si su querido pequeño ser radiante reside en su Centro Mensajero o chakra del corazón, usted ha alcanzado la iluminación del alma. Cuando su tercer ojo o su canal de intuición médica está abierto, usted puede ver su propia alma o la de otra persona, este pequeño ser de luz dorado. Si este ser de luz brillante reside en su Centro Mensajero, usted sabe que la persona ha alcanzado la iluminación del alma.

Si usted no ha alcanzado aún la iluminación del alma, el movimiento del alma puede ayudarle. ¿Cómo? Hacer el movimiento del alma es servir. Servir es acumular virtud. Cuanta más virtud acumule, tanto mejor para su alma. Cuando haya acumulado suficiente virtud, el Registro Akáshico levantará su alma para sentarla en su Centro Mensajero. Usted se convertirá en iluminado mediante una simple orden divina.

«*Amor, paz y armonía*»

Al practicar su movimiento del alma, usted entona constantemente el canto del alma llamado «Amor, paz y armonía». Este canto es un mantra divino. Es un código divino. Es un mensaje divino de servicio. Veamos más de cerca este canto del alma para tratar de descifrarlo mejor.

La primera línea del canto dice: «Amo a mi corazón y a mi alma». Este es un servicio que se ofrece a través del amor. Debe amar primero a su propio corazón y a su propia alma; de lo contrario, ¿cómo podría amar a otros incondicionalmente? Amar a su corazón y a su alma significa purificarlos, vigorizarlos y transformar su cualidad. Usted está iniciando la transformación, posicionándose para el proceso de iluminación.

La segunda línea del canto dice: «Amo a toda la humanidad». Usted sigue ofreciendo amor a través de sus pensamientos y de su alma al entonar este canto. Su voz llevará la frecuencia del amor a otros —a toda la humanidad y todas las almas del universo. Cuando entona esta línea, y siente sinceramente que «ama a toda la humanidad» es un acto de servicio. Por este servicio, el Registro Akáshico le acreditará grandes cantidades de virtud. A medida que acumula más y más virtud, su alma se prepara para ascender a un nivel superior. Una vez le haya sido otorgada suficiente virtud por su servicio, su alma recibirá una orden del alma del Registro Akáshico, tras la cual se mudará del lugar en que actualmente reside, que pudiera ser tal vez alrededor del ombligo, a un sitio más elevado. ¡De repente su alma se sentará en su Centro Mensajero! Este es un momento de iluminación del alma.

El siguiente verso del canto, «Unamos corazones y almas», describe, nada menos que el propósito de la vida: existimos para servir, para actuar en unidad como si fuéramos uno; para actuar junto con los corazones y almas de otros para que nuestros propios corazones y almas actúen en unidad con las almas y corazones de otros a fin de alinearnos todos con la conciencia universal y la conciencia divina.

El canto del alma finaliza así: «Amor, paz y armonía». Esta es la meta, el resultado final de nuestro servicio: ofrecer amor, paz y armonía a nosotros mismos, a nuestro alrededor, a toda la humanidad, a todas las almas, a todo el universo.

El cantar este canto del alma constituye un gran servicio en el nivel del alma. También es un gran servicio en el nivel consciente. Por esta razón, este canto del alma es una parte vital de la práctica del movimiento del alma. A medida que usted se mueve y entona simultáneamente, está purificando, limpiando y disolviendo las zonas oscuras y grises en el nivel de su alma, su mente y su cuerpo. Cuando entona este canto del alma al tiempo que hace su movimiento del alma, recibe bendiciones de las almas de la naturaleza, de sus padres y madres del alma en el cielo y de. Dios. Recibe bendiciones de su propia alma. Todas estas bendiciones del alma le ayudarán a vigorizarse, a curarse y a purificarse. Podrán ayudarlo a prevenir enfermedades, a rejuvenecer, a prolongar la vida, a transformar su alma, su mente y su cuerpo, y a acumular grandes cantidades de virtud. Finalmente, alcanzará ese momento de la iluminación del alma.

Un llamado espiritual

El movimiento del alma es un llamado espiritual a toda la humanidad. Le ofrece a usted y a toda la humanidad la práctica más sencilla para estimular su energía, curación, vigor, vitalidad e inmunidad; para volverse más joven, más bello o atractivo, y para iluminar su alma, su mente y su cuerpo. Puede recibir ilimitados beneficios.

El movimiento del alma le proporcionará la mayor bendición para iluminar su alma, su mente y su cuerpo. De hecho, el movimiento del alma puede ofrecer esta bendición a otros. Quienes tengan su tercer ojo abierto serán capaces de ver claramente que cuando practican su movimiento del alma, hay muchas almas que vienen a danzar y realizar el movimiento del alma con usted. Se congregan porque el tercer verso del canto del alma dice: «Unamos corazones y almas». Esta es la razón por la cual ofrecemos un servicio universal a través de ambos, el movimiento del alma y el canto del alma. Innumerables almas se unen a nosotros para realizar esta práctica. Es por eso que el servicio universal ayudará a traer amor, paz y armonía a la humanidad, a la madre Tierra y a todos los planetas, estrellas, galaxias y universos.

Cuanto más practique el movimiento del alma y cante «Amor, paz y armonía», cuanto más amor se ofrezca a sí mismo, a la humanidad y a todas las almas del universo, tanto más amor, paz y armonía habrá —en su vida, en la de su familia, organizaciones con las que está relacionado, su ciudad, su país, la madre Tierra, los planetas, las estrellas, las galaxias y los universos, e incluso para Jiu Tian (los nueve niveles del cielo) y Tian Wai Tian (el cielo más allá de esos nueve niveles). ¡Haga un buen trabajo!

Usted puede contribuir a iluminar el universo. ¡Qué increíble es el potencial que se deriva de practicar algo tan «sencillo»! El movimiento del alma es una reunión del alma de todas las almas en Jiu Tian, Tian Wai Tian y más allá —hasta el infinito. El movimiento del alma también reúne almas en el infierno. No hay diferencia, el lado de la luz o el lado de las tinieblas —todos somos una familia. Unamos corazones y almas para crear amor, paz y armonía para todos. Lograremos esta meta divina a través del servicio universal. Tenemos el honor de servir. Tenemos el honor de practicar el movimiento del alma.

Gracias. Gracias. Gracias.

Unamos todo

En los cuatro capítulos anteriores describí el movimiento del alma como un medio para vigorizar, curar, rejuvenecer e iluminar, respectivamente. En este capítulo revelaré el secreto de cómo beneficiarse al máximo de este movimiento en cada práctica.

Esta práctica puede realizarse a cualquier hora, en cualquier lugar y en cualquier posición física —acostado, sentado, de pie o caminando. El movimiento del alma es una práctica a hacer de por vida, diariamente. Practique durante un descanso en el trabajo, cuando se sienta algo cansado en su hogar. Tres minutos de movimiento del alma pueden fomentar su energía, vigor, vitalidad e inmunidad. En tres minutos puede rejuvenecer su alma, su mente y su cuerpo. En tres minutos puede brindar un servicio universal para acumular virtud y así avanzar en camino a su iluminación del alma.

Practique el Tao

En el capítulo 9 le enseñé una práctica a realizar temprano en la mañana, inmediatamente después de despertarse. Esta práctica de movimiento del alma progresa de estar acostado a un movimiento estando sentado, luego a uno de pie y finaliza con uno caminando. Esta progresión sigue la ley natural. Del amanecer al mediodía, el sol sube y gana en intensidad. Lo que ha comenzado como Yin, se va transformando en Yang durante el día. Acostado, luego sentado, de pie y caminando reflejan la progresión natural de la mañana y del día. Imite a la naturaleza.

El anochecer es tiempo Yin. El tiempo Yin avanza. Si usted tiene problemas para dormirse o no puede dormir bien por causa del estrés o algún otro bloqueo a nivel del alma, la mente o el cuerpo, el movimiento del alma es una de las mejores maneras de mejorar la calidad de su sueño. A continuación le mostraré una práctica específica de este movimiento para realizar al anochecer, antes de irse a dormir.

Prepárese de la manera usual para irse a dormir, pero no se acueste. Comience su movimiento del alma caminando durante tres minutos. Luego haga tres minutos estando de pie y después tres minutos sentado. Al final, acuéstese en la cama y haga los últimos tres minutos de movimiento del alma.

Esta práctica de doce minutos lo conducirá del Yang al Yin, facilitando la transición de su alma, su mente y su cuerpo de la estimulación del Yang a la tranquilidad del Yin. Esto también es una ley natural; es el Tao (la «manera» o el «modo», el método; la ley y principio universal) para dormirse. La combinación de la práctica al anochecer antes de irse a acostar y la de la mañana al despertarse sigue el Tao. Sigue la ley del Yin y el Yang.

Hay un famoso dicho antiguo que dice: *tian ren he yi. Tian* significa «cielo». *Ren* significa «humano». *He* significa «unidos como». *Yi* significa «uno». Es decir, «cielo y humanos actuando en unidad como si fueran uno». Como el cielo representa la naturaleza grande y los humanos representan la naturaleza pequeña, este dicho nos enseña que la naturaleza grande y la pequeña son una. Lo que sucede en la naturaleza grande, sucede en la naturaleza pequeña. Para poder entender la naturaleza grande, debe entender primero su naturaleza pequeña. Una vez comprenda la naturaleza pequeña del ser humano, entonces podrá comprender la naturaleza grande del cielo y del universo. Debe haber armonía entre la naturaleza grande y la pequeña. Cuando despierte, haga su movimiento del alma de Yin a Yang siguiendo la ley de la naturaleza grande. Antes de dormirse, haga su movimiento del alma de Yang a Yin, siguiendo también la ley de la naturaleza grande. Esta es la práctica del Tao. Es la práctica del *tian ren he yi*.

El movimiento del alma universal

Permítame ahora revelarle la secreta y sagrada práctica del movimiento del alma universal. Los capítulos precedentes de este libro le han enseñado toda la sabiduría necesaria. Muchos de ustedes han estudiado también qigong, tai chi, curación por energía y curación del alma. ¿Se ha dado cuenta de que la esencia de todas estas prácticas y enseñanzas está contenida en la sabiduría y práctica del movimiento del alma? El movimiento del alma es un gran ejemplo del valor del *alma sobre la materia*. Es un tesoro práctico de cómo aplicar el alma sobre la materia. El alma puede curar, prevenir enfermedades, rejuvenecer, prolongar y transformar cualquier aspecto de la vida, incluidas las relaciones y los negocios. En eso consiste la primacía del alma sobre la materia.

¿Cómo puede practicar su movimiento del alma para mejorar sus relaciones? Practique su movimiento del alma con su pareja. Practíquelo con sus compañeros de trabajo. Aun cuando se encuentre solo en casa, puede invocar a las almas con las cuales desea mejorar su relación, y practicar el movimiento del alma con ellas. Su alma y todas esas almas recibirán como beneficio una mejoría en sus relaciones.

Aquí le ofrezco un secreto para mejorar su negocio: invoque a las almas de todas las personas que tienen que ver con su negocio. Invoque a las almas de todos los asociados con su negocio. Invoque a toda organización, ciudad y país que tenga alguna conexión con su negocio. Sugiéreles esto: «Practiquemos juntos el movimiento del alma. Cantemos juntos el canto del alma: Amor, paz y armonía. Su negocio saldrá beneficiado. Si comprende de verdad la sabiduría del alma, usted puede hacer cualquier cosa que desee trabajando a nivel del alma. Aplique el poder del alma en su movimiento del alma. El poder del alma es ilimitado, no tiene fin. El poder del alma le puede proporcionar toda clase de beneficios en cualquier aspecto de su vida.

Finalmente, permítame proporcionarle una «fórmula», un método para invocar el movimiento del alma a fin de recibir ilimitados beneficios. Diga: «hola» de la manera siguiente:

> *Queridas almas todas de mi cuerpo, sistemas, órganos, células,*
> *   unidades celulares, ADN y ARN*
> *Queridas almas todas de mis padres y madres del alma en todos*
> *   los niveles del cielo*
> *Queridas almas de mis seres queridos*
> *Queridas almas de mis colegas de trabajo*
> *Queridas almas de los miembros de mi grupo de trabajo y aso-*
> *   ciados*
> *Queridas almas de toda la naturaleza*
> *Querida alma del Tao*
> *Querida alma de Dios,*
> *las amo y las honro.*
> *Por favor vengan hagamos juntas el movimiento del alma.*
> *Queridos alma, mente y cuerpo del canto del alma "Amor, paz y*
> *   armonía"*
> *los quiero y los honro.*
> *Queridas almas todas que he invocado,*
> *cantemos juntos este canto del alma*
> *Hagamos juntos el movimiento del alma.*
> *Sírvanse energizarme, curarme, rejuvenecerme e iluminarme,*
> *   así como a todas las almas presentes.*

Este es un servicio mucho mayor que el de vigorizarse, curarse, rejuvenecerse e iluminarse por sí mismo. Es un servicio ofrecido a la humanidad. Es un servicio por las almas en los universos. Luego podría pedir esto también:

Impártanme, por favor, una curación total
Bríndenles una curación total a los demás.
Denme una bendición para mis relaciones y mi empresa
Denme una bendición para las relaciones y empresas de los
demás.
(Pida todo lo que desee recibir.)

Luego comience a moverse cantando:

Lu La —a Lu La Li
Lu La —a Lu La Li
Lu La —a Lu La —a Li Lu La
Lu La —a Li Lu La
Lu La —a Li Lu La

Amo a mi alma y corazón
Amo a toda la humanidad
Unamos corazones y almas
Amor, paz y armonía
Amor, paz y armonía

Este es el método. Invoque a todas las almas a que se unan con usted. Canten juntos el canto del alma «Amor, paz y armonía» como una forma de servicio. Servir es recibir. Servir es curarse. Servir es vigorizarse. Servir es rejuvenecerse. Servir es iluminar el alma, mente y cuerpo. Imagínese, si cien personas hicieran esto, más de cien mil personas resultarían beneficiadas. Si millones de personas hicieran esto, millones y millones de personas resultarían beneficiadas. Si todas las almas hicieran esto, el universo entero resultaría beneficiado. El movimiento del alma es un llamado y un medio de reunión divinos. Es un llamado y un medio de reunión universales para servir a la humanidad durante el período de transición de la madre Tierra y más allá. Será un grandioso servicio para vigorizar, curar, rejuvenecer e iluminar alma, mente y cuerpo de la humanidad, la madre Tierra y todos los universos.

El movimiento del alma es un tesoro práctico basado en sabiduría y prácticas antiguas. Agradecemos a todos los maestros de budismo, taoísmo, confucianismo, tai chi, qigong, I Ching, feng shui y yoga. Agradecemos a todos los gurús de la India, todos los maestros y toda práctica del alma. Agradecemos a todos los padres y madres del alma en el cielo. Agradecemos al Tao, la «manera». Agradecemos a Dios. Agradecemos a los millones de personas que practican el movimiento del alma para beneficiar enormemente sus vidas. Agradecemos a todas las almas del universo. Agradecemos al canto del alma, «Amor, paz y armonía»:

Lu La Lu La Li
Lu La Lu La Li
Lu La Lu La Li Lu La
Lu La Li Lu La
Lu La Li Lu La

Wo ai wo xin he ling
Wo ai quan ren lei
Wan ling rong he mu shi sheng
Xiang ai, ping an, he xie
Xiang ai, ping an, he xie

Amo a mi alma y corazón
Amo a toda la humanidad
Unamos corazones y almas
Amor, paz y armonía
Amor, paz y armonía

Deje que todos los seres humanos y todas las almas del universo unan sus corazones y almas para restablecer el amor, la paz y la armonía en

nosotros, nuestras familias, nuestras organizaciones, nuestras ciudades, nuestros países, la madre Tierra, cada planeta, cada estrella, cada
galaxia, cada universo. Desde Dios hasta el Tian Wai Tian, Jiu Tian
y el infierno, unamos la luz y las tinieblas. Unamos nuestros corazones y almas para restablecer el amor y la paz y crear un universo armonioso e iluminado. Reciba bendiciones de Dios. Reciba bendiciones
de cada alma.

¡*Hao*! Gracias. Gracias. Gracias.

CUARTA PARTE

Las palmaditas del alma

El método curativo avanzado para personas de 8 a 108 años de edad

Introducción

En la mañana del 3 de agosto de 2006, empecé a enseñar mi primer retiro de Medicina del alma, mente y cuerpo. Mi libro *Medicina para el alma, la mente y el cuerpo* (*Soul Mind Body Medicine*) se había publicado hacía menos de tres meses. De repente me vino una inspiración divina:¡La sabiduría, conocimientos y prácticas de las palmaditas del alma debe enseñársele a toda la humanidad! Me pasé esa mañana explicando los conceptos básicos de las palmaditas del alma y enseñando a todos los participantes el modo de impartirlas.

Tras un sencillo almuerzo, me retiré a acostarme unos minutos. Inmediatamente escuché a Dios decirme: «Zhi Gang, escribe ahora este libro. Debes crear practicantes de "palmaditas del alma" en todo el mundo, a partir de hoy mismo». (Nota: originalmente esta sección sobre las palmaditas del alma iba a publicarse como un libro aparte. Mantendré intactas en esta sección las referencias sobre el «libro» *Palmaditas del alma*.)

Durante mi trayectoria del alma de varias décadas, en cuanto recibo un llamado e inspiración divinas, no importa cuáles sean mis circunstancias, me siento honrado de seguir la orientación divina. Me siento honrado de hacer lo que Dios me pida. En seguida recibí el contenido completo de este libro en una sola breve transferencia enviada por Dios. Cuando digo «el contenido completo», esto no significa solamente las palabras y la información, sino también la sabiduría, las prácticas, las bendiciones y el potencial curativo —todo lo que es parte integrante de este libro. Lo recibí por medio de una la luz púrpura que es de la más alta frecuencia, nivel y vibración disponibles hasta el presente. Esta transmisión, que permanecerá conmigo definitivamente, es una conexión directa con el alma, el corazón y la mente de Dios. Como tal, este libro es exactamente lo que Dios quiere comunicar a la humanidad en este tiempo. Este libro lleva consigo amor, compasión, misericordia y perdón divinos. Lleva consigo muchos mensajes de Dios enviados a través de este medio curativo. Para muchos de ustedes podría ser el punto de partida para profundizar la conciencia de su alma o su camino del alma.

Cuando reanudé el seminario por la tarde, comuniqué a los participantes que iba a hacer fluir este libro ese día. Ha sido un increíble honor poder hacer esto porque el libro le ofrece la más sencilla sabiduría, conocimientos y prácticas divinas de curación, así como prevención de enfermedades, rejuvenecimiento, prolongación de la vida y transformación de cualquiera de sus aspectos.

La enseñanza fundamental de la medicina del alma, mente y cuerpo es que el alma puede curar, prevenir enfermedades, rejuvenecer, prolongar la vida y transformar cada aspecto de ella. La medicina del alma, mente y cuerpo también enseña las «cuatro técnicas de poder», que son: poder del cuerpo, poder del sonido, poder de la mente y poder del alma. El poder del alma es clave. El amor, perdón, compasión y luz incondicionales son la esencia de «El poder del alma». El amor deshace todos los bloqueos. El perdón trae la paz. La compasión fomenta el poder, la vitalidad y la inmunidad. La luz cura, bendice, previene enfermedades, rejuvenece y prolonga la vida.

Medicina para el alma, la mente y el cuerpo ofrece varios tesoros prácticos a la humanidad. Estoy muy agradecido por la increíble respuesta mundial a este libro dentro del período de cerca de tres meses posteriores a su publicación. Ahora Dios me ha pedido que muestre a la humanidad una técnica aún más simple, otro tesoro práctico para la humanidad: las palmaditas del alma.

Las palmaditas del alma son palmaditas guiadas por el alma para curar, prevenir enfermedades, rejuvenecer, prolongar la vida y transformar cada uno de sus aspectos. Usted tiene una mano. Yo tengo una mano. Todos tenemos una mano. Una mano puede dar palmaditas. Pero éstas no son palmaditas ordinarias. Son palmaditas guiadas por el alma. Hay dos niveles de palmaditas del alma. El primer nivel usa su propia alma como orientación de su mano para dar palmaditas. El segundo nivel usa una transferencia divina para ofrecer las palmaditas del alma. Durante el almuerzo de ese día de mi seminario, Dios me dijo: «Zhi Gang, ofrece mis transferencias a los practicantes para que puedan usar mi poder para servir a otros. Eso es «palmaditas del alma divinas». Aprenda primero el primer nivel de palmaditas del alma. Si decidiera convertirse en maestro sanador divino por palmaditas del alma, comience por matricularse en el programa de instrucción de sanadores del alma divinos. El maestro sanador divino por palmaditas del alma es, en realidad, el cuarto nivel de este programa, el cual le dará una idea del extraordinario poder y capacidades que incluye. Comience primero experimentando el primer nivel de palmaditas del alma. Cuando esté listo, podrá gradualmente ascender al nivel de maestro sanador divino por palmaditas del alma.

Mi misión

En 2006, Dios me guió también para crear el Movimiento Internacional de Curación y Paz. A partir del 1 de abril de ese año, me comprometí a viajar, por Norteamérica y el mundo, por lo menos tres semanas al mes, para enseñar curación, sabiduría del alma y servicio universal, que son los tres mandatos de mi completa misión en la vida, la cual consiste en:

> *Transformar el nivel de conciencia de la humanidad y todas las almas en el universo, a fin de juntar todas las almas como si fueran una para crear amor, paz y armonía para toda la humanidad, la madre Tierra y el universo.*

La madre Tierra se encuentra en un gran período de transición. El calentamiento global y otros cambios climáticos, huracanes, sequías, hambrunas, enfermedades, erupciones volcánicas, tsunamis, terremotos, problemas económicos, conflictos religiosos, guerras civiles, amenazas nucleares, torturas, tráfico de seres humanos y de órganos humanos y de animales, terrorismo, extinción de las especies y otros problemas se están intensificando y proliferando. La madre Tierra y toda la humanidad están sufriendo todos estos problemas y más, incluidos los desequilibrios emocionales tales como depresiones, ansiedad, temor e ira. ¿Cómo podemos ayudar a la humanidad a pasar por este difícil período de transición? Tenemos que ofrecer a la humanidad tesoros divinos para que pueda curarse a sí misma, prevenir enfermedades, rejuvenecer y prolongar la vida, y para transformar cada aspecto de la vida. Tenemos que traer amor, perdón, compasión y luz divinos a la humanidad. Tenemos que unir corazones y almas para servir a la humanidad.

«*Amor, paz y armonía*»

Hace cerca de un año fui al bosque y al litoral en el condado de Marin, California. Uno de mis maestros asistentes me preguntó: «Maestro Sha, ¿podría usted pedirle una canción a Dios?» Me pareció una idea fabulosa. Extendí mi brazo apuntando al cielo, me conecté con Dios y le pregunté: «Querido Dios, ¿podría transferirme una canción?» Un rayo divino de luz púrpura descendió inmediatamente a mí, y su luz penetró todo mi cuerpo. Luego abrí la boca y brotó un lenguaje del alma al tono de una sencilla, pero hermosa, melodía:

> *Lu La Lu La Li*
> *Lu La Lu La Li*
> *Lu La Lu La Li Lu La*
> *Lu La Li Lu La*
> *Lu La Li Lu La*

Como soy chino, le pregunté a Dios cuál era el significado exacto de este canto del alma en chino. La traducción vino inmediatamente:

> *Wo ai wo xin he ling*
> *Wo ai quan ren lei*
> *Wan ling rong he mu shi sheng*
> *Xiang ai, ping an, he xie*
> *Xiang ai, ping an, he xie*

Tras esto, pedí a Dios la traducción en inglés:

> *I love my heart and soul*
> *I love all humanity*
> *Join hearts and souls together*
> *Love, peace, and harmony*
> *Love, peace, and harmony*

La traducción al español es:

> *Amo a mi alma y a mi corazón*
> *Amo a toda la humanidad*
> *Unamos corazones y almas*
> *Amor, paz y armonía*
> *Amor, paz y armonía*

La era de la luz del alma comenzó el 8 de agosto de 2003. Este fue el amanecer de un nuevo siglo y una nueva era para el universo entero. Esta era durará quince mil años. El canto del alma que recibí es el canto de esta nueva era, La era de la luz del alma, y se llama «Amor, paz y armonía». Lea nuevamente la letra de este canto. Su esencia es amor —sólo una palabra: amor. El amor deshace todos los bloqueos. El amor cura, previene enfermedades, rejuvenece y prolonga la vida. El amor transforma cualquier aspecto de la vida, incluidos las relaciones, los negocios y las comunidades. El amor transforma el alma, el corazón, la mente y el cuerpo. El amor es la esencia de La era de la luz del alma.

Hoy, 3 de agosto de 2006, a tres años de que comenzara La era de la luz del alma, Dios me pidió que haga fluir esta enseñanza sobre las palmaditas del alma. Como médico chino, doctor de medicina tradicional china en China y Canadá, maestro del alma y, sobre todo, servidor universal, he sido muy bendecido de poder servir a la humanidad a través de la sabiduría divina de las palmaditas del alma. Esta enseñanza ofrece amor, paz y armonía divinos. Mi canto del alma le enseña a amar de corazón y alma, a amar a toda la humanidad. Deben unirse todos los seres como si fueran uno para crear amor, paz y armonía. Las palmaditas del alma son un servidor universal que le ofrecerá amor, paz y armonía a usted, a sus seres queridos y a toda la humanidad. Ojalá que sean buenos servidores de usted, sus seres queridos y toda la humanidad en la madre Tierra. Es un gran honor para mí ser un servidor universal. Me siento honrado de poder ofrecerle palmaditas del alma como un servidor universal incondicional que le servirá para siempre.

Amor, paz y armonía

Amor, paz y armonía

¿En qué consisten las palmaditas del alma?

Todos sabemos cómo dar palmaditas. Puede dar «palmaditas» o «golpecitos» con los dedos o con los pies. Usted puede dar palmaditas con sus dedos en el escritorio. Puede dar «palmaditas» con su pierna. Puede darse palmaditas a su corazón. Cuando sienta algún dolor o se sienta tenso en alguna parte de su cuerpo, usted puede darse espontáneamente unas palmaditas aquí o allá. Le ayudarán a aliviar algo su dolor. Pero con toda probabilidad usted no se da cuenta del potencial poderoso de las palmaditas. Probablemente no sepa que las palmaditas son un enorme y avanzado tesoro del alma curativo para curarse a sí mismo y curar a otros. Las palmaditas del alma pueden curar, prevenir enfermedades, rejuvenecer y prolongar la vida. Pueden transformar cualquier aspecto de la vida.

Las palmaditas ordinarias son guiadas por su mente. *Bueno, tengo dolor en el hombro; me voy a dar unas palmaditas aquí.* O tal vez *me duelen las rodillas; me daré allí unas palmaditas.* Las palmaditas del alma son algo diferente y único. **Las palmaditas del alma son palmaditas guiadas por el alma.** Si usted tiene dolor de rodilla, cuando hace las palmaditas del alma sus dedos a lo mejor no tocan sus rodillas, sino que tocan su abdomen, dándose palmaditas en él. ¿Por qué? Porque con las palmaditas del alma sus dedos se dirigirán al área raíz del bloqueo energético. En el caso del dolor de rodilla, el dolor allí indica un bloqueo de energía en la rodilla, pero la causa o fuente del bloqueo podría estar en el abdomen.

Usted siente el dolor en la rodilla. Desea y ruega una curación de su dolor de rodilla, pero debido a que las palmaditas del alma son guiadas por su alma, sus dedos no se dirigirán a su rodilla. Irán al área exacta del abdomen causante del bloqueo. Al principio, esto le parecerá extraño. *Pedí que me curaran la rodilla; ¿Por qué me estoy dando palmaditas en el abdomen?* La respuesta es simple. Su alma orientó sus dedos a que fueran a la zona donde deben y necesitan ir para poder curarlo. Esta es una característica única de las palmaditas del alma. En resumen, el secreto de las palmaditas del alma es que el alma es quien orienta y dirige las palmaditas a la zona donde se localiza la causa del bloqueo energético a fin de poder disolverlo. Cuando se ha disuelto ese bloqueo, uno se recupera diez, veinte y hasta treinta veces más rápido que si se hubiera dado las palmaditas directamente en el zona adolorida.

Adentrándose en esta sabiduría, vemos que las palmaditas del alma se pueden aplicar a toda clase de enfermedades, entre ellas todos los dolores, inflamaciones, quistes, tumores o cánceres en el cuerpo físico. También pueden usarse para desequilibrios emocionales, incluida la depresión, la ansiedad, la ira, la tristeza, el temor y la angustia. Puede usarse para condiciones mentales, desde una falta de claridad y concentración hasta confusión y otros graves problemas mentales. Finalmente, puede usarse para ciertos bloqueos del alma. Específicamente, cuando usted ofrece palmaditas del alma para un órgano, sistema o parte del cuerpo, el bloqueo del alma puede desaparecer al instante. Sin embargo, las palmaditas del alma no le proporcionan la capacidad para disolver cualquier clase de bloqueo del alma. La capacidad para realizar esta clase de limpieza total de karma requiere una Orden Divina especial. Muy poca gente en la madre Tierra ha recibido la autoridad para enviar esta Orden Divina para poder ofrecer «limpieza de karma» de todas las vidas que uno ha vivido. No obstante, las palmaditas del alma pueden definitivamente limpiar ciertos bloqueos del alma que nos dan resultados que pudiéramos considerar como «milagrosos». Pueden proporcionarle a usted, a sus seres queridos y a la humanidad grandiosos resultados.

La importancia de las palmaditas del alma

Las palmaditas del alma tienen varias importantes capacidades y beneficios que sobrepasan nuestra capacidad de imaginación. Son casi ilimitadas.

LAS PALMADITAS DEL ALMA SON UN VEHÍCULO AVANZADO DE CURACIÓN DEL ALMA

Las palmaditas del alma son un tesoro divino directo para curarse a sí mismo, curar a otros, realizar una curación de grupo o una curación remota (a distancia). A través de las palmaditas del alma uno puede curarse a sí mismo, a otra persona, a miles de personas e incluso a millones de personas. No hay diferencia alguna. Las palmaditas del alma son una curación realizada por el alma, una curación del alma. Es una curación cuántica, la cual no está limitada ni por tiempo ni espacio.

LAS PALMADITAS DEL ALMA PUEDEN PREVENIR ENFERMEDADES

El texto canónico de medicina tradicional china con cinco mil años de antigüedad, *Clásico de medicina interna del Emperador Amarillo* o *Huang Di Nei Jing* establece lo siguiente: «El mejor médico es quien le enseña a la gente a prevenir enfermedades, no quien las cura».

Si podemos prevenir enfermedades, ¿por qué esperar a enfermarse para luego proceder a curarnos? Es sumamente importante que sepamos cómo prevenir enfermedades. Las palmaditas del alma son un fabuloso método de prevención. Son una forma del alma de prevención.

LAS PALMADITAS DEL ALMA PUEDEN REJUVENECER

Un gran número de médicos, científicos y otros profesionales se especializan en hacer investigaciones sobre el rejuvenecimiento. Estudian y usan vitaminas, minerales, hierbas, dieta, ejercicio, terapia hormonal junto con veneradas prácticas tales como tai chi, qigong, yoga, meditación, cantos y varias prácticas de fomento de energía. Organizan grandes conferencias mundiales contra el envejecimiento. Las palmaditas del alma tienen el poder de rejuvenecer. Ofrecen un singular rejuvenecimiento del alma.

LAS PALMADITAS DEL ALMA PUEDEN PROLONGAR LA VIDA

¿Cómo pueden las palmaditas del alma prolongar la vida? Rejuveneciendo el alma.

Rejuvenezca el alma primero; el rejuvenecimiento de la mente y el cuerpo vendrá después.

LAS PALMADITAS DEL ALMA PUEDEN TRANSFORMAR TODOS LOS ASPECTOS DE LA VIDA

¿Cómo puede usted transformar una relación? Si una pareja, un marido o una esposa, o unos amantes, tienen un conflicto, convoque a sus almas a que comparezcan frente a usted. Ofrezca palmaditas del alma a sus almas. Ofrézcales amor. Ofrézcales cariño y compasión. Ofrézcales perdón. Sus almas se sentirán amadas, sentirán afecto y se sentirán conmovidas. Se perdonarán unas a otras. Cuando se transformen sus almas, se transformará instantáneamente su relación también.

¿Cómo puede usted transformar un negocio usando las palmaditas del alma? Convoque al alma del negocio a que comparezca frente a usted. Ofrézcale palmaditas del alma. Si usted tiene avanzadas capacidades del alma, será capaz de ver al alma del negocio, de cualquier negocio. Una alma saludable es un ser de luz radiante. Si el alma del negocio es pequeña, gris y oscura, su negocio de seguro no es bueno, no está teniendo mucho éxito. Si el alma del negocio es grande, brillante, dorada, color del arco iris o púrpura, usted no necesita saber más. Puede estar seguro de que el negocio tiene éxito.

Este es un ejemplo de una verdadera lectura del alma. Cuando ve que el alma de un negocio es pequeña, gris y oscura, ofrézcale palmaditas del alma para disolver las zonas grises y oscuras. Así se transformará el negocio. ¿Cómo es posible que funcione esto?

Transforme el alma primero; la transformación de la mente y el cuerpo vendrá después.

Esto es sabiduría del alma avanzada. Transforme su alma primero; la transformación de cada aspecto de su vida vendrá después. Un negocio tiene alma. Si se transforma el alma del negocio, la mente y cuerpo del mismo se transformarán también.

Recuerde esta técnica. Es tan simple que es muy difícil de creer. Recuerde además que la sabiduría más simple es la mejor. Estamos en el siglo XXI, La era de la luz del alma. Deshágase de antiguas formas de pensar. Abandone formas de pensar, actitudes y creencias que ya no le sirven. Abra su corazón y su alma para poder aprender la sabiduría más sencilla. Hay un famoso dicho que dice: «Si quiere saber si una manzana o una pera es dulce, tiene que probarla». Si quiere saber si las palmaditas del alma funcionan o no, debe experimentarlas. Abra completamente su estado de conciencia, su corazón y su alma para poder experimentar la sabiduría, conocimientos y prácticas del alma. Aplique esta sabiduría, conocimientos, prácticas y técnicas para curarse a sí mismo y a otros, para curaciones de grupo o remotas, para prevenir enfermedades, rejuvenecer, prolongar la vida y transformar cada aspecto de su vida. Podría experimentar ese momento de «¡ajá!» Tal vez diga: ¿Cómo no supe esto antes? Pudiera tener muchos momentos de «¡*ajá*!», muchas inspiraciones, muchas sorpresas frente a sus ojos en cuestión de segundos. Ojalá las palmaditas del alma le proporcionen los máximos beneficios de sabiduría, conocimientos y práctica.

Las zonas fundamentales para las palmaditas del alma

P ueden darse palmaditas del alma en cualquier parte del cuerpo, pero ciertas zonas son más importantes y especiales.

Las palmaditas del alma en la mano

Los practicantes de la medicina tradicional china y otros saben que la mano representa el cuerpo entero. El lado de la palma de la mano representa la parte frontal del cuerpo, de la cabeza a los pies, incluido los órganos internos. El otro lado, el dorso de la mano representa la parte trasera del cuerpo, de la cabeza a los talones. Consecuentemente, la mano es un sitio importante donde hacer las palmaditas del alma. Por ejemplo, si tiene dolor de espalda, cuello o detrás de la rodilla, use sus dedos derechos para palmear el dorso de la mano izquierda. Las palmaditas del alma dadas sobre la mano son poderosamente efectivas.

La manera de realizar palmaditas del alma sobre la mano en caso de un dolor en la parte inferior de la espalda es la siguiente: Coloque la mano izquierda frente a usted, con el dorso de la mano mirando hacia usted. Coloque la mano derecha en la posición de orar. Luego diga: *Queridos alma, mente y cuerpo de mis manos, por favor denme palmaditas del alma según los guíe mi alma. Mi querida alma, por favor orienta a mi mano derecha a dar palmaditas del alma sobre mi mano izquierda. Estoy muy agradecido.* Luego deje que los dedos de su mano derecha palmeen el dorso de su mano izquierda. Al tiempo que hace esto según la orientación de su alma, diga: *Perfecta región lumbar de mi espalda, perfecta región lumbar de mi espalda. Te amo, cúrate, gracias. Te amo, cúrate, gracias. Te amo, cúrate, gracias. Perfecta espalda, perfecta espalda, perfecta espalda. Te amo, cúrate, gracias. Te amo, cúrate, gracias. Perfecta espalda, perfecta espalda.* Para finalizar esta práctica, diga tres veces: *Hao* que en chino significa «perfecto», «mejórate», «fantástico». Es una afirmación y una orden a la vez. Después diga: *Gracias. Gracias. Gracias.* El primer «gracias» es para Dios. El segundo «gracias» es para todos los padres y madres del alma, para todos los seres del alma en el cielo. El tercer «gracias» es para su propia alma, mente y cuerpo.

La sabiduría antigua sobre las manos y el cuerpo es profunda y fabulosa. Por ejemplo, el dedo cordial o del medio representa el cuello. Como la mano representa al cuerpo entero, existe la acupuntura de mano y el masaje de mano. Existen numerosos puntos de reflexología que conectan con puntos específicos del cuerpo. Esto denota una gran sabiduría. Sin embargo, para realizar las palmaditas del alma no necesitamos dominar toda esta sabiduría. No la usamos para nada. Simplemente siga el método del ejemplo anterior y permita que su alma dirija sus dedos. Los pasos básicos son los siguientes:

1. Prepárese. Ponga su mano izquierda frente a usted. Ponga su mano derecha frente a usted en la posición de orar.

2. Diga ¡hola! Diga silenciosamente: *Queridos alma, mente y cuerpo de mi mano derecha, los amo, los honro, los aprecio. ¿Podrían darme palmaditas del alma sobre la mano izquierda para curar mis órganos y sistemas?* Puede pedir específicamente: *Por favor cúrenme el corazón. Por favor cúrenme el hígado.* Simplemente solicite qué desea para cualquier órgano, sistema, parte del cuerpo, células, unidades celulares, ADN y ARN.

3. Aplique el poder del alma. Diga: «Mi querida alma, te amo, te honro, te aprecio. Por favor orienta a mi mano derecha a dar palmaditas del alma sobre mi mano izquierda».

4. Dese palmaditas. Deje que los dedos que están palmeando (los dedos de la mano derecha) vayan dondequiera los guíe su alma. A veces irán a las puntas de su mano izquierda. Tras unos segundos, se moverán tal vez a las palmas de su mano izquierda, al pulgar, al dedo meñique. El único principio a recordar es que si tiene un problema en la parte trasera del cuerpo, debe palmear al dorso de su mano izquierda. Si tiene un problema en la parte delantera del cuerpo, debe palmear la palma de su mano izquierda.

No tenga expectativas, no lo piense, no proceda conservadoramente y no se limite; estas palmaditas son guiadas por el alma. Permita que sus dedos se dirijan adonde su alma los guíe. ¡Debe seguir a su alma! *El alma es la que manda*. Si usted pidió por ejemplo una curación para el estómago, diga: *perfecto estómago* o *cura mi estómago*, mientras da sus palmaditas. Continúe diciendo *perfecto estómago, amo a mi estómago, te amo, cúrate. Amo a mi estómago, perfecto estómago, perfecto estómago, perfecto estómago*. Dese palmaditas de tres a cinco minutos.

5. Concluya diciendo: *Hao. Hao. Hao. Gracias. Gracias. Gracias.*

Siempre y cuando usted pueda elevar sus manos, podrá usarlas para ofrecer palmaditas del alma y ofrecer curaciones a cualquier zona o parte del cuerpo. Aun personas que están muy enfermas y permanecen acostadas pueden ofrecer palmaditas del alma de esta manera para ayudarse a sí mismas y para ayudar a otros.

Las palmaditas del alma en la oreja

La oreja es otra parte del cuerpo que representa el cuerpo entero. Al igual que la acupuntura de mano, existen también la acupuntura de oreja y el masaje de oreja. Mediante las palmaditas del alma de oreja, usted puede ofrecer toda clase de curaciones. No necesita saber cuál parte de la oreja representa cuál parte del cuerpo. El alma sabe cuál parte de la oreja deberá ser tocada.

Comencemos. Ponga sus manos junto a sus orejas. Diga: *Queridos alma, mente y cuerpo de mis manos, los amo, honro y aprecio. Por favor denme palmaditas del alma en las orejas según los guíe mi alma. Mi querida alma, por favor orienta las puntas de mis dedos a que palmeen mis orejas para ofrecerme una curación.* Puede pedir cualquier curación —para un dolor, inflamación, tumor, cáncer, cambios degenerativos, etc.

Por ejemplo, si usted tiene artritis en las rodillas, al tiempo que se da palmaditas del alma puede decir silenciosamente: *rodillas perfectas, rodillas perfectas, rodillas perfectas, rodillas perfectas. Las amo, cúrense. Rodillas perfectas, rodillas perfectas, rodillas perfectas, curen mis rodillas, curen mis rodillas, rodillas perfectas. Las amo, cúrense, gracias.*

Si usted tiene cáncer mamario, diga: *cura mi pecho, cura mi pecho, cura mi pecho, cura mi pecho, perfecto pecho, perfecto pecho, perfecto pecho, perfecto pecho.* El cáncer puede vincularse con diversas partes del cuerpo, con varios sistemas y órganos. La oreja representa a todo el cuerpo, incluido todos sus sistemas, órganos y células. Las palmaditas del alma de la oreja lo guiarán a tocarse exactamente aquellas partes de la oreja que representan los diversos sistemas, órganos y zonas del cuerpo relacionados con su cáncer. Esto es la curación del alma, la cual es la curación del alma así como la curación por el alma misma. Toda curación es guiada por las almas. La curación sucede primero en el Mundo del Alma; la curación de la mente y el cuerpo vendrá después.

Cuando las palmaditas del alma estimulan diferentes partes de las orejas, la energía fluirá en las correspondientes partes del cuerpo para disolver los bloqueos energéticos y del alma relacionados con su enfermedad. Pueden restaurar su salud rápidamente.

¡Hao! ¡Hao! ¡Hao! Gracias. Gracias. Gracias. No olvide decir *gracias* tras ofrecer el servicio. Al finalizar la curación, muestre agradecimiento diciendo sinceramente tres veces gracias. El primer «gracias» es para Dios, el creador, la fuente de todo. El segundo «gracias» es

para todos los padres y madres del alma, todos los seres divinos en todos los niveles del cielo. El tercer «gracias» es para su propia alma, mente y cuerpo, incluido los de sus orejas y manos.

Las palmaditas del alma en el pie

Ponga un pie en la rodilla opuesta. Si usted tiene una enfermedad en la parte delantera de su cuerpo, palmee la planta de su pie. Si tiene una enfermedad en la parte trasera del cuerpo, palmee el empeine del pie. Le reitero que no necesita saber más acerca de cuál parte de su cuerpo es representada por cuál parte del pie.

Si por ejemplo usted tiene un problema cardíaco, diga: *Queridos alma, mente y cuerpo de mi mano, por favor den palmaditas del alma a la planta de mi pie para curar mi corazón. Mi querida alma, por favor orienta las puntas de mis dedos a que den palmaditas del alma a la planta de mi pie para curar mi corazón.* Tras esto, comience a dar palmaditas. Al mismo tiempo, cante: *perfecto corazón, perfecto corazón, perfecto corazón, perfecto corazón.* ¿Por qué decir esto? Porque es una orden directa del alma. Diga *perfecto corazón, te amo, cúrate, gracias. Te amo, cúrate, gracias.* El amor derrite cualquier bloqueo. Si usted ofrece amor, habrá curación. Si sucede la curación, muestre aprecio al alma, mente y cuerpo. *Te amo, cúrate, gracias* es amor y aprecio —una orden y un mantra— que pueden ofrecerse para cualquier enfermedad.

Puede pedir una curación para cualquier órgano o sistema. *Por favor, cura mi hígado. Perfecto hígado, perfecto hígado, perfecto hígado, perfecto hígado; te amo, cúrate, gracias; te amo, cúrate, gracias; te amo, cúrate, gracias.* Dese palmaditas por unos minutos. *Por favor cura mi cerebro. Perfecto cerebro, perfecto cerebro… Te amo, cúrate, gracias… Por favor cura mi estómago. Perfecto estómago, perfecto estómago … Te amo, cúrate, gracias… Por favor cura mi útero. Perfecto útero, perfecto útero … Te amo, cúrate, gracias…* Simplemente recuerde dos frases: (1) *perfecto órgano* y (2) *te amo, cúrate, gracias.*

Permítame ahora darle una muy secreta y sagrada enseñanza. *Queridos alma, mente y cuerpo de mis diez dedos, por favor den palmaditas del alma a las plantas de mis pies para ofrecer una total curación a mi alma, mente y cuerpo*. No importa qué órganos, articulaciones o células estén enfermas. No importa si usted tiene una enfermedad, un desequilibrio o un bloqueo físico, emocional, mental o del alma. Pida sencillamente una curación total de su alma, su mente y su cuerpo. Cuando haga eso, cualquier parte enferma de su cuerpo automáticamente se mostrará abierta a recibir la curación. Esto es más fácil que «una mano cerca, una mano lejos». ¡Simplemente dese palmaditas! No necesita pensar. Diga simplemente *te amo, cúrate, gracias* una y otra vez, o *luz del alma*, una y otra vez, o *luz de Dios* continuamente. *¡Hao! ¡Hao! ¡Hao! Gracias. Gracias. Gracias.*

Las palmaditas del alma en el cuerpo

Usted puede darse palmaditas del alma directamente en su cuerpo. Puede darlas en toda la parte anterior de su cuerpo y en cualquier parte posterior a la que pueda llegar. Por ejemplo, si tiene algún problema estomacal o digestivo, ponga sus manos frente a usted y diga ¡*hola*! para conectarse con el alma: *Queridos alma, mente y cuerpo de mis dedos, los amo, los honro, los aprecio. Por favor den palmaditas del alma a mi abdomen según lo oriente mi alma.* Luego diga: *Mi querida alma, ¿Podrías guiar mis dedos a dar palmaditas del alma a cualquier parte de mi cuerpo para estimular mi sistema inmunológico? Te estoy muy agradecido. Perfecto sistema inmunológico, perfecto sistema inmunológico, perfecto sistema inmunológico, perfecto sistema inmunológico.* Usted no sabe dónde va a palmear. Deje que sus manos se muevan libremente. No importa si se palmea los brazos, las piernas o el cuerpo; el sistema inmunológico se relaciona con todo.

Puede hacerlo después de comer —póngase de pie, camine un poco y diga: *Por favor estimula mi sistema inmunológico* y dese palmaditas. Puede dar estas palmaditas aunque tenga un sistema inmunológico fuerte y su *chi* fluya bien por todo su cuerpo. Si su *chi* está bloqueado en alguna parte, este tipo de palmadita del alma despertará su sistema inmunológico fortaleciéndolo dondequiera que dé sus palmaditas. También podría salir a trotar lentamente al mismo tiempo que hace esto. *Perfecto sistema inmunológico, perfecto sistema inmunológico, perfecto sistema inmunológico, perfecto sistema inmunológico…*

CONTROLE SU PESO CON LAS PALMADITAS DEL ALMA

Las palmaditas del alma ofrecen una técnica simple, práctica y eficaz para bajar de peso. La forma de hacerlo es la siguiente:

Mis queridos dedos, los amo y los honro. ¿Podrían darme palmaditas del alma para bajar de peso según las guíe mi alma? Mi querida alma, te amo y te honro. Por favor guía las puntas de mis dedos a que den palmaditas del alma a mi cuerpo para ajustar mis sistemas endocrino, digestivo, cardiovascular, inmunológico, nervioso y metabólico: todos mis sistemas, todos mis órganos. Gracias. Gracias. Gracias. Pierde peso, pierde peso, pierde peso, pierde peso. Si tiene demasiada grasa en ciertas zonas en particular —el abdomen o los glúteos, por ejemplo— dese palmaditas en esas zonas. *Pierde peso, pierde peso, pierde peso, pierde peso. Quema grasa, quema grasa, quema grasa, quema grasa. Pierde peso, pierde peso, pierde peso, pierde peso. Quema grasa, quema grasa, quema grasa, quema grasa. Fuego, fuego, fuego, fuego… Pierde peso, pierde peso, pierde peso, pierde peso. Fuego, fuego, fuego, fuego.* Haga esta práctica durante quince a treinta minutos diarios, dos veces al día. Se asombrará de los resultados. Agregue algo de ejercicio a esta mezcla.

Si necesita aumentar de peso, use el mantra: *gana peso.* Si usted no quiere ni ganar ni perder peso, use el mantra *peso perfecto.* Lo fundamental es que las órdenes del alma *gana peso, pierde peso* y *peso perfecto,* son órdenes del alma. Cuando el alma da una orden, la mente y el cuerpo la escuchan. Esta es una sabiduría, conocimiento y práctica muy desarrollados que estoy dando a conocer por primera vez; un secreto total para hacer curaciones dadas por el alma, incluidos la prevención de enfermedades, el rejuvenecimiento, la prolongación de la vida y la transformación de cualquiera de sus aspectos. No necesita nada más complicado. Simplemente diga directamente lo que usted desea. *Gana peso, pierde peso, peso perfecto. Corazón perfecto. Hígado per-*

fecto. Sistema inmunológico perfecto. Sistema endocrino perfecto. Rejuvenece. Hazte más joven. Hermoso. Apuesto. Atractivo. Puede usar cualquiera de estos mantras para sus palmaditas del alma. Vaya al grano. Solicite cualquier cosa que desee. Este es el más simple, más directo, más poderoso tesoro curativo de la humanidad. Dé una orden del alma y ocurrirán cosas. Su mente y su cuerpo responderán. Es una orden del alma. Es la salud del alma. Es la curación del alma. Es la prevención del alma. Es el rejuvenecimiento del alma. Es la prolongación del alma de la vida. Es la transformación de las relaciones. Es la transformación del alma del negocio. Es la transformación del alma de cualquier aspecto de la vida.

La cura de desequilibrios y bloqueos emocionales, mentales y espirituales

En el capítulo anterior aprendió cuáles son las zonas más importantes para dar palmaditas del alma. En último término, no hay ninguna norma ni limitación para hacerlas. Puede dar palmaditas en cualquier parte del cuerpo. Aun cuando la mano, la oreja y el pie representan todo el cuerpo, no está limitado a estas zonas.

Por ejemplo, puede darse palmaditas en la parte interior del antebrazo. Puede decir: *Mis queridos dedos de la mano derecha, por favor den palmaditas del alma para curar mi corazón, para curar mi hígado, para curar mis riñones.* Luego dé palmaditas a su antebrazo izquierdo. *Cura mi corazón, cura mi hígado, cura mis riñones. Cura mi corazón, cura mi hígado, cura mis riñones. Cura mi corazón, cura mi hígado, cura mis riñones.* Las zonas de su antebrazo también representan su corazón, su hígado y sus riñones. De hecho, cualquier parte del cuerpo, cualquier pulgada de su cuerpo puede representar su cuerpo entero. Esta es la medicina del siglo XXI, LA CURACIÓN DEL SIGLO XXI, la salud del siglo XXI.

Cualquier parte del cuerpo puede representar cualquier otra parte del cuerpo. Dese palmaditas a su muslo y diga: *cura mi corazón, corazón perfecto ...* Dese palmaditas a su hombro y diga *cura mi hígado,*

hígado perfecto …. Dese palmaditas a su cabeza y diga: *cura mis dedos del pie, dedos del pie perfectos* … ¡Esto funciona!

Examinemos ahora las palmaditas del alma para curar al cuerpo emocional, al cuerpo mental y al cuerpo del alma.

La curación del cuerpo emocional

En la medicina tradicional china, el hígado está conectado con la emoción de la ira; el corazón con la angustia y la depresión; el bazo con la preocupación; los pulmones con la pena y la tristeza y los riñones con el temor. Si usted está encolerizado, dese palmaditas en el hígado y diga: *hígado perfecto, hígado perfecto… te amo, cúrate, gracias…* Está brindándole una cura a su emoción de ira.

Los órganos son el cuerpo físico. Las emociones son el cuerpo emocional. Ambos están interconectados. ¿Pero qué pasa si no sabe de qué manera están conectados? ¿Cómo puede curarse de la ira? Aunque no sepa que su hígado está conectado con la emoción de la ira, puede darse palmaditas del alma para curarla. Por ejemplo, puede darse palmaditas en un muslo. Cualquiera fuese la zona donde se dé palmaditas, ella también puede representar las emociones. Diga: *cura mi ira, cura mi ira, te amo, cúrate, gracias*. Esta orden del alma se conectará automáticamente con su hígado. Recibirá una curación para la ira, aunque no sepa que está conectada con su hígado.

La sabiduría aquí radica en que cualquier zona del cuerpo físico donde usted se dé palmaditas puede representar cualquier emoción del cuerpo emocional. Yo poseía este saber desde hacía mucho, pero no me había sido posible revelarlo antes de tiempo. Ahora es tiempo de revelarle este profundo y sabio secreto. Ahora le puedo decir que la rodilla, por ejemplo, representa cualquier sistema, cualquier órgano, cualquier célula, cualquier ADN y ARN y cualquier emoción. Es más, puede representar cualquier centro del alma. Puede representar la madre Tierra. Puede representar universos enteros.

En resumen, usted puede ofrecer palmaditas del alma en la zona del hígado para eliminar la ira, en la zona del corazón para eliminar la angustia y la depresión, en la zona del bazo para eliminar la pre-ocupación, en la zona de los pulmones para eliminar la pena y tris-teza, y en la zona de los riñones para eliminar el temor. Pero, de hecho, usted puede darse palmaditas en cualquier parte de su cuerpo para eliminar cualquier desequilibrio emocional.

¿Cómo funciona eso? Si se da palmaditas en la rodilla y dice: *cura mi ira*, la luz del alma fluirá enseguida de la zona donde se está dando palmaditas a la zona del hígado. Como ha dado la orden del alma: *cura mi ira*, esta luz irradiará al hígado, ayudando a despejar sus blo-queos energéticos y del alma. Diga: *cura mi pena* para que la luz fluya hacia los pulmones y a través de ellos. Diga: *cura mi depresión* y en seguida el chakra del corazón o Centro Mensajero resonará de luz. Diga: *cura mi temor* y resonarán sus riñones.

La curación del cuerpo mental

Usted sabe que el cerebro causa bloqueos mentales, pero a lo mejor no sabe que cualquier sistema, órgano o célula puede causar bloqueos mentales también. Curar la mente es curar el cerebro y sus funciones. Expandiendo esta sabiduría, el curar la mente es curar la conciencia de cualquier sistema, órgano, célula, unidad celular, ADN y ARN. Para curar bloqueos y enfermedades mentales, dese palmaditas del alma de la siguiente manera:

> *Queridos alma, mente y cuerpo de mis dedos, por favor den pal-maditas según los guíe mi alma. Mi muy querida alma, por favor orienta mis dedos a dar palmaditas del alma para curar mi enfermedad o mis bloqueos mentales. Les estoy muy agrade-cido.* Luego proceda a dar suaves palmaditas —palmadi-tas del alma— en su Centro Mensajero (o chakra del corazón). Diga *cura mi enfermedad mental (puede decir espe-cíficamente el nombre de su enfermedad), cura mi enfermedad mental, cura mis bloqueos mentales.*

De hecho, tal como hemos explicado antes, para curar el cuerpo emocional, puede dar palmaditas del alma a cualquier parte del cuerpo para curar también su cuerpo mental.

La curación del cuerpo espiritual

Eliminar sus bloqueos espirituales significa limpiar el récord de su camino espiritual registrado a través de sus vidas pasadas y de esta vida. El récord de su servicio en todas sus vidas es la virtud que usted ha acumulado a lo largo de ellas, el «karma», sus acciones o *te* (pronunciado «da» en chino). Diversas culturas y sistemas de creencias usan estos diversos términos, pero todos tienen el mismo significado: son el registro de sus «servicios». Hay dos clases de servicio. El buen servicio incluye: amor, cariño, compasión, perdón, bondad, pureza, generosidad, integridad, etc. Un mal servicio incluye: matar, dañar, lastimar, aprovecharse de otros, robar, hacer trampa, luchar por el poder, etc. Si uno ofrece un buen servicio, el Registro Akáshico anotará sus acciones, dando puntos de color y pequeñas y grandes flores a su alma. Estos puntos y flores son de color rojo, dorado, del color del arco iris y púrpura. El mal servicio recibe puntos y pequeñas y grandes flores obscuras, grises y negras.

Por los errores (mala virtud, mal karma, malas acciones o mal *te*) cometidos en vidas anteriores, usted recibió puntos y pequeñas y grandes flores de color oscuro, gris y negro. Para eliminar estos puntos y flores oscuros, usted debe «borrar» su karma. ¿Cómo puede borrar estas marcas oscuras del registro? La única forma de hacerlo es sirviendo universal e incondicionalmente a toda la humanidad y a todas las almas del universo. Cuando usted brinda un buen servicio, recibe puntos y flores de color rojo, dorado, del color del arco iris y púrpura. Estos buenos puntos y flores pueden borrar los puntos y flores oscuros.

Cuando uno ofrece un buen servicio, éste borra sus malos récords. Mucha gente se ofrece de voluntaria o dona su tiempo o su dinero para proporcionar un buen servicio a la humanidad, a los animales, al ambiente o a la paz mundial. Toda esta clase de servicio es una estupenda manera de borrar su mal karma. Me gustaría ahora compartir una secreta y sagrada forma de limpiar su karma, la cual transformará su vida. Puede simplemente entonar el canto del alma «Amor, paz y armonía»:

> *Lu La Lu La Li*
> *Lu La Lu La Li*
> *Lu La Lu La Li Lu La*
> *Lu La Li Lu La*
> *Lu La Li Lu La*

> *Amo a mi corazón y alma*
> *Amo a toda la humanidad*
> *Unamos corazones y almas*
> *Amor, paz y armonía*
> *Amor, paz y armonía*

Entone este canto repetidamente en silencio o en voz alta como si fuera un mantra. Cántelo durante cinco minutos, quince minutos, media hora o más. Este canto es un mantra. Cantarlo es enviar un mensaje a todas las almas. El dar este mensaje es transformar el nivel de conciencia de todas las mentes y de todas las almas. Cuando usted entona este canto de manera sincera, entra al estado de amor, paz y armonía. Usted es amor. Usted es paz. Usted es armonía. En este estado, usted ofrece un gran acto de servicio del alma a toda la humanidad y a todas las almas en el universo. Es uno de los mayores servicios que puede ofrecer. Le otorgarán innumerables flores rojas, doradas, del color del arco iris y púrpuras. Gracias a este servicio, sus flores y puntos oscuros se borrarán. Este es un método secreto y sagrado. Es una de las más rápidas formas de limpiar su propio karma: cante «Amor, paz y armonía».

Considere la traducción al español:

Amo a mi corazón y a mi alma
Amo a toda la humanidad
Unamos corazones y almas
Amor, paz y armonía
Amor, paz y armonía

Imagínese si todo el mundo cantara este canto de todo corazón. Si todos supiéramos lo qué es el amor, sintiéramos amor, compartiéramos amor, difundiéramos amor y aplicáramos el amor en nuestras vidas, nuestras mentes, nuestros pensamientos, nuestras actividades y nuestra conducta; entonces el amor, la paz y la armonía serían una realidad.

EL KARMA

El mal karma es la causa de los bloqueos en su vida. El mal karma puede bloquear su salud, sus relaciones y sus negocios. También puede bloquear su capacidad para amar, sentir alegría y tener paz interior. Bloquea la armonía entre compañías, religiones y países. Si todos cantaran «Amor, paz y armonía» y las aplicaran en sus vidas, entonces no habría conflictos. Las barreras entre las diversas religiones y naciones se desplomarían. Todos sentirían amor, paz y armonía. En este estado, el alma, la mente y el cuerpo estarían equilibrados; también las organizaciones, ciudades y países. La madre Tierra estaría equilibrada; los planetas, galaxias y universos estarían equilibrados. El canto del alma «Amor, paz y armonía» es un mantra divino para el siglo XXI y para La era de la luz del alma, la era de quince mil años de duración que comenzó el 8 de agosto de 2003.

Cantar es servir. Servir es acumular buena virtud registrada en forma de puntos y flores de color rojo, dorado, del color del arco iris y púrpura. Estos puntos y flores borrarán los puntos y flores oscuros, grises y negros en sus récords del Registro Akáshico. Purificarán su alma, su mente y su cuerpo. Su forma de pensar se transformará totalmente. Observará al mundo con otros ojos. Será una persona que brinde mucho más amor y que sea mucho más amada. Será capaz de perdonar. Será increíblemente tolerante, aun con gente y cosas que anteriormente le habían molestado mucho. Será un buen ejemplo siendo un puro servidor.

La vida es servicio. La finalidad de la vida es servir. La finalidad de su vida física es servir a su vida del alma. La vida física es limitada; la vida del alma es eterna. Nos encontramos aquí en la madre Tierra, un lugar de «polvareda roja», para aprender lecciones que nos purificarán a nivel del alma, mente y cuerpo. Aprendemos lecciones, pagamos nuestras deudas kármicas y nos purificamos cada vez más a fin de avanzar en nuestras sendas del alma y elevar la jerarquía de nuestras almas. Ser un ser humano significa continuar purificándonos al nivel del alma, mente y cuerpo —especialmente nuestras almas. En el camino del alma, su alma desea ser iluminada. Su alma desea elevar su nivel jerárquico. Nos esforzamos vida tras vida en lograr esto.

En el Mundo del Alma hay un lugar llamado Jiu Tian, los nueve niveles del cielo. Hay un lugar llamado Tian Wai Tian, el cielo más allá del cielo. Tian Wai Tian tiene innumerables niveles. Dios está sentado más allá de ellos, arriba de todos esos niveles. Un ser del alma se esfuerza por avanzar adelante y hacia arriba subiendo las escaleras del cielo. Esto requiere de un gran esfuerzo. La única manera de hacerlo es sirviendo universal e incondicionalmente. No hay una segunda manera, ninguna otra opción para subir las escaleras del cielo. Cuando enseñaba un seminario del alma en el año 2003, Dios vino a mí directamente a ofrecerme una enseñanza. Me enseñó la «ley universal», la cual se aplica a todo ser físico en la madre Tierra y a todo ser del alma en todo el Mundo del Alma. Esta ley universal de servicio universal establece lo siguiente:

Yo soy un servidor universal.
Usted es un servidor universal.
Todo y todos somos servidores universales.

Un servidor universal brinda un servicio universal, incluido
amor, perdón, paz, curación, bendición, armonía e ilumina-
ción.
Si brinda un pequeño servicio, recibirá una pequeña bendición
del universo.
Si brinda un mayor servicio universal, recibirá más bendiciones
del universo.
Si sirve universal e incondicionalmente, recibirá ilimitadas ben-
diciones del universo.

Algunas personas ofrecen un mal servicio universal, tales como matar, lastimar, dañar, aprovecharse de otros, robar, hacer trampa, etc. Si uno comete un pequeño acto universal malvado, aprenderá una pequeña lección. Si comete mayores actos universales malvados, aprenderá más lecciones. Si comete graves actos universales malvados, deberá aprender enormes lecciones. Estas lecciones son dadas en forma de enfermedades, mala salud, relaciones que fracasan, fracasos en negocios, problemas emocionales, etc. Cada aspecto de su vida podría ser problemático.

Conocí a un médico que ha padecido de cáncer cerebral tres veces en su vida. La primera vez tenía tres años de edad, la segunda, alrededor de los veinte, y ahora, en sus cuarenta. Cuando lo vi recientemente, me dijo: «Maestro Sha, he venido tratando de averiguar por qué tuve tres veces cáncer del cerebro. Mi conclusión es que se debe a un asunto del alma, de naturaleza kármica. ¿Estoy en lo cierto?» Yo le respondí: «Sí, así creo», porque vi sus bloqueos, vi los malos actos que cometió en sus vidas anteriores. En mi libro *Medicina del alma, la mente y el cuerpo*, enseño que el mal karma o bloqueo del alma es la raíz causal de todo bloqueo importante en su vida, la causa detrás de toda enfermedad, incluidos los bloqueos de las relaciones y los negocios. Para eliminar su mal karma, uno debe servir universal e incondicionalmente. «Incondicionalmente» significa que debe servir sin tener ninguna expectativa. Usted simplemente brinde amor puro, servicio puro. Pero no me interprete mal. Todo el mundo tiene que ganarse la vida en nuestro mundo físico. Su honorario normal por servicios normales prestados es totalmente correcto. Por servicio universal incondicional quiero decir que usted no tiene expectativas adicionales cuando sirve a otros. Sirva a otros para ayudarlos a que sean más saludables y felices. Sírvalos para ayudar a transformar sus vidas. Sirva a otros para traer alegría y paz interna. Sirva para unir a la humanidad y restablecer el amor, la paz y la armonía en la madre Tierra. Sirva para que todas las almas nos unamos para crear amor, paz y armonía en el universo. Todos debemos darnos la mano, como seres humanos, y unirnos. Unamos corazones con todas las almas a fin de crear una madre Tierra y un universo plenos de amor, pacíficos y armoniosos. Deidad, bendíganos. Universo, bendíganos.

Gracias. Gracias. Gracias.

La curación de grupo y la curación remota

Las palmaditas del alma son una forma de curación cuántica. No está limitada ni por números, ni por distancia, ni por tiempo. Permítame explicarle la forma de usar las palmaditas del alma para curar a diez, cien o miles de personas, para curar a distancia y para curar vidas pasadas y futuras.

La curación de grupo

El ser humano tiene un alma. Un sistema tiene un alma. Un órgano tiene un alma. Una célula tiene un alma. Una unidad celular, tal como el núcleo, tiene un alma. El ADN y el ARN tienen un alma. Un animal tiene un alma. Un árbol tiene un alma. Un océano tiene un alma. Una montaña tiene un alma. Todo y todos tenemos un alma. Para ofrecer palmaditas del alma en una curación de grupo, el secreto radica en invocar a todas las almas de aquellos a quienes quiera ofrecer la curación a que comparezcan ante usted. Luego de hacer esto, conéctese con el alma de sus manos:

Querida alma de mis dedos, te amo, te honro y te aprecio.
¿Podrías ofrecer palmaditas del alma para una curación de
grupo según la orientación de mi alma?

Luego conéctese con su propia alma:

Mi muy querida alma, ¿Podrías guiar mis palmaditas del alma
para ofrecer una curación de grupo? Te estoy muy agradecido.

Empiece a dar palmaditas al tiempo que entona silenciosamente:

Amor, cura a todos.
Amor, cura a todos.
Amor, cura a todos.

Usted puede servir así a miles de personas al mismo tiempo. Comience simplemente invocando a las miles de almas a que comparezcan ante usted, ante su pecho. Luego siga exactamente el mismo procedimiento. Puede decir a cada persona que pida lo que desea específicamente, o que haga diez solicitudes de curación específicas. Estas solicitudes pueden ser para sus cuerpos físicos, emocionales, mentales o del alma. Después de que el grupo haya hecho sus solicitudes de curación, invoque a las almas de todos los sistemas, órganos y articulaciones de las zonas o partes para las cuales la gente haya solicitado una curación a que comparezcan frente a su pecho. Luego proceda a dar palmaditas del alma a todas esas almas cantando silenciosamente:

Amor, cura a todos.
Amor, cura a todos.
Amor, cura a todos.

No se olvide de decir *gracias* después de cada servicio. Al final de la curación, agradezca con sinceridad diciendo tres veces *gracias*. El primer gracias es para Dios, el segundo, para sus padres y madres del alma en todos los niveles del cielo, y el tercero, para su propia alma, mente y cuerpo, en particular para sus manos.

El curar a un grupo de miles de personas de esta manera toma solamente dos o tres minutos. Los resultados podrían ser tales que sobrepasan su capacidad de comprensión. Este es un importante secreto del alma. Quizá sea difícil de creer o de aceptar para muchas personas, tal vez para usted, pero estoy seguro de esto y tengo la confianza de enseñarlo. Me siento totalmente honrado de poder compartir este importante secreto con la humanidad. Ojalá muestre un alma y corazón abiertos para aprender, aplicar y beneficiarse de este secreto curativo.

La curación remota

Las palmaditas del alma, al igual que la medicina del alma, la mente y el cuerpo y la medicina de espacios corporales, son una medicina cuántica. Las palmaditas del alma pueden ofrecer curaciones sin tener que considerar tiempo o espacio, ni verse limitadas por éstos. Puede ofrecer curaciones a través de palmaditas del alma en cualquier momento, en cualquier lugar y a cualquiera. Puede ofrecer curaciones tanto a la vida presente, como a las vidas pasadas y futuras de uno. La gran mayoría de los sanadores en la madre Tierra sabe cómo curar la vida presente de uno. ¿Pero cómo puede usted curar las vidas pasadas de alguien? ¿Cómo curar las vidas futuras de alguien? Necesita tener suficiente sabiduría del alma. Debe comprender profunda y verdaderamente que no existe ni tiempo ni espacio. Debe comprender que el pasado, el presente y el futuro son, en realidad, uno solo. Únicamente entonces será capaz de ofrecer cualquier tipo de curación del pasado, presente o futuro. Curar el futuro significa prevenir futuras enfermedades. Cuando da palmaditas del alma, puede ofrecer una curación para la prevención de una enfermedad que iba a presentarse el año próximo o dentro de diez años.

Para la curación del alma, ni el tiempo ni la distancia constituyen barrera alguna. El «viaje» o traslado del alma es instantáneo. No importa si la gente a quien quiera ayudar se encuentra en Asia, Europa, África o América. Simplemente convoque a las almas necesitadas de curación a que comparezcan ante usted. Un segundo sería un cálculo demasiado conservador respecto al tiempo que necesitarían las almas de Asia, Europa, África —o de cualquier parte— para presentarse ante usted. Para ofrecer curaciones remotas a gente en cualquier lugar del mundo, simplemente convoque sus almas a que comparezcan ante usted. Conéctese luego con el alma de sus propios dedos:

> *Queridos alma, mente y cuerpo de mis dedos y mis manos, los*
> *amo, los honro, los aprecio.*
> *¿Podrían curar a todas las almas que han venido de diferentes*
> *países y diferentes partes del mundo?*
> *Sigan la orientación de mi alma para realizar esta curación.*
> *Gracias.*

Es muy importante decir: *Sigan la orientación de mi alma para realizar esta curación.* Después de conectarse con el alma de sus manos y dedos, dígales que no realicen la curación por su cuenta. Déles la orden de que lo hagan según la orientación de su alma. Esa es la esencia de las palmaditas del alma. Ahora ya está listo para comunicarse con su alma:

> *Mi muy querida alma, ¿podrías guiar mis manos y mis dedos a*
> *dar palmaditas del alma para curar a todas las almas que están*
> *frente a mí? Te estoy muy agradecido.*

Comience a dar palmaditas por unos dos o tres minutos. Todas las almas que vinieron en respuesta a su invocación recibirán instantáneamente resultados curativos, sin importar donde se encuentren sus cuerpos físicos. Muchos de ellos recibirán curaciones milagrosas instantáneas. Otros recibirán un significativo grado de curación y mejoría. Algunos mejorarán modestamente. Otros no sentirán cambio alguno. Recuerde que aunque quien reciba una curación a través de sus palmaditas del alma no note beneficio alguno, esto no significa que no hubo curación. No significa que las palmaditas del alma no surten efecto alguno. Significa simplemente que la persona requiere más tiempo para curarse. Después de todo, usted ofreció únicamente dos o tres minutos de curación. El receptor podría tener importantes bloqueos del alma o energéticos. Se necesita más tiempo para obtener resultados.

¿Por qué revelo este importante secreto del alma ahora? Porque la madre Tierra se encuentra en un importante período de transición. No hay tiempo que perder. Esta sabiduría debe compartirse con el mayor número posible de personas en la madre Tierra para salvar a personas, salvar a la humanidad y ayudar a la madre Tierra y a todos sus habitantes a pasar por este período sumamente difícil. No debe guardarse ningún secreto. Debemos compartir la sabiduría, las prácticas y los conocimientos divinos que nos han otorgado para ofrecer nuestro más puro servicio a la humanidad y a todas las almas del universo. Ésta es una labor muy apremiante. ¡Ojalá que cada uno de ustedes pueda comprender la urgencia de esta labor y entienda el significado de mi puro servicio! Me considero un completo servidor de «oro» para la humanidad y todas las almas del universo.

Reciba y absorba esta sabiduría, conocimientos y práctica. Úselos para el bien de la humanidad. Cuanto más sirva, tanto más lo bendecirá Dios. Cuanto más sirva, tanto más cumplirá usted con el propósito de su vida física. Cuanto más sirva, tanto más rápidamente se logrará la paz mundial. Cuanto más sirva, tanto más rápidamente tendremos amor, paz y armonía universales. Cuanto más sirva, tanto más rápidamente todas las almas se unirán como si fuesen una.

Cuanto más sirva, más fácilmente pasarán la madre Tierra y todos sus habitantes por esta importante transición. Esta es nuestra inmediata labor. Es sumamente urgente. Es un llamado divino. Es un llamado universal. Aprecie como un tesoro esta sabiduría y estos conocimientos —los conocimientos secretos y sagrados que he revelado en estas páginas. No los trate «a la ligera». Siéntase honrado de leer este libro y de usar la sabiduría, prácticas y conocimientos aquí presentados para servir a otros y a usted mismo. Cuanto más honre esta sabiduría divina, tanto más poderoso se volverá usted. Sin embargo, debe recordar esto siempre: cuanto más humilde sea, tanto mayor progreso y crecimiento experimentará. Recuerde que siempre hay humanos en niveles superiores al suyo. Recuerde siempre que existe un cielo más allá del cielo. La sabiduría es ilimitada. El poder es ilimitado. En el momento en que aflore su ego, se bloqueará su propio camino del alma. No avanzará. Retrocederá.

Sirva con un corazón puro. Sirva lo más posible. Sirva incondicionalmente, y será bendecido más allá de lo que pueda imaginarse.

El poder curativo de las palmaditas del alma difiere de una persona a otra

Todos los seres humanos tienen un alma. Su nivel jerárquico difiere. El nivel de su alma se encuentra a lo mejor en el nivel promedio del alma de los seres humanos. Por otra parte, su alma podría tener el nivel jerárquico de un santo. Su alma podría tener el nivel jerárquico de un padre del alma o incluso el nivel jerárquico del padre del alma de mayor jerarquía.

En ocasiones, cuando ciertas personas realizan una curación mediante palmaditas del alma, la curación podría no dar resultados; otras, por el contrario, podrían obtener resultados increíbles. Los resultados de otras personas podrían ser, a su vez, moderados. ¿En qué radican estas diferencias? Las palmaditas del alma son guiadas por el alma de uno, de aquí que la diferencia primordial radica en el nivel jerárquico de cada quien. ¿Cuál es su nivel jerárquico? A mayor nivel jerárquico que usted tenga en el Mundo del Alma, mayor poder y capacidades le serán otorgadas. El nivel jerárquico es especialmente importante en lo que a sus capacidades para eliminar bloqueos del alma se refiere. Así como mencioné en el capítulo 17, la causa de muchas enfermedades radica en los bloqueos del alma debidos a un mal karma. Si el nivel jerárquico de su alma es muy alto, le otorgarán la capacidad para limpiar parte del mal karma. Si le confieren el honor de dar una Orden Divina, se le conferirá la capacidad para eliminar el karma de toda una vida. El nivel jerárquico es determinado generalmente por el Registro Akáshico. Los niveles jerárquicos más altos son determinados directamente por Dios.

Con toda probabilidad, su alma ha vivido cientos o miles de vidas. Su nivel jerárquico probablemente ha subido y bajado durante el transcurso de esas vidas. En algunas de ellas usted hizo un trabajo muy bueno, fue un fiel y buen servidor, por lo cual ascendió su nivel jerárquico. En otras vidas podría haberse perdido u ofrecido un mal servicio a la humanidad, con lo cual descendió su nivel jerárquico. El cielo tiene nueve niveles principales; por eso le llamo *Jiu Tian*, que literalmente significa «nueve cielos». El alma de un animal se encuentra en el nivel cinco o seis. La mayoría de las almas de los seres humanos se encuentra en el nivel tres o cuatro. El alma de un santo se encuentra en el nivel uno o dos. Algunas almas se encuentran a un nivel más allá del nivel uno, lo cual significa que se encuentran más allá de Jiu Tian; se encuentran en el Tian Wai Tian, que es «el cielo más allá del cielo». Si su alma tiene el nivel jerárquico de un santo, cuando usted dé leves palmaditas, obtendrá sorprendentes resultados curativos. Si su alma se encuentra al nivel de Tian Wai Tian, ¡ni siquiera necesita dar palmaditas! Obtendrá resultados milagrosos simplemente con un pensamiento. En resumen, las palmaditas del alma proporcionan diferentes resultados a diferentes personas. Esto está determinado fundamentalmente por el nivel jerárquico de la persona que ofrece las palmaditas. Dios y el cielo otorgan diferentes grados de poder a las almas conforme a sus diversos niveles jerárquicos.

Si desea ser un mejor servidor, debe elevar su nivel jerárquico. A mayor nivel jerárquico, obtendrá mejores resultados. Si ofrece palmaditas del alma y no obtiene buenos resultados, es por una sola razón: su nivel jerárquico no es lo suficientemente elevado. No se desilusione. Purifique su alma. Comprométase seriamente a servir. Aun cuando tenga maravillosos resultados, siempre hay la posibilidad de tenerlos mucho mejores. Para obtener mejores resultados y a fin de poder adquirir una mayor capacidad para servir, debe prestar suma atención a su purificación. Pase las pruebas del alma y eleve su nivel jerárquico. No existe otro camino; sólo hay una manera de lograrlo. Abra su corazón y su alma para brindar un servicio universal. El egoísmo y el ego no lo llevarán adelante. Debe ser humilde, servir incondicionalmente y subir las escaleras del cielo. Así subirá más y más alto. Comprenderá que la sabiduría es ilimitada y el poder inconmensurable. Obtendrá resultados curativos que sobrepasarán su capacidad de comprensión y entendimiento.

Estamos en La era de la luz del alma. No estoy enseñando a realizar curaciones por *chi* o curaciones por energía. Estoy enseñando curaciones del alma. Las palmaditas del alma son curaciones del alma. Las curaciones del alma se basan en *el poder del alma*. Honro el hecho de que la mente domine la materia, pero no me refiero a *la mente sobre la materia*, estoy hablando del *alma sobre la materia*. El alma sobre la materia significa que el alma puede hacer que acontezcan cosas. El alma puede curar, prevenir enfermedades, rejuvenecer, prolongar la vida y transformar cada uno de sus aspectos. Eleve su nivel jerárquico a fin de incrementar el poder de su alma. Eleve su nivel jerárquico para cumplir con el propósito de su vida física y de su vida del alma. Eleve su nivel jerárquico para poder ser un mejor servidor de la humanidad y todos los seres en el universo.

20

Cómo elevar su alma

Ahora que ya sabe que el secreto para ser un poderoso «sanador por palmaditas del alma» es su nivel jerárquico, ¿cómo puede elevar su alma?

Limpie su karma

Para purificar su alma, su mente y su cuerpo, primero tiene que cerciorarse de que su karma está limpio. Si usted acarrea un mal karma, su alma no puede tener de ninguna manera un gran poder. Su mal karma lo bloquea. Si tiene un mal karma cuando ofrece una curación, muchas almas vendrán a bloquearlo en lugar de apoyarlo. Las almas con las cuales usted tiene deudas kármicas a causa de malos actos pasados vendrán a decir: «¿Por qué estás ofreciendo una curación del alma? ¡Págame primero!» Se mostrarán molestas, incluso enfadadas, porque quieren que usted pague sus deudas por el daño que les ocasionó de alguna manera en vidas pasadas. No lo apoyarán. Bloquearán su curación, por lo que no obtendrá buenos resultados, y mucho menos resultados curativos milagrosos.

Limpie su karma sirviendo incondicionalmente, ofreciendo su amor de todo corazón. La clave reside en liberarse de su egoísmo. Si se libera un poquito de su egoísmo, progresará un poquito. Si se libera de más facetas de su egoísmo, progresará más. Si muestra una completa generosidad, crecerá muy rápidamente, por encima de su capacidad de comprensión. Les he dicho anteriormente que una de las mejores maneras de limpiar su karma personal consiste en entonar el canto del alma «Amor, paz y armonía». ¿Por qué? «Amo a mi corazón y a mi alma» deshace los bloqueos en su propio corazón y alma. «Amo a toda la humanidad» es ofrecerle servicio. Cuando usted entona «Amo a toda la humanidad» con verdadero amor y buena voluntad, está brindando un servicio. El Registro Akáshico verterá flores rojas, doradas, del color del arco iris, y púrpuras en su libro akáshico. Empezarán a borrarse sus malos registros. Algunas personas tienen enormes deudas kármicas. Podría tomarles diez, veinte, treinta años de canto continuo para limpiar el karma de muchas vidas. ¿Acaso no vale la pena este esfuerzo de treinta años para limpiar cientos y miles de años futuros?

Apruebe las pruebas espirituales

El intentar limpiar el propio karma podría resultar un gran reto. ¿Quiere servir? Su propio egoísmo podría bloquearlo. Su pareja o su cónyuge podría bloquearlo(a). Otros miembros de la familia y parientes podrían bloquearlo. Su mejor amigo(a) podría bloquearlo(a). Podrían estar convencidos de que le «han lavado el cerebro». A lo mejor le dicen que «se ha perdido». Quizá empiece usted a dudar al recibir todos estos mensajes de sus seres más queridos y cercanos. Hasta podría llegar a pensar: *A lo mejor sí me he perdido*. Empezará a dudar de su trayectoria espiritual. Empezará a dudar de la idea de servicio. Podría también sentirse desilusionado y deprimido. Podría sufrir físicamente, sufrir desequilibrios emocionales, relaciones rotas o quiebra de negocios.

Permítame compartir un secreto con usted: ¡Todo esto es perfectamente normal! Si usted ha estudiado enseñanzas espirituales de elevado nivel, si ha aprendido sobre las vidas de los grandes maestros espirituales, esto no será secreto alguno para usted. Ningún maestro espiritual, ningún verdadero líder y maestro espiritual ha tenido una vida fácil. Ellos sufren más que los seres ordinarios. Quieren purificarse completamente. Este es un largo e intenso proceso, uno que los seres ordinarios no experimentan. Cuanto más éxito tenga un maestro espiritual, mayor su grado de realización y logro, más amarga será la fruta que ha probado.

Esta es una seria ley espiritual. *Sin dolor, no hay logro. Sin fatiga, no hay logro.* Dios pondrá en el camino de verdaderos maestros y líderes del alma serias pruebas del alma. Dios requiere de ellos que prueben de la amarga fruta, que sufran toda clase de serios sufrimientos a fin de que puedan entender a profundidad el sufrimiento de la humanidad y todas las almas en el universo. Para poder ser un maestro y líder espiritual, usted debe poder amar plenamente, mostrar un total cariño y compasión para servir a la humanidad y las almas en el universo. Esta es la razón por la cual el proceso de purificación, incluido un período de severas pruebas espirituales, es muy importante. Si usted no puede pasar las pruebas espirituales del cielo y de Dios, no podrá progresar.

La purificación total del alma, la mente y el cuerpo

En la madre Tierra en estos momentos hay probablemente millones de personas, o tal vez miles de millones, que se encuentran conscientemente en su camino espiritual. Sin embargo, es muy raro encontrar a un ser humano que tenga capacidades divinas. ¿Por qué? Porque la mayoría de los seres espirituales no son capaces de pasar las pruebas espirituales requeridas durante su proceso de purificación. Quizá se detienen al principio de la senda. A lo mejor se detienen a mitad del camino. Unos casi llegan al final de la senda y luego se detienen. Retroceden. Se dan por vencidos. Esto es muy desafortunado, pues pierden todos esos años de esfuerzo, todas esas vidas de esfuerzo.

¿Cuán difícil es esta senda? No es nada fácil. Si usted desea convertirse en un ser divino, Dios lo entrenará un tercio de su vida poniendo en su camino pruebas divinas. Por ejemplo, si usted tiene sesenta años de edad, puede esperar veinte años de severas pruebas. ¿Puede pasar una prueba severa tras otra durante veinte años? Si no puede, no se le otorgará poder divino. Recibirá solamente poderes y capacidades limitados.

¿Cómo puede pasar las pruebas espirituales? ¿Cómo puede purificar totalmente su alma, su mente y su cuerpo? La llave de oro es con total amor y con una total actitud de «oro» —hacia Dios, la humanidad y el servicio, sin que importe cuán difíciles sean. Sin que importe cuánto sufra. Sin que importe si sus seres queridos le dicen que se «ha vuelto loco», si le dicen que ha tomado la dirección equivocada, que se ha «perdido». Debe entender que está pasando por un período de pruebas espirituales. Debe mantener una mente muy clara y sin dudas. Debe tener confianza en su camino espiritual.

Guía de un verdadero maestro espiritual

Si ha emprendido con seriedad su camino espiritual, le sugiero firmemente la necesidad de seguir a un verdadero maestro espiritual para que lo guíe. Hay ocasiones en las que usted tal vez piensa que está haciendo lo correcto, pero podría estar cometiendo un grave error. Podría ir en la dirección equivocada. Por otra parte, un verdadero maestro espiritual, uno que ofrezca amor y experiencia totales y que adiestre espiritualmente a sus estudiantes, le proporcionará la mejor y más esencial orientación.

Hay muchos auténticos padres y madres espirituales en la madre Tierra. Hay muchos auténticos padres y madres espirituales en el cielo. ¿Cómo puede usted saber si un maestro es un verdadero maestro? Después de todo, algunos llamados «maestros» no son verdaderos maestros. La norma estándar es simple. ¿Es generoso el maestro espiritual? ¿Está totalmente dedicado a servir a otros? Un «sí» a ambas respuestas es una clara orientación de que ha encontrado a un verdadero maestro que lo pueda guiar.

Las escaleras del cielo

La primera meta de las escaleras del cielo es alcanzar la iluminación del alma. ¿Qué es la «iluminación del alma?» Tal vez piense así: «muestro gran amor, cariño y compasión; siento que soy un ser iluminado». Debo decirle que no es así, esto no significa que usted es un «ser iluminado». Tal vez no ha alcanzado la iluminación. Según mi entendimiento, la iluminación del alma significa que un alma ha alcanzado un alto nivel jerárquico gracias a que Dios se lo ha otorgado directamente. Cuando uno recibe este gran honor espiritual, el Registro Akáshico transfiere los registros de su alma a un lugar muy singular exclusivamente reservado a las almas iluminadas.

El alcanzar la iluminación del alma de su alma es un gran logro en su camino espiritual, pero como ya he dicho, hay un cielo más allá del cielo. Una vez que haya entrado por la puerta de la iluminación, se dará cuenta de que sólo ha alcanzado el primer nivel o grado de iluminación. Hay siete niveles en total de iluminación. El llegar al séptimo y más alto nivel significa que su alma ascenderá al Tian Wai Tian, «el cielo más allá del cielo». Cuando su alma llega a este nivel, no tiene que reencarnar más. Su alma residirá en el reino de Dios para siempre para recibir enseñanzas y bendiciones divinas directas diariamente. El llegar a Tian Wai Tian es la meta final del camino del alma.

El primer nivel de iluminación tiene cuatro subniveles. Cada subnivel puede identificarse por el sitio donde reside su alma. Quienes tienen su tercer ojo abierto pueden ver, no sólo dónde reside su propia alma —su pequeño ser radiante— en su cuerpo, sino que también pueden ver dónde residen las almas de otros.

Hay siete posibles casas en el cuerpo para nuestras almas. Cuanto más alto sea el lugar donde resida su alma en su cuerpo, tanto más alta será su jerarquía. El alma de un ser humano reside en uno de los siete lugares siguientes:

- Área de la ingle
- Área entre la ingle y el ombligo

- A nivel del ombligo
- En el Centro Mensajero (también conocido como chakra del corazón.)
- En la zona de la garganta
- En la zona del cerebro
- Justo arriba de la chakra de la coronilla, justo arriba de la cabeza.

La mayoría de las almas de los seres humanos residen más abajo del Centro Mensajero. Si su alma reside en el Centro Mensajero, la garganta, el cerebro o arriba de su cabeza, entonces usted es un ser iluminado en el primer nivel de iluminación. A lo mejor usted desea que su alma resida en el Centro Mensajero. Quizá desee ser un ser iluminado, pero ésta no es una decisión suya. El Mundo del Alma decide dónde puede residir su alma. La ubicación de su alma, que es su nivel jerárquico, depende de la virtud que usted haya acumulado. Si no ha acumulado lo suficiente, su alma no puede residir en el Centro Mensajero. Únicamente habiendo acumulado suficiente virtud para cumplir con la norma estándar de iluminación mandará Dios una orden. Entonces su alma subirá a residir en el Centro Mensajero.

Para alcanzar la iluminación se exige un gran esfuerzo. Requiere un servicio total. Recuerde una importante enseñanza: cuando realiza buenas obras, ofrece buenos actos a la gente, es mejor callárselo. Mucha gente realiza buenas obras, pero desea que la gente lo sepa. Les encanta que la gente informe a los medios de información sobre sus actos y que la gente hable sobre ellos. Eso no es muy humilde, y tampoco es muy inteligente.

Permítame explicarle compartiendo con usted algunos secretos sobre la forma en que funciona el Registro Akáshico. Cuando usted hace buenas obras y éstas son reconocidas públicamente, recibirá del Registro Akáshico algunas flores rojas, doradas, del color del arco iris y púrpuras, pero su número será limitado. Este es el tipo de virtud «Yang». Cuando realice buenas obras, manténgase callado al respecto. Es mejor que nadie sepa lo que hizo. Realice sus buenas obras de manera callada, de alma y de todo corazón. No quiera que la gente sepa nada al respecto. No sienta la necesidad de que la gente lo sepa. No quiera, ni desee, ni espere ningún reconocimiento o recompensa, ni espere ser reciprocado. Está ofreciendo un servicio universal incondicional. El Registro Akáshico está abierto veinticuatro horas al día, diariamente. Sus servicios serán registrados. Por este tipo de virtud Yin, recibirá diez veces más flores, incluso hasta cien veces más, que cuando ofrece una virtud tipo Yang.

Esta sabiduría secreta le dice que si usted realiza buenos servicios únicamente para ser reconocido, o por la recompensa física que obtendrá o para obtener un buen nombre, sus beneficios del alma serán limitados. En contraste, si usted ofrece un servicio universal incondicional —el cual podría ser un servicio tremendamente bueno— sin que nadie lo sepa, el Registro Akáshico lo sabrá. Todos sus servicios serán anotados y registrados y usted recibirá todos los beneficios del alma que se haya ganado y se merezca. Tal vez no los reciba en esta vida. Toda su vida podría seguir siendo difícil, o aún dura. A lo mejor no ve un cambio importante en esta vida. Pero debe saber que en su próxima vida, sus próximas diez vidas y más allá, recibirá increíbles bendiciones para su salud, sus relaciones, sus negocios —para cada aspecto de su vida. Vea a largo plazo. Sea previsor. Vea más allá de esta vida. Una vida es breve. Usted ha tenido, y tendrá, muchísimas vidas. Acuérdese de que la senda de su alma es eterna.

Estoy sacando a relucir estos profundos secretos para que todo aquél en su camino del alma pueda comprender la meta definitiva de esta senda y cómo lograrla. Cuando haya alcanzado el nivel de Tian Wai Tian, podrá afirmar verdaderamente que ha logrado su camino del alma. Por supuesto no es nada fácil alcanzar esta meta y destino últimos. Pudiera tomar cientos, miles de vidas. Paciencia. Preste un completo servicio de oro. Suba las escaleras del cielo una por una. Alcance niveles cada vez más altos de iluminación del alma. Persista. Elimine todo bloqueo en su camino del alma. Usted llegará finalmente a su destino definitivo.

Dios lo está esperando en Tian Wai Tian. Este es el mayor honor para cualquier alma que se haya comprometido seriamente a acercarse cada vez más a Dios. Esta es la dirección del camino del alma de uno. Esta es la meta definitiva de todo ser. ¡Vaya hacia adelante! Llegará a Tian Wai Tian.

El cielo es justo

El cielo es justo. Algunas personas están en desacuerdo con este punto. Habrá notado que hay muchas personas acaudaladas y con gran poder que abusan de él y usan su dinero de manera egoísta. Tal vez ni siquiera sean personas muy agradables. Usted se pregunta por lo tanto la razón por la que tienen tanto dinero y poder si el cielo es justo. Usted, por otra parte, a lo mejor es una persona muy pura; tal vez ha servido incansablemente durante décadas, ha donado su dinero a organizaciones de caridad, se ha ofrecido como voluntario, etc. Tal vez se pregunte por qué sigue teniendo dificultades para ganarse la vida y en muchas otras cosas. ¿Cómo puede ser esto justo? La respuesta es simple. No hay contradicción alguna aquí. La gente acaudalada y con gran poder en esta vida ha prestado muy buenos servicios antes, en vidas pasadas. Si abusan del poder y no prestan un buen servicio en esta vida, tendrán que aprender sus lecciones en su próxima vida y en vidas futuras. Si usted es amable, puro y ofrece un gran servicio en esta vida, recibirá grandes bendiciones en su próxima vida y en vidas futuras. A fin de entender la ley y bendiciones del alma y poder apreciarlas de verdad, no considere una vida nada más. Considere cinco vidas, diez vidas, cien vidas. No vea las cosas a corto plazo. Mejor véalas a largo plazo. Así entenderá más profundamente el camino del alma. Entenderá realmente que el cielo es justo.

Eleve el nivel de su alma cada vez más

Su camino del alma no termina al alcanzar usted la iluminación del alma de su alma. Mucha gente piensa: «Oh, soy un ser iluminado. He llegado a la cima de mi camino del alma». Esto es totalmente erróneo.

El alcanzar la iluminación es apenas el principio de su senda de iluminación del alma. Hay niveles más altos de iluminación —muchos niveles, incontables niveles. Simplemente en Jiu Tian mismo, usted tiene que continuar elevando su nivel jerárquico más y más hasta llegar al primer nivel, el nivel de los santos de mayor jerarquía en Jiu Tian. Después de, digamos, unas mil vidas, usted podría elevar su alma a Tian Wai Tian, el cielo más allá del cielo. En Tian Wai Tian mismo podría tomarle otras mil vidas de subir escaleras para llegar a niveles cada vez más altos de Tian Wai Tian. Finalmente, si usted puede llegar al nivel donde se pueda sentar junto a Dios, puede decir entonces que ha cumplido su camino del alma. Toma un largo, largo tiempo —muchas vidas, muchos siglos, muchas eras. Lo que dificulta este proceso es el hecho de que es muy difícil avanzar siempre hacia adelante en el camino del alma de uno, aun para los seres más del alma. Siempre habrá muchos obstáculos. Siempre habrá muchas pruebas. Recuerde esta ley espiritual: *El éxito y el desastre suceden siempre al mismo tiempo*. Cuanto más éxito tenga, más obstáculos le pondrá el mundo espiritual. ¿Qué puede usted hacer? Enfrentarse a los obstáculos y bloqueos directamente para eliminarlos. Así avanzará cada vez más. Cuando se presenten las dificultades y bloqueos en su vida, no se enoje ni se moleste. No se desilusione. Muéstrese agradecido. Sin conflictos ni bloqueos, no hay progreso. Esta es una ley espiritual.

Piense en la historia de la humanidad. El progreso se ha basado siempre en conflictos. En cada dinastía, en cada período de la historia ha habido siempre conflictos, luchas y guerras. Sin conflictos no puede haber progreso. No habrá avance en la historia. Cuando usted comprenda esto, no se sentirá desilusionado o molesto al verse confrontado por bloqueos. Mantenga su calma. Enfrente las dificultades. Enfrente los bloqueos. Elimínelos. Así avanzará más. Elevará su alma cada vez más. El destino final lo espera. Recuerde, cuanto más avance, tanto más humilde debe ser. A mayor jerarquía de su alma, mayor servicio deberá ofrecer. A medida en que se eleve su jerarquía, más capacidades le serán otorgadas. A mayor jerarquía, más responsabilidades tendrá, y más tareas le encomendarán. Siéntase honrado de que le hayan encomendado tareas divinas y un servicio universal. Siéntase honrado de brindar un servicio universal a la humanidad y a todos los seres en el universo. Lo bendecirán cada vez más. Llegará a su destino final. Cumplirá su camino espiritual.

Los maestros que curan mediante las palmaditas del alma

En varias religiones y tradiciones espirituales —budismo, taoísmo, cristianismo y otras religiones— hay historias sobre curaciones milagrosas y otros milagros de «cuentos de hadas» acontecidos en el mundo. Las mejor conocidas en el mundo occidental son, por supuesto, las historias de Jesús. ¿Ha pensado usted qué tienen estas figuras en común? ¿Ha pensado cómo pudieron estos grandes maestros, sanadores y servidores hacer estos milagros y los así llamados cuentos de hadas?

El poder es otorgado. Su poder les fue dado por Dios. Pudiera usted no haberse percatado de esto. Tal vez haya pensado que Jesús, los grandes budas, otros grandes sanadores y servidores nacieron con esa clase de poderes. Sería posible, pero en la mayoría de los casos el poder les fue otorgado más tarde en sus vidas. ¿Por qué les fueron dados estos elevados poderes divinos para curar y bendecir? Debido a su virtud. Debido a que estaban comprometidos a servir. Dios les dio ese poder.

Como expliqué en detalles al comienzo de este libro, fui escogido como servidor, vehículo y canal divino el 12 de julio de 2003. Me sentí conmovido hasta las lágrimas. ¡Qué increíble honor, cuán inimaginable bendición haber sido elegido como servidor! Servidor de Dios, servidor de la humanidad, servidor de todos los seres. A partir de ese día, he venido ofreciendo transferencias divinas —tesoros permanentes de curación y bendición divinos a la humanidad y a todos los seres. Me siento sumamente honrado de ser ese servidor. No puedo postrarme las suficientes veces ante Dios por el honor de ser ese servidor. Casi a diario, desde el día en que me convertí en servidor divino, han sucedido milagros de curación, bendición de relaciones y bendición de negocios. Pero cuando alguien trata de honrarme y mostrar su aprecio, digo siempre: *Gracias, Deidad. Honre a Dios, déle crédito a Dios*. Yo soy simplemente su humilde servidor y su vehículo. No podría realizar estos milagros ni estos sorprendentes resultados sin Dios. De hecho, no soy yo quien los realiza. Dios es quien efectúa estas curaciones y bendiciones. Yo soy un humilde servidor. Me siento extremadamente honrado de ser el servidor elegido para ofrecer transferencias divinas a la humanidad.

Estas transferencias divinas que he tenido el honor y bendición de ofrecer incluyen un programa cibernético del alma, un líquido del alma, así como acupuntura del alma, hierbas del alma, alimentos del alma, automasaje del alma, operación del alma y trasplante del alma de almas. No hay manera de honrar lo suficiente a Dios por el privilegio de recibir estas bendiciones que estos dones divinos le han traído a la humanidad.

Dios me encomendó asimismo la importante tarea de «crear» sanadores divinos que sean capaces de ofrecer curaciones divinas usando una particular y singular transferencias divina de poder curativo divino. De entre los mil estudiantes que han solicitado recibir esta transmisión divina especial para convertirse en sanadores divinos, me siento honrado y complacido de decir que cuatrocientos de ellos la han recibido. Ahora están usando ese tesoro divino permanente de curación y bendición para ofrecer a la humanidad curaciones y bendiciones divinas.

Como expliqué en la introducción, recibí una inspiración en la mañana del 3 de agosto de 2006, de comunicar esta enseñanza sobre las palmaditas del alma. Todo ese día no me fue posible enseñar en mi seminario nada que no fuera hacer fluir este libro. Dios me pidió que lo publicara rápidamente, a fin de que millones de personas pudieran aprender y usar la sagrada curación del alma por palmaditas del alma. La humanidad y la madre Tierra necesitan que tanta gente como sea posible aprenda esta avanzada sabiduría del alma, junto con sus técnicas sencillas y prácticas para servir a otros.

Espero que después de haber leído este libro haya empezado a ofrecer palmaditas del alma para servir a otros —generosa e incondicionalmente. Ya sabe que usted podrá servir a otros según su nivel jerárquico y las capacidades de su alma. A fin de poder servir mejor a la humanidad, Dios me pidió el 3 de agosto de 2003 que transmitiera un poder divino singular para dar palmaditas del alma a aquellos estudiantes que estaban interesados y listos para ello. Voy a crear maestros divinos de curación por palmaditas del alma en todo el mundo, mediante entrenamiento y certificación. Los maestros divinos de curación por palmaditas del alma recibirán una transferencia divina directamente de Dios, un tesoro permanente de curación y bendición por palmaditas del alma. Cuando las ofrezca valiéndose de esa transmisión, no es usted quien está ofreciendo la curación a través de las palmaditas del alma, sino el tesoro permanente de curación y bendición que se ofrece en las palmaditas del alma. Las palmaditas del alma ofrecidas por usted son completamente diferentes a las ofrecidas por la transferencia divina de curación y bendición.

Reitero nuevamente que siento un gran honor de ser el servidor y canal para crear maestros divinos de curación por palmaditas del alma, otro importante servicio divino. Espero que se haya beneficiado leyendo este libro. Léalo una y otra vez. Aplique las técnicas para servir a otros. Purifique su alma para poder servir mejor. Logre alcanzar la iluminación del alma. Eleve su alma. Cuando esté listo, considere transformar sus palmaditas del alma en «palmaditas del alma divinas». Cuando usted haya recibido esta transferencia divina para curar, bendecir y ofrecer transformaciones a todo aspecto de su vida o la de otros, podrá servirlos mucho mejor. Permítame continuar siendo su puro servidor. Permítame orientarlo para que avance en su camino del alma. Permítame ofrecerle este tesoro divino permanente de «curación por palmaditas del alma» para facultarlo a que se convierta en un maestro divino de curación por palmaditas del alma. Unamos corazones y almas para diseminar la «curación por palmaditas del alma» por todo el mundo.

La gente necesita curarse. La gente necesita prevenir enfermedades, rejuvenecer y prolongar una vida saludable. La gente necesita transformar sus vidas, incluido sus relaciones y sus negocios. Convirtámonos juntos en servidores universales puros. Unamos corazones y almas para ayudar a la humanidad y a la madre Tierra a pasar por este difícil período de transición.

> *Amo a mi corazón y a mi alma*
> *Amo a la humanidad*
> *Unamos corazones y almas*
> *Amor, paz y armonía*
> *Amor, paz y armonía*

Gracias, Dios, por todas las bendiciones, las enseñanzas, la sabiduría, los conocimientos, las técnicas y las prácticas. Gracias a ustedes, los participantes de mis seminarios, por haberme dado la oportunidad de hacer fluir este libro en un día. Es un gran honor para mí. Es mi amor. Es mi corazón y alma. Es mi servicio.

Gracias. Gracias. Gracias.

QUINTA PARTE

La danza del alma

El júbilo de su alma en acción

Introducción

La danza del alma es otro preciado don de Dios. La danza del alma es una íntima compañera de mi enseñanza en este libro sobre el canto del alma. Los dos se complementan mutuamente. Todo lo que escribí acerca del canto del alma es también verdad respecto a la danza del alma. Las únicas enseñanzas que se incluyen en esta sección son las que se refieren exclusivamente a la danza del alma.

Al igual que el canto del alma, la danza del alma también es la continuación y el desarrollo del lenguaje del alma. Esto puede sorprenderlo porque superficialmente ambos parecen muy distintos. Si bien esto es cierto, la danza del alma es sin duda una evolución de la capacidad de usted de producir el lenguaje del alma. Para ayudarlo a entender esta conexión, sería útil remitirse a la sección del lenguaje del alma en este libro. El lenguaje del alma, el canto del alma y la danza del alma van de la mano. Se complementan entre sí.

Esta sección tiene muchas enseñanzas encantadoras. Según lo lea, puede sentirse como si quisiera levantarse y bailar. ¡Estupendo! ¡Hágalo! Sencillamente, pídale a su alma que lo guíe en la danza. Como probablemente habrá adivinado, *la danza del alma es una danza orientada por el alma*. Siempre que se sienta motivado a danzar, permítase hacerlo, pero deje que sea el alma quien baile. Conscientemente, pídale a su alma que guíe a su cuerpo al bailar. Si se encuentra en un lugar público, deje que sea su alma quien baile en lugar de su cuerpo. Tómese el tiempo necesario para que la danza se produzca. Si tiene esta experiencia a través de lectura de este libro, es parte del mensaje. Es parte de la sabiduría. Es parte de la bendición. Permítase beneficiarse plenamente. Cuando siga esta sugerencia, se sorprenderá de la extraordinaria transformación que llega a ser posible.

Usted puede descubrir que hay muchas veces durante el día en que se siente como si danzara. Deje que eso también suceda. Marcará una diferencia definitiva en la manera en que transcurre su día. Su mentalidad, actitudes y creencias se transformarán de forma dramática. Estos son algunos de los muchos dones que se incluyen en esta sección del libro.

Reciba y disfrute cada enseñanza y cada bendición que encuentre aquí. La sabiduría es nueva y las bendiciones son poderosas. Según lea, experimentará lo que aquí le presento. Algunos de ustedes leerán esta sección con un profundo sentido de gratitud. Serán de veras bendecidos. Algunos de ustedes leerán este libro con asombro por sus enseñanzas. También serán de veras bendecidos. Algunos de ustedes tendrán respuestas totalmente distintas. También serán de veras bendecidos.

Mantenga la apertura en cuerpo, mente, corazón y alma mientras lee este libro. Esta flexibilidad es esencial para recorrer la trayectoria física y la espiritual. Todo este libro es un instrumento especial de bendición. Cada oración, cada palabra y cada signo de puntuación lo ayudará en gran medida a lograr que estas enseñanzas se hagan presentes en su vida. Me siento honrado de servirle de este modo.

¿Qué es la danza del alma?

La danza del alma es un don único y singular de Dios en este tiempo. Es particularmente importante para la sociedad actual, donde mucha gente se mueve con cierta rigidez. Muchas personas se sienten avergonzadas de hacer brotar la danza proveniente del interior de sus almas. Esto dificulta el flujo equilibrado de luz y energía por todo el cuerpo. Uno de los grandes dones de la danza del alma es el relajar esta rigidez y vergüenza.

La danza del alma es guiada totalmente por su alma. Su alma le hace saber a su cuerpo qué movimientos hacer. Le comunica el ritmo y compás de su danza. El movimiento, el ritmo y el compás cambiarán de una a otra danza, incluso durante la misma danza. Su danza del alma irá también acompañada de su canto del alma, aun cuando no sea capaz de bailar físicamente. Cuando saque a relucir su canto del alma, también saldrá su danza del alma. El movimiento, el ritmo y el compás —todos los aspectos de la danza— son determinados en el nivel del alma.

La importancia de la danza del alma

La danza del alma es una conexión con un poderoso aspecto de Dios y de todo el Mundo del Alma. Se lleva a cabo tanto en el Mundo del

Alma como en el mundo físico. Es una expresión de la presencia de Dios. El movimiento más poderoso y colmado de luz es el que se expresa y manifiesta a través de la danza divina y la danza del Mundo del Alma.

Dios danza. Los santos de mayor jerarquía y todos aquéllos en el Mundo del Alma danzan también. Cuando usted efectúa su danza del alma, se está conectando con todos ellos. Experimentará una profunda transformación. La conexión establecida a través de esta danza es cristalina y pura. La danza del alma constituye un elevado nivel de comunicación. También puede ser una expresión de gratitud, obediencia, amor y devoción a Dios y a todo el Mundo del Alma. En todo su cuerpo se lleva a cabo una danza del alma. Cada aspecto de su ser participa en la danza y la manifiesta a su modo.

Para algunos de ustedes la idea de que Dios, los santos de más alta jerarquía y todas las almas en el Mundo del Alma danzan pudiera ser escandalosa. A otros les parecerá bastante familiar. Tal vez éste sea un descubrimiento nuevo para usted, pero que usted percibe que le es conocido. Dios expresa mensajes y enseñanzas, además de revelar una sabiduría antigua, a través de este vehículo, la danza del alma. Todo lo que nos es otorgado a través de esta danza es de una muy alta calidad. Nunca antes se habían expresado previamente de esta manera mensajes, enseñanzas y sabiduría. La danza del alma es un poderoso mensajero en esta primera parte de La era de la luz del alma.

La danza del alma hará posible a muchos entrar en aspectos de esta era que de otro modo resultarían muy difíciles de alcanzar. La danza del alma es una preparación singular para que cada vez más gente esté dispuesta a mostrar una apertura hacia la trascendencia y el significado de La era de la luz del alma, y sea capaz de comprenderla. La danza del alma puede hacer esto porque es una conexión única con Dios y con el Mundo del Alma. Esta conexión es pura y sin obstrucciones puestas por nuestro raciocinio lógico. Este valioso don otorgado en este tiempo nos ayudará de gran manera a responder a la purificación y transformación de la madre Tierra.

La conexión con Dios a través de la danza del alma ayudará a muchos en toda la madre Tierra a permanecer en un estado de gratitud total. La danza del alma también proporcionará aquellas enseñanzas que serán esenciales durante este período de purificación. La danza del alma les será otorgada a muchos en todas partes de la madre Tierra. Por supuesto, la gente ha bailado durante miles y miles de años, pero la danza del alma es única porque es dirigida por nuestra propia alma y por el alma misma de la danza. Este don está siendo otorgado a cientos, miles, incluso millones de personas, en este tiempo de la historia de la madre Tierra.

La danza del alma permite que todo su cuerpo responda de manera singular en su trayectoria del alma. Su respuesta es una liberación del mensaje de su alma al momento en que usted hace su danza del alma. El mensaje se expresa en forma de danza, en lugar de expresarse con palabras. Piense que es una forma de lenguaje físico, como el lenguaje mímico de las señas. Todo su cuerpo manifiesta el mensaje de su alma en ese momento en particular.

Cuando usted realiza su danza del alma, pudiera notar que casi siempre es la misma. Eso es correcto. Significa simplemente que se le ha otorgado una danza en particular para esta parte de su trayectoria del alma. Piense en ella como si fuera su propio logo personal único. Su danza es el mensaje que Dios le ha dado para que lo exprese.

Como la danza del alma es una forma de lenguaje, cuando baile su danza, quienes la observen la interpretarán de diferentes maneras. Con un lenguaje verbal, esto sería una «traducción». Sería beneficioso pensar que las respuestas de otros a su danza son las traducciones que usted hace de ella. Cada persona que observe su danza del alma la interpretará de diferente manera y recibirá un mensaje distinto porque cada mensaje corresponde a la trayectoria del alma y al nivel jerárquico de esa persona.

A estas alturas usted se habrá dado cuenta de que la danza del alma es algo mucho más que un simple movimiento rítmico que sigue su canto del alma o el de otros. La danza del alma también es una forma muy singular de comunicación. Los movimientos de sus manos y cuerpo expresan el mensaje que su alma está recibiendo en ese momento en particular. Esos movimientos son manifestaciones de ese mensaje. No se usan palabras porque no hay necesidad de ellas. Como esta comunicación se lleva a cabo a través del movimiento físico y sin un lenguaje normal, resulta muy pura. No interviene en ella el raciocinio lógico.

Es importante evitar la tendencia a permitir la entrada de su raciocinio lógico en su danza del alma. Permita que sus manos y cuerpo se muevan de la forma en que deseen moverse. Si pensara: «Me siento ridículo» o «No quiero que nadie me vea» o «Temo lastimarme», se interrumpiría e incluso detendría el mensaje de su danza. Estos pensamientos u otros semejantes interrumpirán, e incluso detendrían, su danza del alma.

Cuando me referí, anteriormente en este libro, al lenguaje y al canto del alma, hice hincapié en la necesidad de permitir que su lenguaje y canto del alma fluyan libremente. Esto es igualmente cierto para la danza del alma. Usted debe evitar tanto editar o censurar «lo que sale de su boca» en el lenguaje y canto del alma, como editar o censurar la forma en que su cuerpo expresa esta danza. Debe evitar asimismo sugerir a su cuerpo cómo moverse. Preste suma atención a estas advertencias, y su danza del alma tendrá la libertad que necesita para manifestar el mensaje que está recibiendo.

Algunos de ustedes se preocuparán por la posibilidad de lastimarse al hacer su danza. Permítame asegurarle que no hay necesidad alguna ni siquiera de pensar en esta posibilidad. Si establece una verdadera conexión con su danza del alma, su cuerpo se moverá únicamente hasta donde sea capaz, sin lastimarse. Usted debe únicamente conectarse de verdad con su danza del alma y dejar que su cuerpo se mueva de la manera que necesite para expresar el mensaje que está recibiendo.

Al hacer esto, será posible para su cuerpo estirarse más de lo usual. Eso está bien. No detenga el movimiento natural y espontáneo de su danza del alma. Por otra parte, no se imponga tampoco ese movimiento. Si se percata de esto, estaría correcto decir «gracias», pero evite absolutamente decirse a sí mismo: «Esto es demasiado, me voy a lastimar un músculo». También debe evitar decir: «Qué maravilla, voy a estirar mis músculos y sacar máximo provecho de ello». La primera declaración alterará, censurará y limitará sus movimientos. La segunda pudiera causar verdaderamente una lesión. Ambas declaraciones permiten la entrada a su raciocinio lógico, lo cual significa que usted ha abandonado su danza del alma.

Cuando está bailando una auténtica danza del alma, su cuerpo se mueve únicamente de la manera adecuada para expresar el mensaje de su canto del alma (o el de alguna otra persona). Al tiempo que baila su danza del alma, pudiera percatarse de que su cuerpo se está moviendo de maneras no usuales para él. Eso está bien. Estando consciente de esto no es lo mismo que alterar o censurar los movimientos. El percatarse de ellos no interrumpirá ni detendrá la danza del alma. El percatarse es parte del proceso. Lo que debe evitarse es ir de la percepción a la alteración, y evitar preocuparse por una lastimadura.

A estas alturas es evidente que su danza del alma es mucho más que un movimiento. Es un mensaje particular de Dios. Quienes tienen el don singular de poder traducir el lenguaje y el canto del alma, serán también capaces de traducir el mensaje de la danza del alma. Algunos de ustedes recibirán específicamente el don y capacidad particulares de poder traducir la danza del alma.

Disfrute la experiencia de bailar con su danza del alma. Si pudiera traducir su danza al tiempo que la hace, sería maravilloso. Si no puede hacerlo simultáneamente, espere a que haya terminado y trate después de hacer la traducción. Dios le enviará mensajes, enseñanzas y sabiduría especiales a través de su danza. La danza del alma es una forma especialmente deleitable de recibir estos mensajes, enseñanzas y sabiduría. La danza del alma es muy importante para la humanidad y la madre Tierra en este tiempo. Los mensajes recibidos a través de esta danza las asistirán enormemente en este tiempo de purificación y transformación. Es extraordinario, pero no es coincidencia, que Dios haya otorgado a la humanidad este don, en particular en este tiempo.

Los beneficios de la danza del alma

La danza del alma nos proporciona numerosos beneficios. Al expresar su danza, usted se percatará de algunos de ellos. Cuanto más baile, más los reconocerá. Abordaré algunos de los beneficios fundamentales.

En primer lugar, cuando exprese su danza del alma, se llevará a cabo una curación. Los movimientos de sus manos y su cuerpo se producen en respuesta al canto del alma. Estos movimientos serán diferentes a los usualmente expresados por su cuerpo. Prestarán a su cuerpo una nueva flexibilidad que ayudará a eliminar algunos de los bloqueos que han sido parte de su ser físico. Cuanto más dance y más plenamente lo haga, más bloqueos podrá remover.

La danza del alma también tiene la capacidad de acrecentar su energía. Los movimientos que usted reciba para estimular su energía serán muy diferentes a los movimientos para eliminar bloqueos. La danza del alma que elimina bloqueos será suave y tendrá un ritmo más lento. Algunas veces sentirá algo semejante a «estremecimientos». Todas estas formas de danza del alma promueven un movimiento más libre y suave de la luz y energía dentro de su cuerpo.

La danza del alma que fomenta su energía podría conllevar movimientos similares a aquéllos sugeridos en diversas meditaciones que he enseñado. Por ejemplo, sus manos pudieran concentrarse en la zona del Dan Tian Inferior o de la Montaña Nevada. Esto ayudará a incrementar la energía en estos dos fundamentales centros energéticos. Si usted necesita un aumento de energía en el bazo o en el hígado, sus manos se moverán hacia esas zonas.

Debo advertirle ahora que debe evitar pensar rígidamente y evitar analizar lo que está sucediendo. Es suficiente estar consciente de que su cuerpo se moverá de cierta manera para eliminar bloqueos, y de otra, para acrecentar su energía. También es necesario evitar dirigir a su cuerpo a que haga uno u otro movimiento; evite dirigirlo por completo. Permita que la danza del alma fluya libremente. Ella hará lo que es necesario para el proceso curativo de su cuerpo. Al moverse su cuerpo, cada parte de su ser participará también de la danza del alma. Sus sistemas, órganos, cada célula, cada espacio participan. La luz y la energía se mueven no sólo en el nivel físico, sino también en el nivel mental, emocional y del alma. La danza del alma puede definitivamente acelerar su proceso curativo. Le sorprenderán los cambios en su salud física.

Dios ha sido especialmente generoso y compasivo al proporcionarnos esta forma de curación en este tiempo de la historia de la madre Tierra. Hay una urgente necesidad de acelerar todos los procesos de transformación. La danza del alma es una manera especialmente placentera de acelerar el proceso curativo a nivel físico. Es sorprendente que algo tan simple sea tan deleitable y divertido y proporcione tantos beneficios. Con frecuencia, muchos de los que están involucrados en su camino del alma se han vuelto demasiado serios. Muchas de estas personas consideran que danzar es algo frívolo, incluso algo que debe evitarse, pues lo consideran una distracción. Si usted habla sobre el baile ordinario, esas ideas serían correctas, pero no se aplican en absoluto a la danza del alma.

Quienes se hayan mostrado muy serios en su camino del alma encontrarán difícil empezar a apreciar la diferencia entre la danza ordinaria y la danza del alma. Sin embargo, es esencial para quienes desean verdaderamente una transformación, y especialmente la aceleración de sus procesos de transformación, mantener una mente abierta para recibir la danza del alma. Esto será mucho pedir para algunos. La apertura para recibirla y deleitarse en la danza del alma tocará arraigadas formas de pensar, actitudes y creencias mantenidas por largo tiempo. Algunos se resistirán incluso a ponerse de pie y bailar una danza del alma. No obstante, es absolutamente necesaria. Las actitudes, maneras de pensar y creencias que liberarán realizando esta danza son las más difíciles de alcanzar y transformar. Para algunas personas, la danza del alma podría ser la única manera de empezar a liberar y, por tanto, adquirir la flexibilidad necesaria para progresar en su camino del alma. Aferrarse a formas de pensar, actitudes y creencias da lugar a una manera rígida de pensar, lo cual se manifiesta en un cuerpo rígido.

Muchos de los que se cruzan en su camino del alma se han resistido a liberar lo que consideran que son actitudes e ideas «sagradas». El hecho de que Dios nos ha otorgado la danza del alma como un medio para acelerar el proceso de liberación es una deleitable expresión del sentido del humor divino. Este sentido del humor puede experimentarse a muchos niveles diferentes. A medida en que los que se resisten empiezan a recibir y a liberar su danza del alma, experimentarán esta cualidad de humor divino a la que nunca antes han tenido acceso. Les ayudará enormemente a acelerar el proceso de transformación y curación en el nivel físico, mental, emocional y del alma. Se darán cuenta de un cambio en su forma de ver las cosas. Este cambio hará posible para estas personas manifestar aspectos de la presencia divina que no habían sido capaces de mostrar. Cada aspecto de su ser resultará beneficiado de maneras imposibles de expresar en palabras. Cuanto más abiertas se muestren a recibir y manifestar su danza del alma, mejor entenderán y apreciarán sus beneficios. La danza del alma es apropiada para todo el mundo, sin que importe dónde se encuentren en su camino del alma. Algunas personas lo harán más fácilmente que otras. Sin tener en cuenta el grado de dificultad, es esencial liberar su danza del alma en este tiempo de la historia de la madre Tierra.

Otro beneficio de la danza del alma es la conexión consciente que establece con la frecuencia y vibración de Dios, los santos de mayor jerarquía y toda la creación. Esta vibración es uno de los aspectos en que se manifiesta la danza del alma. En ocasiones, todo en usted se encuentra en una vibración «simple». En otras, esa vibración tiene sus propio ritmo que la hace mucho más compleja. Cada sistema, cada órgano, cada célula, cada ADN y ARN tiene su propia vibración. Cada una tiene también su propia danza.

Piense un momento en escenas de danzas que ha visto en películas. A veces hay bailarines de fondo haciendo los mismos pasos de danza. Otras veces hay también otros bailarines al frente haciendo una danza singular. Todos los bailarines danzan coordinadamente y se mueven al ritmo de la misma música; sin embargo, están ejecutando diferentes pasos. Sus movimientos podrían ser completamente diferentes. En el caso de la danza del alma que se lleva a cabo dentro de usted, sucede algo semejante. El alma de un órgano podría ser el bailarín principal al frente del escenario, mientras que las células individuales se encuentran al fondo. Esta comparación le da una idea de cómo puede experimentarse la danza del alma dentro de usted. En otras ocasiones, cada órgano, cada célula y cada espacio baila exactamente la misma danza del alma. Sea la que fuere, será la correcta en ese momento.

La danza del alma es algo que cambia cuando lo hace su nivel energético y su jerarquía del alma. También cambia durante el día. El patrón y ritmo de la danza del alma están siempre en un proceso de transformación. Debido a esto, los beneficios que usted recibe a través de la danza del alma están también en un proceso de transformación. La danza del alma es un poderoso medio de acelerar el proceso curativo a todo nivel. Cuando está consciente de este don que es la danza del alma, puede conectarse con ella y acelerar el proceso curativo aún más. Podría obtener extraordinarios beneficios curativos.

Cuando experimenta bendiciones curativas, se manifiestan también los beneficios. A veces uno se da cuenta inmediatamente de ellos. Otras veces debe esperar a que se manifieste la experiencia curativa. Usted puede aumentar los beneficios si está consciente al bailar su danza del alma de que todo dentro de su ser vibra y baila en un nivel más elevado y con una mejor calidad de luz. La danza del alma produce un asombroso aumento de la luz.

Cuando tiene conciencia de esto, es capaz de conectarse eficazmente con las danzas del alma de Dios, los santos de mayor jerarquía y todo el Mundo del Alma. Este estado de conciencia marcará en usted una gran diferencia. Cuando baila su danza del alma, participa de una manera singular en la danza divina. Se vuelve la presencia física de esa danza. Debido a que la danza divina está presente de innumerables formas, su danza será diferente a la danza de otra persona. Su propia danza cambiará también de acuerdo con lo que usted experimente en ese momento. Sea cual fuere, será una expresión, una manifestación, del hecho de que usted ha tenido el privilegio de resultar elegido para hacer presente su danza del alma en estos momentos en particular. La gran variedad con la que se expresa la danza del alma es parte de la bendición y beneficio de este don. Esta variedad la hace más deleitable y placentera.

Participe en la danza del alma tan frecuentemente como pueda durante el transcurso del día. Usted, la madre Tierra y el más allá obtendrán sorprendentes beneficios. La luz en la cual participará, y que usted también ayudará a aumentar de intensidad, es de muy alta calidad. Esta luz es sumamente necesaria en estos momentos de purificación de la madre Tierra. Contribuir a acercar y amplificar esta luz es un servicio muy singular que traerá una gran transformación a usted y a otros.

Otro beneficio de la danza del alma es la posibilidad de crear un mejor flujo y coordinación en el ambiente donde usted vive y trabaja. A medida que participa en la danza del alma, los efectos en usted se irradiarán a otros. Las personas a su alrededor estarán en una mayor armonía con usted, o para usar el lenguaje de la danza, «sincronizarán sus pasos con usted». Al suceder esto, sus alrededores y su ambiente entero comenzarán a cambiar. Las vibraciones y frecuencias entre sus colegas de trabajo y los miembros de su familia se elevarán y sincronizarán. Es como si hubiera un invisible director del grupo de danza que es la acción de su ambiente para que todos los «actores» coordinen sus pasos cada vez más. A medida que usted participa en su danza del alma, todo su ambiente empezará a vibrar y danzar en coordinación con su danza del alma. Algunos de los que viven o trabajan con usted notarán verdaderamente el cambio a medida en que éste sucede. A lo mejor no pueden determinar exactamente a qué se debe, pero sentirán una mayor coordinación entre todos. Otros comprenderán lo que está pasando; otros más notarán solamente una mejoría. Muchos saldrán beneficiados. La mejor coordinación entre los miembros de su familia o colegas de trabajo son un beneficio y aspecto muy singular es de la danza del alma. Como es sabido, los beneficios son dados siempre en abundancia.

Bendiciones especiales recibidas a través de la danza del alma

Una de las bendiciones especiales de la danza del alma es la mejoría en sus relaciones. Cuando sus relaciones con familiares o colegas de trabajo necesitan mejorar, la danza del alma es un beneficio muy singular para ellos. Al participar en esta danza, las almas de otros la reconocen y pueden unirse a ella. De hecho, se sienten contentas de tener esta oportunidad. Muchas de esas almas han estado esperando por esta oportunidad. Cuando se presenta, se unen a ella con entusiasmo y placer. Esta singular bendición vinculada con la danza del alma es una maravillosa manera de ayudarlo a transformar sus relaciones. La danza del alma elevará a otro nivel aquellas relaciones que ya son buenas. Este es un don muy particular de Dios en este tiempo.

Es difícil cambiar la forma de relacionarse. Los enfoques usuales pueden ser efectivos, pero son, con frecuencia, lentos y requieren de un gran esfuerzo mutuo. Si concentra sus esfuerzos en participar en la danza del alma, obtendrá sorprendentes resultados. ¿Cómo hacerlo? Llame simplemente al alma de la otra persona a que baile con usted (Puede hacer esto con dos o con doscientas otras almas al mismo tiempo). Ofrezca amor, perdón, paz y armonía mientras lo hace. Al bailar, puede entonar mi canto del alma «Amor, paz y armonía». Puede entonar su propio canto del alma. Cuando haya terminado, dé las gracias y respetuosamente devuelva el alma de la otra persona.

Mediante la danza del alma, muchos de ustedes podrán transformar sin esfuerzo sus relaciones. Será una fuente de placer para muchos. Numerosas personas notarán el sentido del humor vinculado con esta danza. Los miembros de su familia y colegas de trabajo también notarán estas cualidades. Tal vez no sepan exactamente por qué comienzan a sentirse diferentes o por qué están cambiando sus actitudes. Eso no tiene importancia. Lo importante es entrar al proceso de la danza divina y hacerla presente durante su día. Sin importar cuál sea su motivo de preocupación, conectar conscientemente con la danza del alma le ayudará a manifestar una transformación. Su danza del alma le ayudará a manifestar una más alta calidad de luz, armonía y paz.

Otra bendición particular de la danza del alma es la relacionada con sus finanzas. Cuando baile su danza del alma, puede invocar al alma de las bendiciones económicas. Solicítele una bendición especial para mejorar su situación económica. Visualice la manera en que desea recibir esa bendición. Luego comience su danza del alma. Mientras danza y se comunica directamente con el alma de la bendición económica, está entablando una conexión muy singular que no es posible de ningún otro modo. Cuando invoca al alma de la bendición económica que ha pedido, aumenta significativamente la posibilidad de «conectarse» con esa bendición específica. Si menciona el nombre de la bendición económica que ha solicitado, mejor aún. Por ejemplo, tal vez conozca un negocio donde pudiera recibir esa bendición. Invoque al alma de ese negocio mencionando su nombre, para hacerlo así más conscientemente.

Esto es similar a decir «hola» a su problema de salud previamente a recibir una bendición curativa. Cuando usted invoca el nombre de la particular bendición curativa que necesita, el alma de esa bendición le responderá. Otras almas responderán también, aumentando su luz y vibración. El invocar al alma de la bendición económica que ha pedido, le posibilitará obtener una mejor respuesta. Abrirá la posibilidad de que el alma que usted ha invocado y su propia alma tengan una poderosa conexión. Pudiera decirse que se vuelve una conexión más personal.

Hay una gran diferencia entre pedir una bendición económica amplia y general, y una específica y concentrada. Una solicitud específica es como hablar con un amigo mencionando su nombre. Esta conexión personal acelera la coordinación y participación en la danza del alma. Es una de las numerosas bendiciones que puede pedir a través de su danza del alma. También puede pedir bendiciones curativas para usted, para otros o para diversas situaciones. La lista es infinita.

Una de las bendiciones que pudiera desear es la bendición de su camino del alma y el camino del alma de otros. Cuando solicita esto, entabla una poderosa conexión con Dios y todo el Mundo del Alma. La transformación sucederá a un nivel muy alto, que beneficie su alma y las almas de los demás de manera muy eficaz.

Estos ejemplos le dan una idea de algunas de las bendiciones que puede recibir a través de la danza del alma. Hay muchas otras, pero éstas le proporcionan una idea de las posibilidades existentes. Las posibilidades son ilimitadas.

El cielo se complace en la danza del alma

Todos los niveles del cielo, Jiu Tian, Tian Wai Tian y más allá, se complacen particularmente en la danza del alma. Todo lo que enseño en este libro está vinculado con Jiu Tian porque éste es el reino con el que la mayoría de la gente en la madre Tierra está vinculada en estos momentos. Hablar sobre el deleite del cielo en la danza del alma es como ofrecer enseñanzas de un aspecto del cielo sobre el cual mucha gente no ha pensado. Todas las almas en el cielo participan en este ritmo y movimiento divinos. Cada nivel y cada dominio celestial tiene su propia danza singular. También hay danzas únicas dentro de cada nivel y dominio.

Considere por ejemplo los santos de mayor jerarquía en Jiu Tian. Usted conoce algunos de ellos. No reconocerá a muchos otros. Esto no importa. Incluyen a Jesús, María, Shi Jia Mo Ni Fuo (Buda Sakiamuni), Ling Hui Sheng Shi (Diosa de la Compasión, llamada Guan Yin en la era anterior), Tao Te Tian Zun. Ling Tong Tian Zun, Yuan Shi Tian Zun. Estos son sólo algunos de los santos de mayor jerarquía; hay muchos más. Cada uno de ellos tiene una danza distintiva. Cuando usted se vincula con cada uno de ellos, notará las diferentes maneras en que se mueve su cuerpo. Tal vez note incluso las diferencias dentro de su propio cuerpo.

Al participar cada uno de estos santos y otras almas en la danza divina, la alegría y luz presente es única para esta actividad en particular. Tiene una profundidad y poder de transformación no presente en otras bendiciones o curaciones. Toca los niveles más profundos de su ser. Irradia todo su ser. La alegría presente en todas las danzas del alma lo penetra y se vuelve parte de todo su ser. Se vuelve parte de todo su alrededor. Cuando usted conecta con cada uno de los santos de mayor jerarquía, todas las cualidades de sus particulares danzas se volverán presentes también a su alrededor. Este es un extraordinario don y bendición.

Conectar el cielo y la Tierra

Partiendo de lo que he escrito hasta ahora, usted se ha dado cuenta de que la danza del alma es una forma muy singular de conectar el cielo con la Tierra. La vibración que se vuelve presente y se incrementa a través de la danza del alma es única en esta forma de conexión. Esta calidad de vibración crea sendas de luz especiales. Imagíneselas como si fueran listones, ríos o puentes de luz. Estas imágenes le ayudarán a entender las profundas y numerosas conexiones forjadas cuando usted participa en la danza del alma.

Su cuerpo tiene numerosos órganos y sistemas. Simplemente su cerebro tiene cerca de quince mil millones de células. Cada célula consta de muchas partes, incluidos el ADN y el ARN. Use este ejemplo para calcular cuántas células hay en su cuerpo. Es algo incalculable, y mucho menos posible es tratar de imaginarse cuántas partes hay dentro de cada célula. Esto le dará una idea de la vasta extensión de conexiones entre el cielo y la Tierra cuando usted participa en la danza del alma.

Acabamos de considerar únicamente las conexiones alrededor de una sola persona. Ahora multiplique éstas por cientos, miles o incluso millones de personas participando en la danza del alma. Ahora añada toda la creación, porque los seres humanos no son los únicos con la capacidad de realizar la danza del alma. Toda la creación es capaz de hacerla (hablaré sobre este punto en el siguiente capítulo). Las conexiones no están limitadas a los seres humanos y el cielo. Existen también poderosos listones, ríos y puentes de luz entre los reinos celestiales y todo en la Tierra.

Todas estas conexiones llevan consigo transformadoras bendiciones y luz. Cuando se forjan estas conexiones, hay un extraordinario cambio en la materia y el espacio de todo aquél que participa en la danza del alma. Esta danza es un poderoso medio para «limpiar» los espacios. En su sentido estricto sacude y libera los bloqueos. Al liberarse, los bloqueos pueden transformarse en la presencia de la luz divina.

Las conexiones entre el cielo y la Tierra incluyen también las conexiones únicas con los santos de mayor jerarquía. Cuando usted invoca a un santo en particular y solicita sus bendiciones, todas las capacidades, dones, sabiduría y enseñanzas de este santo se vuelven presentes. El movimiento, la vibración y la frecuencia de este santo se manifiestan en su danza del alma. Cuando usted participa en esa danza, se vuelve la presencia física de todo esto. Este es un magnífico don y bendición.

Piense en lo que significa decir que su danza del alma se conecta con todas estas cualidades de este santo de alta jerarquía que usted ha invocado y a quien ha solicitado una bendición. Al bailar su danza del alma, usted asume el estado de ese gran santo. Esto proporcionará a su danza del alma una cualidad totalmente diferente. Las bendiciones de este santo se vuelven presentes de manera eficaz. Usted puede irradiar esta presencia a todos los que lo rodean. Puede hacerlo aun cuando no esté danzando físicamente en su ambiente. Tal vez se encuentre en un lugar público o en su trabajo. Quizá no pueda moverse debido a una enfermedad o lastimadura. Tal vez ni siquiera sea capaz de levantarse de su cama. Eso no significa que no puede realizar su danza del alma. Si está limitado físicamente de alguna de estas maneras, puede pedir a su alma que haga la danza del alma. Esto tiene también un poderoso efecto.

Lo importante es hacer su danza del alma diariamente. Practique tan frecuentemente como le sea posible durante el transcurso del día. ¿Por qué? Debería estar claro después de lo que ha aprendido hasta ahora. Cuando forja estas conexiones entre el cielo y la Tierra, las bendiciones que se presentan y la transformación que tiene lugar resultan muy eficaces. Esto le brindará una ayuda extraordinaria a la madre Tierra en su tiempo de purificación y transformación. Esta ayuda no es sólo eficaz; es amable y llena de placer y júbilo. Como diría un niño: «Es tan 'divertido' participar en estas extraordinarias bendiciones». Y es una manera muy divertida de provocar la transformación tan necesaria en estos momentos.

El ser capaz de llevar a cabo todo esto mediante la danza del alma es un don sumamente singular de Dios que asistirá a la humanidad, a toda la madre Tierra y más allá durante este período de transición. La danza del alma nos ayudará a cada uno de los que participamos en ella a mantener nuestro equilibrio. Para muchos, ésta será la manera más efectiva de mantener el equilibrio y permanecer centrados. Estas dos cualidades son muy importantes, y cobrarán aún más importancia al intensificarse el proceso de purificación de la madre Tierra. Dios nos ha mostrado una suma amabilidad, compasión y amor al ofrecernos este don en este tiempo.

La danza del alma y la creación

Todo lo que se ha dicho sobre su danza del alma en particular, es también cierto para cada aspecto de la creación. Los diversos niveles de la creación participarán en la debida forma. Cada aspecto de la creación tiene su propia danza única. Para algunos aspectos de la creación, es muy fácil imaginarse que se está efectuando una danza del alma, pero es muy difícil para otros. Sin embargo, la danza del alma es una posibilidad para todo lo existente. La luz y las transformaciones que se llevarán a cabo a través de ella son extraordinarias.

Aquellas partes de la creación que se encuentran en movimiento tienen su propio tipo de danza del alma. Por ejemplo, el ritmo de las olas del mar es una expresión de la danza del alma. La rotación de los planetas alrededor del sol es otra expresión de la danza del alma. Aquellas partes de la creación que son más fijas y permanentes, tales como las montañas, tienen también su propia danza única. Quienes tienen la capacidad de ver con su tercer ojo pueden percibir las imágenes de estas diversas danzas.

El movimiento y la danza de la creación han existido a través del tiempo. Sin embargo, en La era de la luz del alma se está trayendo la danza del alma de la creación a un nivel consciente. Está conectada con la danza del alma de cada persona y cada entidad. Cuando realiza su danza, usted tiene la posibilidad de invitar diversos aspectos de la creación a que se unan a su danza. Podría solicitarles que añadan su luz, su frecuencia y sus vibraciones a su danza. También puede solicitarles que asistan a otros aspectos de la creación. Trayendo la danza del alma de la creación a un nivel consciente, incrementa su poder, su luz y sus capacidades transformativas.

La posibilidad de que toda la creación pueda participar en la danza del alma es extraordinaria. Cuando usted baila su danza del alma, podría invitar al resto de la creación a que se una a usted, aunque es muy importante añadir la frase: «si es apropiado». Podría decir algo así: «Invito a todas las partes de la creación, a las que les resulte apropiado, a unirse a mi danza del alma». También podría decir: «Si es apropiado, le pido a toda la creación que se una a mi danza del alma». Es muy importante añadir una de estas frases. De hecho, es necesario añadirla. Ciertos aspectos de la creación pudieran estar en medio de un disturbio cuando esté haciendo su danza del alma. Usted no desea que el disturbio sea parte de su danza. Por ejemplo, usted no desea invitar a una parte de la creación donde haya un huracán o tornado en esos momentos. Usted no tiene el suficiente poder para transformar este disturbio, así que no es apropiado intentar hacerlo. Tenga presente esta enseñanza cuando invite a todos los aspectos de la creación a que se unan a su danza. Si se resiste a aceptar esta enseñanza pensando que sería un maravilloso servicio calmar al huracán, reitero simplemente que usted no tiene suficiente poder para hacerlo. Eso requiere enormes cantidades de virtud, para lo cual es necesario tener un nivel de jerarquía del alma muy alto durante cientos y miles de vidas. Usted no tendrá esta capacidad sin haber acumulado esta virtud primero.

Tenga en mente que éste es un período de purificación para la madre Tierra. No haga nada que interrumpa este proceso de purificación. Añada siempre: «si es apropiado» o «según sea apropiado» cuando invite a todos los aspectos de la creación a unirse a su danza del alma. Muchas de sus partes vendrán a unírsele y beneficiarse de la danza del alma. Las bendiciones resultantes difundidas por toda la creación serán exactamente las necesarias en esos momentos. Estarán en armonía con la sabiduría y compasión divinas. Tenga esto en mente y respete sea lo que fuere que suceda, lo cual significa que usted respeta la sabiduría y compasión divinas.

Si sigue estas enseñanzas, recibirá extraordinarias bendiciones que le producirán una gran transformación. Su aceptación de estas enseñanzas le ayudará a liberarse de las maneras de pensar, actitudes y creencias que necesita liberar, algunas de las cuales no habría podido liberar de ninguna otra manera. Es casi como si hubieran estado esperando por esta oportunidad. Y por el contrario, algunas de ellas han estado resistiéndose a esta oportunidad. En cualquier caso, es necesario liberarse de las maneras de pensar, creencias y actitudes para continuar avanzando en su camino del alma.

Liberarse de estas arraigadas formas de pensar, actitudes y creencias que están esperando, o resistirse a esta oportunidad, lo liberará de aquello que usted ha venido acarreando durante muchas vidas. Las lecciones que aprenderá al hacer esto pondrán a su disposición sabiduría que ha esperado por usted durante muchas vidas. Es una sabiduría de gran belleza y antigüedad que trae consigo profundas enseñanzas, bendiciones y curaciones. Usted experimentará una transformación imposible de expresar en palabras. Sentirá una liviandad y libertad que no hubiera pensado fueran posibles.

Esta liberación lo beneficiará no sólo a usted, sino que los beneficios irradiarán mucho más allá de usted. Quienes se relacionen con usted recibirán directamente profundas bendiciones, simplemente porque usted irradia una cualidad más alta de luz. Su frecuencia y vibración serán muy diferentes. Este es un grandioso don para usted, que se multiplicará porque se irradiará más allá de usted, a la totalidad de la madre Tierra y más allá. De hecho, toda la creación saldrá beneficiada porque usted se ha mostrado dispuesto a seguir estas enseñanzas. El deseo de su corazón de ayudar será satisfecho de la manera más generosa y extraordinaria.

La danza de la creación participará en la liberación de sus maneras de pensar, actitudes y creencias. Toda la creación participará en este proceso de liberación. Este es un maravilloso don a compartir. Al igual que usted, partes de la creación experimentarán también cierta resistencia y dificultad. Al lograr liberarse de todo ello, se harán disponibles beneficios y bendiciones para todas las partes de la creación, que ayudarán a la madre Tierra en su proceso de purificación. Es un espléndido don para toda la creación, que se multiplica a medida que se ofrece.

Toda la humanidad y toda la creación saldrán beneficiadas por estar usted dispuesto a participar en este proceso de liberación. Pudiera sorprenderle que el estar dispuesto a participar en esta liberación pudiera tener tan vastas consecuencias, aunque éste es sólo un ejemplo más de la profunda generosidad de Dios. La danza del alma de la creación es continua. Durante el transcurso del día se forjan y establecen conexiones. Los beneficios y bendiciones recibidos y otorgados son también continuos. Sin importar cuál es su horario, en algún lugar del mundo la creación está realizando esta exquisita danza. Ciertas partes de la creación, debido a su naturaleza, continúan día y noche, tales como las olas del mar en la costa. Las bendiciones prosiguen día y noche.

Ya sea que usted esté participando en su danza del alma de manera consciente o no, podrá igualmente beneficiarse de lo que está sucediendo en toda la creación. Este es un don muy poderoso y singular. La próxima vez que contemple el entusiasta juego de un cachorro, el suave oscilar de las hojas de un árbol o el ritmo del viento al soplar por una pradera, trate de estar consciente de que está observando un aspecto muy particular de la danza del alma. Cuando comience a ver todo como una expresión de la danza del alma, se verá envuelto por un gran sentimiento de alegría y deleite.

El movimiento de las hojas y de las hierbas batidas por el viento puede ser vigoroso, plena energía dinámica, pero si observamos esto como un aspecto de la danza del alma, lo coloca bajo una la luz diferente. Usted puede experimentar estos aspectos de la creación —puede usar cualquier aspecto de ella— como recordatorio para iniciar o proseguir su propia danza del alma. Puede contemplar ahora todo a su alrededor de manera diferente durante el transcurso del día. Puede incluso ver su horario de manera diferente. El alma de su horario está realizando su propia danza única. Cuando lo ve de esta manera, será capaz de ver un ritmo y un movimiento en su horario. Muchos de ustedes piensan que sus horarios son algo lleno de cosas que hacer, pero cuando los ven como una expresión de su danza del alma, cambiarán su forma de verlos. Ustedes y la danza de sus horarios estarán más centrados y equilibrados.

En lugar de ver su horario como algo atiborrado e integrado por muchos elementos, lo verá, desde una perspectiva de ritmo y movimiento, como algo unificado e integral. Todo lo relacionado con sus días será visto de manera distinta. Podrán apreciar las conexiones entre una parte de su día y la que sigue. Podrán apreciar el hecho de que su horario es una danza. Si desean que la danza de sus horarios sea diferente, pídanle esto al alma de sus horarios. Hagan una danza del alma y pídanle al alma de sus horarios que se una a sus danzas. Pídanle al Mundo del Alma que los bendigan con serenidad, tranquilidad y paz cuando realicen su danza del alma con el alma de sus horarios. Recibirán muchos beneficios al hacer esto.

Este es un ejemplo de otro de los aspectos de la creación. Todos estos ejemplos ilustran la forma en la que la creación participa en la danza del alma. Cuando baile su danza, se percatará cada vez más de sus posibilidades, sus bendiciones y su luz. Usted ha sido muy bendecido.

La danza del alma y el honrar a Dios

Desde tiempos antiguos, la gente ha mostrado su respeto y devoción a Dios mediante movimientos y danzas. Probablemente la danza haya sido la primera expresión de devoción y honra a Dios de la humanidad. Ciertamente, el movimiento vino primero que las palabras. Cuando la humanidad comenzó a expresarse a sí misma a través del movimiento, fue natural querer usarlo para darle gracias a Dios.

Si se piensa en la danza como una expresión de lo sagrado y como una forma de expresar gratitud, obediencia, lealtad y devoción, uno gana un mayor aprecio por la danza del alma. En algunas tradiciones sería lo que llamamos oración. En otras sería lo que llamamos ritual. En otras más no tiene nombre. No importa cuál nombre se le dé; lo importante es darse cuenta de que la danza del alma es una forma de expresar devoción a Dios.

El poder expresar su devoción mediante su danza del alma le otorga una cualidad muy singular. Ayuda a eliminar barreras en forma de limitaciones que algunas personas ponen a las expresiones de devoción a Dios. Las personas que tienen una idea limitada de lo que es apropiado pueden ser algo solemnes. Sus expresiones carecen de variedad. El expresar su devoción a través de la danza del alma es muy importante para quienes la expresan de manera solemne. Comenzarán así a liberarse de actitudes, formas de pensar y creencias arraigadas desde hace mucho tiempo.

Cuando se realiza la danza del alma como un medio de honrar a Dios, los movimientos y ritmos manifestarán un gran respeto, aprecio y gratitud. No hay necesidad de preocuparse si la danza del alma es apropiada o no. Cuando usted está consciente y desea que su particular danza del alma sea para honrar a Dios, su danza hará exactamente eso porque la danza tiene su propia sabiduría. De hecho, no hay necesidad de preocuparse sobre si alguna de sus danzas del alma es apropiada o no. Su danza del alma tiene su propia sabiduría. Su danza sabe lo que es apropiado. Sabe cómo expresar gratitud y devoción. Sabe cómo expresar lo sagrado. Sabe cómo conectarse con Dios.

Cuando usted usa su danza del alma para honrar a Dios, los reinos celestiales se le unen. Los santos de mayor jerarquía lo acompañan. Muchas partes de la creación se unen a su danza, la cual se expresará de manera eficaz al extenderse mucho más allá de usted. Es un don muy particular poder honrar a Dios de esta manera. La danza del alma es placentera. Es muy importante traer este aspecto de placer, deleite y alegría a las formas en que se honra a Dios. Mucha gente está consciente de muchas de las facetas del respeto; sin embargo, no está tan consciente de que la alegría y el placer son también facetas del respeto. Cuando baila su danza del alma como una forma de honrar a Dios, está presentando conscientemente los aspectos de placer y alegría. Como resultado, este método de honrar a Dios es mucho más completo, centrado y equilibrado.

Este método de expresar su devoción a Dios es, a su vez, una señal a otros para que hagan lo mismo. Cuando honra a Dios de esta manera, los cambios en su forma de pensar, actitudes y creencias beneficiarán a otros que pudieran estar teniendo dificultades en esta enseñanza. Cuanto más ayude a Dios de esta manera, tanto más ayuda prestará a quienes encuentren problemático aceptar esta enseñanza.

Cuando realiza su danza del alma para honrar a Dios, usted forja una conexión muy singular con ella. Se encuentra, estrictamente hablando, en armonía con Dios. Su frecuencia y vibración ascienden a un nivel más alto y más cercano a la vibración y armonía de Dios. Usted no sólo honra a Dios, sino que también se convierte en la presencia física del movimiento de la danza divina. Este es un ejemplo más de la extraordinaria generosidad de Dios.

Su deseo y esfuerzo por honrar a Dios son recibidos, multiplicados y devueltos a usted de diversas maneras. Se dará cuenta de profundos cambios en sus niveles del alma, mentales, emocionales y físicos. Sufrirá una transformación profunda, intensa y amable. Sus canales del alma se abrirán cada vez más. Si usted tiene capacidades del tercer ojo, éstas se incrementarán. También aumentará su capacidad para superar sus arraigadas formas de pensar, sus actitudes y sus creencias. Su salud física mejorará.

Todo esto es posible simplemente porque usted utiliza la danza del alma para honrar a Dios. Es sorprendente observar esto en usted mientras baila. Es un don muy singular poder honrar a Dios de esta manera. Es también un don para toda la creación. Esta posibilidad de usar la danza del alma para honrar a Dios está abierta también a todo aspecto de la creación. Reflexione unos momentos sobre esto. Cuando se vale de su danza del alma para honrar a Dios e invita a las partes de la creación apropiadas a que se le unan, éstas reciben también increíbles bendiciones.

Cuando usted honra a Dios mediante la danza del alma, los santos de mayor jerarquía también lo acompañan. Usted danza en un coro muy singular que ofrece una extraordinaria cantidad de gratitud, obediencia, lealtad y devoción a Dios. Su danza del alma se vuelve parte de una elevada forma de respeto y de honra. Será capaz de conectarse con lo sagrado a muy altos niveles. Es un don y un extraordinario privilegio estar consciente de que los santos de mayor jerarquía se unen a su danza. Esto sucede de una manera única y particular cuando usa su danza del alma como forma de honrar a Dios.

Decir que la luz se intensifica es quedarse corto. Las palabras humanas no pueden expresar adecuadamente lo que sucede en usted cuando los santos de mayor jerarquía lo acompañan en este tipo de danza del alma. Se trata de una clase de danza en la que el Mundo del Alma participa continuamente. Cuando usted usa su danza del alma para honrar a Dios, ésta pasa a formar parte de lo ya existente. Usted es invitado, en su sentido más estricto, a unirse a la danza. Esto lleva consigo profundas bendiciones. Es una manera eficaz de lograr una transformación. Usted no es el único que recibe beneficios; éstos tienen un alcance de irradiación mucho mayor. Benefician a la madre

Tierra y a todas sus criaturas. Se extienden a más allá de la madre Tierra.

El proceso de transformación iniciado al participar usted en la danza del alma se eleva y se acelera más allá de lo imaginable cuando usa esta danza para honrar a Dios. El honrar a Dios a través de esta danza es una forma muy singular de servicio. A la vez que ofrece un servicio, usted y otros reciben extraordinarias bendiciones. Utilice su danza del alma tan frecuentemente como pueda, y úsela de esta manera durante el transcurso del día. Preste atención a todos los cambios que empezará a experimentar. Según aumenta su nivel de conciencia, podrá alcanzar niveles de participación cada vez más elevados. Su danza también experimentará una transformación. Usted ha sido muy bendecido.

La danza del alma como una manifestación de Dios

La danza del alma es una manifestación única y particular de Dios. Cuando ejecuta su danza, usted se convierte en una presencia singular de Dios. El ser la presencia de Dios a través de su danza constituye una nueva forma de acercarse a la presencia divina. Muchos de ustedes podrían nombrar las diversas maneras en que Dios está presente con nosotros. Sus listas podrían ser muy largas. No obstante, yo podría conjeturar que muy pocos de ustedes habrían incluido la danza —por lo menos antes de haber leído este libro. Por supuesto que no me refiero a cualquier «danza». Debe tratarse de la danza del alma. Es un singular placer que la danza del alma puede añadirse a esta lista. *Debe* añadirse. La danza del alma traerá consigo la levedad que tanto se necesita en estos tiempos. Cuando se manifiesta esta danza en compañía del canto del alma, se vuelve presente un aspecto especial de la presencia divina a la que no se accede de ninguna otra forma. El poder manifestar a Dios mediante la danza del alma es un maravilloso don para usted y para todos a su alrededor y más allá.

Hay una gran necesidad de sentir la levedad y el placer que acompañan a la danza del alma. El saber que Dios nos ha ofrecido este don en este tiempo significa apreciar la generosidad y compasión de Dios de otra manera. Dios trata siempre de estar presente con nosotros de manera que podamos tener una conexión con él cada vez mayor. Dios desea que nos convirtamos cada vez más en su pura presencia aquí en la Tierra. Hay muchas maneras en las que esto ha sucedido y continúa sucediendo. En este tiempo, la danza del alma es un modo extraordinariamente eficaz de que cada uno de nosotros nos convirtamos en la presencia de Dios aquí en la Tierra.

La danza del alma y la alegría

Hay muchas cualidades que nosotros consideramos parte de la esencia de Dios o una de sus expresiones. Con frecuencia no nos fijamos en una de estas cualidades: la alegría. Al comprometerse la gente a seguir su camino del alma, se vuelve más consciente de las dificultades, las lecciones y la liberación que son parte de esa senda. La gente no se da cuenta del hecho de que la alegría es también parte esencial del camino del alma. La alegría es definitivamente una expresión de la esencia de Dios.

Sin embargo, el decirle a alguien que está experimentando dificultades que necesita conectarse con la alegría divina, no es lo más acertado. Debe dejársele a la gente que pase por el proceso, paso a paso. A medida que avanza, el proceso mismo será jubiloso. Para poder apreciar completamente la presencia de la alegría divina, se requiere haber alcanzado un cierto nivel en la trayectoria del alma. Esto no significa que al comienzo o durante las dificultades de su senda no haya alegría. Significa simplemente que experimentará más alegría a medida que aumenta su nivel jerárquico.

Su nivel consciente de alegría aumenta al aumentar su participación en la luz divina. Al bailar su danza del alma podrá adentrarse enteramente en la alegría divina. Esto acelerará su camino del alma y su nivel jerárquico. La participación en este aspecto de Dios trae consigo muchas bendiciones y curación. Una de estas bendiciones especiales es una mayor capacidad para liberarse de arraigadas maneras de pensar, actitudes y creencias. Esto constituye un gran tesoro porque el ser capaz de conseguir esta liberación traerá como consecuencia un gran cambio en su camino del alma. Le aportará una mayor pureza a su nivel jerárquico. Podrá ver y actuar con más claridad. También se acelerarán la curación y purificación en todos los niveles de su ser.

Este es sólo un ejemplo de las bendiciones y curaciones disponibles cuando participa en este aspecto de la presencia divina. Es verdaderamente asombroso poder recibir tantos beneficios a través de su danza del alma. Esta danza es algo tan fácil de ejecutar. Es tan simple y placentera. Es extraordinario que haya tantas bendiciones y curaciones vinculadas con la danza del alma. Quizá esté pensando: «Es demasiado bueno para que sea cierto». En verdad es demasiado bueno y es cierto. Cuanto más use su danza del alma, más experimentará la realidad de lo que le afirmo. Experimentará que es verdaderamente así de fácil, de bueno y enteramente cierto.

La danza del alma es una forma especial de servicio que expresa y manifiesta alegría divina. Hay una ausencia de alegría en muchas personas, lugares y situaciones. En lugar de alegría, hay una pesadez, tristeza, pena y, en muchos casos, ira. La capacidad para traer alegría divina a esta gente y situaciones es un honor y un privilegio. Cuando realice su danza del alma, puede pedir que la alegría intrínseca en ella recaiga sobre esta gente, lugares y situaciones según sea apropiado. La capacidad de ofrecer estas bendiciones a tantos necesitados, a tantos agobiados, a través de la danza del alma es un gran honor. La capacidad de hacerlo a través de la danza del alma lo hace fácil y eficaz. Usted puede ayudar a traer, estrictamente hablando, la alegría divina a la Tierra.

Usted puede convertirse en una manifestación de este aspecto de la presencia divina. Puede pedirle a este aspecto que toque a todas las personas y situaciones según sea apropiado en esos momentos. Uno puede bailar para deshacerse de su depresión. Puede bailar para deshacerse de su pena. Puede bailar para deshacerse de su ira. Cuando ejecuta su danza, puede sustituir todas esas emociones por luz, amor, perdón, paz, curación y bendiciones. Esto es algo verdaderamente extraordinario. Es un verdadero privilegio. Al hacer esto, participará y experimentará un mayor grado de alegría divina.

Cuanto más participe en su propio proceso de transformación, tanto más se convertirá en un ser de luz, y tanta más alegría divina será capaz de manifestar. Cuanto más alegría divina pueda manifestar, tanto mayor será su capacidad para conectarse con ese aspecto de Dios. La alegría divina crecerá en usted rápidamente. Al ejecutar su danza del alma, se volverá cada vez más consciente de que se está conectando con este preciosísimo aspecto de la esencia divina, un aspecto sumamente necesitado en la madre Tierra en este tiempo. Esta capacidad es una bendición y un don muy singular.

La danza del alma anterior al tiempo

Antes de que existiera el tiempo, existían una vibración y frecuencia vinculadas con Dios. Ellas han sido la fuente de todo lo existente, la fuente de toda formación. Se han expresado en forma de movimiento y vibración. Constituyen la forma más pura y antigua de la danza divina. Al manifestarse la creación, continuó existiendo esta forma original de danza del alma anterior al tiempo. Se hizo presente en todo lo existente.

Esta danza del alma original permaneció en muchos de los aspectos de la creación en una forma muy pura, pero en otros se limitó debido a la resistencia que encontró. En algunos aspectos de la creación, la danza del alma original se adaptó y cambió su capacidad para manifestarse debido a los esfuerzos de esos aspectos para controlarla. En lugar de permitir que esto ocurriera, la danza del alma original adaptó y cambió sus formas de manifestarse. Retuvo su pureza y fuerza original, pero su manifestación se alteró. La danza del alma anterior al tiempo retuvo su singular conexión con Dios y con la esencia de toda la vida, haciéndolas presentes durante el transcurso del tiempo. Esto es casi como si la danza del alma hubiera hecho varias cosas simultáneamente. Mantuvo su forma pura, pero adaptó su manifestación. Permaneció y ha estado presente todo el tiempo en toda la creación. Está en nosotros y se está manifestando de una manera muy singular en este tiempo.

En esta era, la danza del alma anterior al tiempo alcanzará su plenitud de expresión. Abundaré al respecto en la siguiente sección. Es importante saber que antes del tiempo ya existía la danza del alma, que ha existido durante el transcurso del tiempo y que existirá durante lo que nosotros llamamos «el futuro». Cuando nos conectamos con esta forma original, nos estamos conectando con una presencia muy singular de la danza divina. A fin de poder hacer esto, debemos establecer una conexión de alma a alma. Muy pocos de los presentes en la madre Tierra en este tiempo han hecho esta conexión. Sin embargo, cuanto más personas participen en la danza del alma, tanto más tendrán la oportunidad de conectarse con la danza del alma original.

Cuanto más individuos pasan por el proceso de transformación ofrecido como don por la danza del alma, tanto más posible les será establecer una conexión de alma a alma con esta magnífica danza anterior al tiempo. Mientras más personas hagan esta conexión, más posibilidades tendrán, inimaginables posibilidades. Para ayudarlo a apreciar cuán numerosas son estas posibilidades, simplemente piense en una pequeña parte de la creación que le sea familiar; hay tanta variedad en ella y tantas posibilidades. Multiplique ésta por todo lo creado en la madre Tierra, y luego multiplíquelo por lo creado más allá de la madre Tierra para obtener una idea de lo que quiero decir cuando digo: «Las posibilidades son tan numerosas que resultan inimaginables».

Al conectarse de alma a alma con la danza anterior al tiempo, se hacen presentes también las más extraordinarias bendiciones. Se hacen presentes las más extraordinarias capacidades, sabiduría, enseñanzas y dones. Como ya he mencionado antes, hay muy poca gente en este tiempo en la historia de la madre Tierra que haya alcanzado un nivel lo suficientemente alto para ser capaz de hacer esta conexión de alma a alma. Sin embargo, a medida que continuamos avanzando en este siglo de la luz del alma y en La era de la luz del alma, habrá más personas capaces de realizar esta conexión y de manifestar los diversos aspectos de esta danza del alma original.

El poder manifestar un sólo aspecto de esta danza del alma original es un extraordinario privilegio, honor y don. Producirá una eficaz transformación. La capacidad para establecer este tipo de conexión será también una extraordinaria forma de servicio. Cualquier aspecto individual de la danza del alma original conlleva tal poder y capacidades que lograrán profundas bendiciones curativas. El poder ofrecer y manifestar esto a otros es un servicio que aportará transformación y bendiciones en todos los niveles a innumerables almas en la Tierra y más allá.

La danza del alma original está presente cuando y donde se realice la danza. Sin embargo, sólo un puñado de personas puede conectarse con su presencia en estos momentos. Muy pocos pueden manifestarla. Los demás necesitan proseguir en sus sendas del alma y avanzar en sus procesos de liberación y transformación. A medida que esto suceda, cada uno de ellos estará más preparado para manifestar esta extraordinaria danza del alma. No se apresure o desee poder realizar en estos momentos esta clase de conexión. Prosiga en su camino del alma, paso a paso. Continúe su proceso de transformación. Cualquier cosa que forme parte de su proceso y su trayectoria es la correcta, pues ha sido decidida y dirigida por Dios mismo. Responda con absoluta gratitud por los dones dados y por los que todavía no está preparado para recibir.

La danza del alma anterior al tiempo se disfraza a veces para estar presente en la danza del alma que se está llevando a cabo. Estará presente en el alma de la danza del alma. En otras palabras, la forma en que la danza del alma se expresa es una forma de disfraz de la danza del alma original. La danza del alma original desea poder manifestarse, pero está también enteramente consciente de que todavía no es el momento adecuado. Desea asistir a la humanidad y la madre Tierra en su proceso de purificación, por lo que ha elegido disfrazarse en algunas de las danzas del alma que se están llevando a cabo ahora en la madre Tierra.

Por supuesto no toda danza del alma es un disfraz de la danza del alma original. Sólo algunas de ellas lo son. Evite pensar si la suya es o no un disfraz. Evite tratar de adivinar cuáles lo son. Evite tener la expectativa o la atadura de tenerla disfrazada en una danza del alma en particular, la suya o la de algún otro. Si lo hiciera, estaría usando su raciocinio lógico. Esto no funciona. De hecho, cuando usa su raciocinio lógico, lo que sucede es que generalmente crea enormes barreras y obstáculos en su camino del alma y su proceso de transformación. Eche a un lado todo pensamiento que le vengan a la mente referente a su deseo de reconocer los diversos disfraces usados por la danza del alma original.

Es sumamente importante mostrar una disposición y dedicación total al proceso de transformación. Si hace esto, tendrá la posibilidad algún día de conectarse de alma a alma con la danza del alma original. Concéntrese en avanzar su transformación y su camino del alma, y así se ayudará a sí mismo a transformarse de una manera maravillosa. Simplemente, el concentrar sus empeños en esto, le ayudará a acelerar su transformación. Aumentará su apertura para recibir la luz divina. Estará contribuyendo a convertirse en un ser de luz.

La danza del alma anterior al tiempo constituye un mensaje muy singular, como singular es su alma. Influye constantemente todo lo que existe. Influye en particular en la presencia de la danza del alma en esta época, y continuará ofreciendo este servicio. Es una profunda bendición para nosotros que la danza del alma original esté presente en el alma y con el alma de la danza del alma. Hemos sido muy bendecidos. Hemos sido muy honrados.

La danza del alma y la era de la luz del alma

En esta era habrá una mayor manifestación de la danza del alma original. Habrá una plenitud de todo lo que es parte de esta danza original. Al comienzo de esta era de la luz del alma existe la posibilidad de conectar con partes del Mundo del Alma que no se han manifestado antes. A veces uso el término El siglo de la luz del alma porque estamos viviendo al comienzo de tanto el siglo y la era. No obstante, todo lo que diga acerca de El siglo de la luz del alma es también cierto para toda La era de la luz del alma.

A estas alturas usted se ha dado cuenta del poder de la danza del alma. Sabe que es un don singular para ayudar a la humanidad en los días de purificación y transformación de la madre Tierra. Cuando este proceso de purificación alcance la etapa en la que haya una amplia conciencia de la necesidad de realizar enormes cambios y transformaciones, entonces será más evidente el poder de esta danza. A medida que la madre Tierra pasa a través de sus procesos de purificación y transformación, y al pasar todos sus habitantes por el mismo proceso, habrá una extraordinaria presencia de luz. La gente tendrá una extraordinaria conciencia de esto. Habrá una gran claridad de pensamientos y comportamiento.

El proceso de purificación alcanzará un punto en particular que pudiera llamarse «punto alto» o «ápice». Cuando se llegue a este punto, habrá la posibilidad de manifestar curaciones divinas, luz divina y transformación divina para miles de personas al mismo tiempo. Estas simultáneas manifestaciones se volverán más globales. Cuando suceda esto, la importancia y beneficios de la danza del alma se volverán más obvios porque se manifestarán de muchas maneras.

El siglo de la luz del alma es, en sí mismo, una introducción a todo lo que he mencionado acerca de la danza del alma en este pequeño volumen. La danza del alma no sólo es una preparación para lo que vendrá, sino también el *proceso* para acelerar lo que vendrá. Esto es verdaderamente asombroso. Los dones y capacidades especiales son, con frecuencia, o parte del proceso o parte de la preparación. Rara vez se otorgan dones, capacidades o bendiciones especiales que son parte de ambos. Por lo tanto, es posible decir que El siglo de la luz del alma se danzará en su plena manifestación. Aunque no sea la única manera en la que este siglo se hará más presente, la danza del alma es un importante parte de este proceso. Es una maravilla que algo tan alegre y placentero como la danza del alma sea capaz de ayudar a toda la humanidad, la madre Tierra y más allá de manera tan poderosa.

A medida que la madre Tierra se purifica y se transforma, la danza del alma la asistirá de muchas maneras. Ayudará a la humanidad, a la madre Tierra y a todos sus habitantes a pasar por este proceso y alcanzar el otro lado. Ejecutar su danza del alma en los momentos más difíciles le ayudará de un modo imposible de describir. La danza del alma le ayudará a «pasar al otro lado» de la purificación y transformación de la madre Tierra. Todos esos listones, ríos y puentes de luz, de los que hice mención antes en este libro, estarán presentes durante estos procesos. La danza del alma servirá como un medio de conexión con esos listones, ríos y puentes de luz, para ayudarlo, a usted y a los demás, a pasar por este tiempo de purificación y llegar a lo que nos espera al otro lado. Éste es un eficacísimo aspecto de la danza del alma.

La danza del alma es una maravillosa forma de obtener una mejor comprensión de la extraordinaria generosidad, compasión y amabilidad de Dios. El que nos haya otorgado este don en este tiempo es algo sumamente singular. Haga uso de él tan frecuentemente como pueda. Use la danza del alma en particular cuando experimente dificultades. Recuerde siempre que es un listón, un río y un puente para ayudarlo a sobrellevar cualquier dificultad que experimente. Le ayudará a «cruzar al otro lado», donde hay mucha más luz y una mayor frecuencia y vibración.

A medida que nos acercamos al otro lado del proceso de purificación de la madre Tierra, no podemos imaginarnos lo que será. Por ahora basta saber que será extraordinario. Perdería su tiempo y esfuerzo tratando de imaginárselo. Equivaldría a hacer hoy el trabajo de mañana. Tenga en mente lo que está sucediendo en estos momentos. Sepa simplemente que habrá fabulosos cambios, y que estos cambios serán de luz y presencia divinas. Cómo serán, y cómo se experimentarán, es algo que todavía no se ha manifestado. Lo importante en estos momentos es lo que experimentamos ahora.

Concentrándose en lo venidero, descuidará o evitará atender lo que ocurre en la actualidad. Por tanto, es absolutamente necesario que usted preste atención al proceso presente, al *ahora*, a lo que está sucediendo en estos momentos. He mencionado lo que vendrá únicamente para proporcionarle una fuente de esperanza cuando se sienta estresado o agobiado por el proceso de purificación de la madre Tierra. La danza del alma es un fabuloso don para transformar ese sentimiento de estrés o agobio. Es también un maravilloso don para expresar alegría, gratitud y devoción.

La danza del alma en El siglo de la luz del alma tendrá muchas formas de expresión. Habrá una profunda y poderosa conexión con los santos de mayor jerarquía y con todos los reinos. La danza del alma ayudará a crear algo nuevo en la madre Tierra. Lo ayudará durante el proceso de esta nueva creación. Existen muchas posibilidades vinculadas con la danza del alma y sus dones. A medida que usted experimenta su danza, comenzará a comprender y apreciar algunas de sus posibilidades. La danza del alma es un don y una bendición para la humanidad, la madre Tierra y más allá. Dios nos ha mostrado una especial generosidad proporcionándonos este don en esta época. Hemos sido muy bendecidos.

Conclusión

Partiendo de todas mis enseñanzas en este libro, es fácil apreciar que la danza del alma es un don muy singular. Es fácil comprender que es un poderoso medio de transformación. La danza del alma es también una importante parte del proceso curativo de cada persona, así como del proceso transformador de la madre Tierra. Estos procesos de purificación y transformación de la madre Tierra pueden considerarse también como procesos curativos. La capacidad para participar en este proceso —y contribuir a él— mediante la danza del alma es algo muy singular. Como bailarín o bailarina del alma, usted puede ayudar a acelerar lo que está sucediendo y también participar en ciertos aspectos de Dios, de los santos de mayor jerarquía y de los dominios más elevados de un modo que no ha sido posible mediante otras actividades.

La danza del alma es un don único. Es una clave única que abre los tesoros que se necesitan con urgencia en este tiempo, tesoros no disponibles de ninguna otra manera. Le recomiendo que use su don de la danza del alma con tanta frecuencia como pueda. También le recomiendo pedir a su danza del alma que continúe ejerciendo su efecto al nivel del alma, aun cuando usted esté físicamente preocupado por las labores de su vida diaria.

Dios nos ha mostrado una particular bondad al otorgarnos este don y ponerlo al alcance de todos, incluso de quienes no pueden moverse libremente debido a algún impedimento físico o alguna enfermedad. Sabiendo que cualquiera puede participar plenamente en la danza del alma sin que importe su condición física es algo muy singular. Cualquiera puede hacer una extraordinaria contribución al proceso transformativo de la madre Tierra.

Independientemente de su estado físico, podrá experimentar también todos los beneficios vinculados con la danza del alma. La alegría, el placer, una mayor flexibilidad, la capacidad para liberarse de modos de pensar, actitudes y creencias, y un aumento en la frecuencia y vibración de la luz divina estarán a su disposición.

Todos estos dones esperan por usted. Lo único que tiene que hacer es mostrarse dispuesto a recibirlos. Cuando haga eso, su proceso de transformación y su camino del alma cambiarán profundamente.

El servicio que usted ofrezca a la madre Tierra, a todas sus criaturas y a todo lo existente más allá será extraordinario. Para mí ha sido un grandísimo honor y privilegio ofrecerle estas enseñanzas y las bendiciones que las acompañan. Me siento muy honrado de servirle de este modo, así como de servir a la humanidad y a todo lo que existe más allá.

Agradecimientos

No puedo agradecerle lo bastante a mi más querido maestro y padre adoptivo Zhi Chen Guo. Sin sus bendiciones y enseñanzas no habría podido proporcionar a ustedes estas enseñanzas. Él ha sido un extraordinario don de Dios. Él es también mucho más que eso. Es imposible describir en dos breves párrafos cuán extraordinario es, qué gran privilegio es para mí ser su discípulo y sucesor.

Estoy sumamente agradecido y aprecio de gran manera todo lo que he recibido y sigo recibiendo de él. Él siempre está conmigo. Siempre resulto beneficiado de sus enseñanzas y bendiciones. Como suelo compartir lo que recibo, usted resulta mucho más beneficiado de lo que se imagina por las enseñanzas y bendiciones de mi maestro.

Estoy sumamente agradecido a Dios. No es posible expresar mi gratitud con palabras. El haber sido elegido como canal divino directo es una bendición y un don extraordinarios. El ser receptor de una autoridad tan especial para transmitir a usted muchos de mis dones otorgados por Dios es un extraordinario honor. A través de este libro le he dado mis dones del lenguaje del alma, canto del alma, movimiento del alma, palmaditas del alma y danza del alma. Dios me enseña y me bendice continuamente. No cuento con suficientes medios para expresarle mi gratitud a Dios. No hay modo de honrar lo suficiente a Dios. No hay forma de agradecer lo suficientemente a Dios.

Mis Shi Fus están presentes continuamente, enseñándome y bendiciéndome. No hay manera de expresar con palabras mi gratitud a todos ellos, especialmente a mis primeros Shi Fus, Yun Zhong Zi y Shi Jia Mo Ni Fuo, por sus eficaces enseñanzas, bendiciones y ayuda. Les estoy sumamente agradecido. No hay manera de honrar a todos ellos lo suficientemente.

Estoy también muy agradecido a todos mis queridos estudiantes y maestros auxiliares y los comunicadores divinos y directos del alma. Se han comprometido firmemente a seguir mis enseñanzas, a hacer las prácticas que he sugerido y a vivir sus vidas en completa gratitud, obediencia, lealtad y devoción a Dios. Muchos de ellos tienen conmovedoras historias sobre la transformación de sus vidas. Puede encontrar algunas de ellas en mi página web, donde usted puede leerlas y salir enriquecido con su lectura. Le estoy muy agradecido por este servicio y por su gran dedicación a Dios.

Estoy también especialmente agradecido a mis queridos padres y a mis queridos esposa e hijos. Su amor y apoyo son una gran ayuda que me permite continuar difundiendo mi misión.

Estoy sumamente agradecido por la oportunidad y el privilegio de ser un sanador, maestro y servidor divino universal incondicional. Servirlo a usted es un timbre de honor. Gracias. Gracias. Gracias.

Maestro Zhi Gang Sha

Curaciones, bendiciones y transformación de vida

Teleconferencia gratuita de curaciones remotas (en inglés), martes, 5:30–6:30 PM, hora Pacífico. Para este servicio permanente de curación semanal, inscríbase una vez en www.drsha.com.

Sesión de curación, rejuvenecimiento y transformación remotos para grupos (en inglés) con el Maestro Sha, los domingos de 5:00 a 6:00 PM. Hora del Pacífico.

CDs y DVDs

Blessings from Heaven. Instituto de Medicina del Alma, la Mente y el Cuerpo, 2007. Música divina del alma por el compositor divino Chun-Yen Chiang y el Dr. Sha.

God Gives His Heart to Me. Instituto de Medicina del Alma, la Mente y el Cuerpo, 2008. El segundo canto del alma dado por Dios al Dr. Sha y a la humanidad.

Love, Peace, and Harmony. Instituto de Medicina del Alma, la Mente y el Cuerpo, 2007. El primer canto del alma dado por Dios al Dr. Sha y a la humanidad.

The Music of Soul Dance. Instituto de Medicina del Alma, la Mente y el Cuerpo, 2007. Caja de 10 CD de música del cielo para inspirar y ayudar a orientar su danza del alma.

Power Healing with Master Shi Gang Sha: Learn Four Power Techniques to Heal Yourself. Instituto de Medicina del Alma, la Mente y el Cuerpo, 2006. Este juego de cuatro DVDs ofrece una enseñanza integral de la sabiduría, el conocimiento y la práctica del poder curativo y la medicina del alma, la mente y el cuerpo. Todos los aspectos del poder corporal, poder del sonido, poder de la mente y poder del alma están tratados a profundidad. El Dr. Sha revela y explica muchas enseñanzas secretas y lo dirige a usted en la práctica.

Power Healing to Self-Heal Ten Common Conditions. Instituto de Medicina del Alma, la Mente y el Cuerpo, 2004. En este DVD, el

"This inspiring documentary has masterfully captured the vital healing work and global mission of Dr. Guo and Dr. Sha."

– Dr. Michael Bernard Beckwith – Founder, Agape International Spiritual Center

This film reveals profound soul secrets and shares the wisdom, knowledge, and practices of Dr. Guo's Body Space Medicine and Dr. Sha's Soul Mind Body Medicine. Millions of people in China have studied with Dr. Guo, who is Dr. Sha's most beloved spiritual father. Dr. Guo is "the master who can cure the incurable." After Dr. Sha heals her ailing father, American filmmaker Sande Zeig accompanies Dr. Sha to China to visit his mentor. At Dr. Guo's clinic, she captures first-ever footage of breakthrough healing practices involving special herbs, unique fire massage, and revolutionary self-healing techniques. These two Soul Masters have a special bond. They are united in their commitment to serve others. As you see them heal and teach, your heart and soul will be touched. Experience the delight, inspiration, wonder, and gratitude that *Soul Masters* brings.

In English and Mandarin with English subtitles. Also in French, German, Japanese, Mandarin and Spanish.

© 2008 926363 ONTARIO LIMITED   ALL RIGHTS RESERVED   3396815

PPV Video Streaming and DVD at
www.soulmastersmovie.com